Was der Architekt vom Stahlbeton wissen sollte

WAS DER ARCHITEKT VOM STAHLBETON WISSEN SOLLTE

Ein Leitfaden für Denkmalpfleger und Architekten

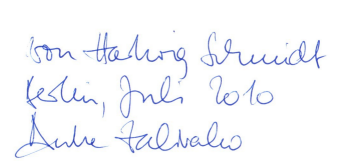

Uta Hassler (Hg.), Institut für Denkmalpflege und Bauforschung IDB

Mit Beiträgen von Alexander Kierdorf, Hubert K. Hilsdorf, Hartwig Schmidt, Harald S. Müller, Martin Günter und Eugen Brühwiler

gta Verlag

Eidgenössische Technische
Hochschule Zürich
DARCH
Departement Architektur
IDB
Institut für Denkmalpflege und
Bauforschung

Uta Hassler (Hg.)

Beiträge von:
Alexander Kierdorf, Hubert K. Hilsdorf,
Hartwig Schmidt, Harald S. Müller,
Martin Günter, Eugen Brühwiler

Lektorat:
Sandra Rumiz

Satz und Gestaltung:
Oliver Schmid

Bildbearbeitung, Druck und Endfertigung:
Lipp GmbH Graphische Betriebe, München

Papier:
Inhalt: Opus Praximatt 150 g/m^2
Umschlag: Invercote Creato 280 g/m^2

© 2010 gta Verlag, ETH Zürich, 8093 Zürich
http://www.verlag.gta.arch.ethz.ch

© Texte: bei den AutorInnen
© Abbildungen: bei den Bildautoren bzw.
deren Rechtsnachfolgern

ISBN 978-3-85676-232-2

Bibliografische Information der Deutschen
Nationalbibliothek:
Die Deutsche Bibliothek verzeichnet diese
Publikation in der Deutschen Nationalbibliografie;
detaillierte bibliografische Daten sind im Internet
über http://dnb.d-nb.de abrufbar.

Wir bedanken uns bei der Stiftung zur Förderung
der Denkmalpflege für die finanzielle Unterstützung.

Foto Umschlag:
Villa Figari in Genua, 1903. Architekt:
Luigi Rovelli, Bauunternehmer: Porcheddu.
Bewehrung der Decke über dem Dach-
geschoss nach dem «System Hennebique»

Foto S. 6/7:
Luftschiffhallen in Orly, Val-de-Marne,
1922–1923. Ingenieur: Eugène Freyssinet.
Einzeln betonierte Faltwerk-Bogen in der
Stützlinie der Eigengewichte (Spannweite
75 m, Länge 144 m). Die 17 m hohen
Seitenteile wurden als Widerlager vorab
betoniert. Foto von der Herstellung des
Mittelteils, 1922

Foto S. 168 München, Anatomiegebäude,
Pettenkofer Strasse (Max Littmann,
1905–1907). Detail des Sockels aus Sichtbeton (Stampfbeton mit Vorsatzmörtel)

Uta Hassler
8   Einführung

Alexander Kierdorf, Hubert K. Hilsdorf
11 Zur Geschichte des Bauens mit Beton

Hubert K. Hilsdorf
53 Die Werkstoffe des modernen Stahlbetonbaus

Hubert K. Hilsdorf
67 Schäden an Beton und Bewehrung

Hartwig Schmidt
75 Betonwerkstein
    Künstliche Steine aus Stampfbeton

Hartwig Schmidt
87 Die Illusion des Natürlichen
    Felsengärten, Brücken und Astwerkgeländer aus Eisenbeton

Hartwig Schmidt
99 Zwei Jahrzehnte denkmalgerechte Betoninstandsetzung
    Ein Überblick über Verfahren und Methoden, Erfolge und Misserfolge

Harald S. Müller
121 Die «behutsame» Betoninstandsetzung
    Technisch-wissenschaftliche Grundlagen

Martin Günter
137 Die «behutsame» Betoninstandsetzung
    Durchführung, Kosten und Dauerhaftigkeit

Eugen Brühwiler
151 Sanfte Instandsetzung von Sichtbeton
    mit Korrosionsinhibitoren und Tiefenimprägnierungen

158 Ausgewählte Literatur
167 Abbildungsnachweis

Beton hat die Architektur des 20. Jahrhunderts ermöglicht: Die Wirtschaftlichkeit des Materials machte die grossen Baumassen der zweiten Jahrhunderthälfte finanzierbar; die ingenieurtechnische Optimierung des Stahlbetons schaffte die Voraussetzung für Infrastrukturbauwerke und Ingenieurkonstruktionen, wie sie in anderer Bauweise kaum realisierbar gewesen wären.

Das Bauen mit Beton war, im Gegensatz zum traditionellen Holz- und Mauerwerksbau, früh schon von ingenieurtechnischen Überlegungen dominiert: Mit der Verwissenschaftlichung der Bautechnik kam es in einer Zeit auf, in der sich an den Technischen Hochschulen die Wissenschaftsbereiche Architektur und Ingenieurbau trennten und die Baustoffprüfung sich als Spezialdisziplin etablierte.

Der Werkstoff Beton ist gut formbar und mit regionalen Materialien herzustellen. In Verbindung mit dem Bewehrungsstahl kann Beton nicht nur hohe Druck-, sondern auch Zugkräfte aufnehmen. Schon in den ersten Jahrzehnten nach der Entwicklung des Betonbaus entstanden kühne und konstruktiv anspruchsvolle Bauwerke, für deren Langzeitverhalten keine Erfahrungen vorlagen. Normen und Regelwerke wurden im Verlauf jener Jahrzehnte erst entwickelt und verbessert. Noch in der zweiten Hälfte des 20. Jahrhunderts wurden Konstruktionen aber nach Massgaben des Bauprozesses und der Herstellungskosten optimiert, weniger nach ihrer vermuteten Dauerhaftigkeit.

In den Pionierjahren der Technik war die Wahl der Mittel zum Teil durch unzureichendes Wissen über die Halt- und Belastbarkeit der konstruktiven Lösungen bestimmt. Späterhin nahmen Architekten und Ingenieure oft auch billigend in Kauf, dass die Lebensdauer der Konstruktionen eher begrenzt schien. Der grosse Erfolg der neuen Technik – ihre schnelle Durchsetzung in der Breite – kehrte sich zum Ende des 20. Jahrhunderts daher um in ein Breitenproblem der Erhaltung: Viele Betonbauwerke müssen saniert und instand gesetzt werden.

Die Instandsetzung von Stahlbetonbauwerken ist in den letzten beiden Jahrzehnten zu einem grossen Aufgabenfeld der Bauindustrie geworden. Normen, Regeln und technische Richtlinien definieren Verfahren und Standards. Die Ausführung nach diesen Richtlinien zeigt jedoch nicht selten, dass die normengerechte Instandsetzung von vorwiegend durch Witterungseinflüsse geschädigten Betonoberflächen zwar die Gebrauchsfähigkeit der Bauwerke wieder herstellen kann und die zu erwartende «Restlebensdauer» verlängert, gleichzeitig aber zu erheblichen Veränderungen führt: der Konstruktion, des Erscheinungsbildes, der Oberflächen oder der technischen Einzelheiten.

Viele der Pionierbauwerke des 20. Jahrhunderts, die die Baugeschichte der Moderne geprägt haben, ebenso wie eine überragende Zahl von Werken guter alltäglicher Architektur und Ingenieurbaukunst sind bereits saniert worden oder stehen vor Instandsetzungsmassnahmen. Sowohl bei bedeutenden Objekten als auch in der qualitätvollen Alltagsarchitektur bestimmen die Art der Herstellung und das Material der Oberflächen den Ausdruck der Bauwerke. Eine behutsame Instandsetzung kann nicht nur den «Stand der Technik» reflektieren, sie muss oftmals auch Kompromisse finden zwischen Fragen der Restlebensdauer, der Kosten der Instandsetzung und den Möglichkeiten der Erhaltung des Erscheinungsbildes. Eine konservatorische Betoninstandsetzung ist daher eine Gemeinschaftsaufgabe: Architekten, Ingenieure und Baustoffwissenschaftler müssen zusammen nach Lösungen suchen, die die Eigenarten – und oftmals auch die Imperfektionen – historischer Konstruktionen respektieren.

Die vorliegende Publikation, deren Titel sich auf das kleine Bändchen von Max Hasak *Was der Baumeister vom Mörtel wissen muß* von 1925 bezieht, richtet sich an Architekten, Ingenieure, Denkmalpfleger und Bauherren. Sie will Chancen und Grenzen einer behutsamen Instandsetzung erläutern, Alternativen aufzeigen und für historische Techniken interessieren. Das Schwergewicht liegt auf den Hochbauten; die konstruktive Ertüchtigung von Ingenieurbauwerken wird hier nicht behandelt.

Am Anfang steht ein Abriss der historischen Entwicklung des Betonbaus. Daran schliessen sich Erläuterungen zu den charakteristischen Eigenschaften des Materials an mit einer Beschreibung der Grundprinzipien von Beton-, Stahlbeton- und Spannbetonkonstruktionen. Der Darstellung der vielfältigen Versuche, das Material in den Hochbau einzuführen, folgen eine Erklärung der Mechanismen, die zu einer Schädigung von Betonkonstruktionen führen können, und schliesslich die Erläuterung von Grundsätzen und Beispielen verschiedener Instandsetzungsmassnahmen.

Den Beitrag zur Geschichte des Bauens mit Beton hat Alexander Kierdorf verfasst. Er diente als Grundlage für eine Überarbeitung durch Hubert K. Hilsdorf, dem früheren Ordinarius für Massivbau und Baustofftechnologie an der Universität Karlsruhe (TH), von dem auch die Beiträge über die Werkstoffe und Schäden an Stahlbetonbauwerken stammen. Das Konzept dieser Publikation geht auf ein Projekt von Hartwig Schmidt zurück, das mit Unterstützung des damaligen Ministeriums für Arbeit, Soziales und Stadtentwicklung, Kultur und Sport Nordrhein-Westfalen, vertreten durch Birgitta Ringbeck, verwirklicht werden konnte. Hartwig Schmidt legte das erste Konzept des Buchs fest und verfasste die Beiträge zum Betonwerkstein und den Rocaille-Gärten wie auch die Übersicht zu Methoden der Betoninstandsetzung in den letzten zwei Jahrzehnten. Über die gegenwärtigen Möglichkeiten und den Stand der Technik einer behutsamen Instandsetzung berichten Harald S. Müller, Nachfolger von Hubert K. Hilsdorf und derzeitiger Leiter des Instituts für Massivbau und Baustofftechnologie, und Martin Günter, Lehrbeauftragter im Fachgebiet Bauwerkserhaltung an der Universität Karlsruhe und Geschäftsführer des gemeinsamen Büros SMP Ingenieure im Bauwesen. Diese beiden Texte sind erweiterte Überarbeitungen aus der Veröffentlichung der Tagung «Beton in der Denkmalpflege» im Rahmen der Leipziger Messe «denkmal 2004». Da diese Beiträge zunächst nicht die Schweizer Entwicklungen und Instandhaltungstraditionen thematisieren, hat Eugen Brühwiler, der an der EPF Lausanne den Lehrstuhl für Bauingenieurwesen innehat und das gleichnamige Labor für Erhaltung und Sicherheit von Bauwerken leitet, einen Beitrag zugesteuert, der auf spezielle Instandsetzungstraditionen in der Schweiz eingeht. Allen Autoren und Förderern, die dieses Buch möglich gemacht haben, danke ich herzlich.

Uta Hassler
März 2010

1 Die Anfänge des Bauens mit Beton, Foto um 1890

Alexander Kierdorf und Hubert K. Hilsdorf

Zur Geschichte des Bauens mit Beton

Die Entwicklung des Stahlbetonbaus gehört zu den spannendsten Kapiteln der Bautechnikgeschichte, denn kein Baustoff hat die Baupraxis so grundlegend verändert wie dieses Material. Nur sechzig Jahre hat es gedauert von der Erfindung des «Portland Cements» 1824 durch den englischen Baumeister Joseph Aspdin (1778–1855) bis zur Veröffentlichung der sogenannten Monier-Broschüre[1], mit der Gustav Adolf Wayss und Matthias Koenen 1887 die Grundlagen des konstruktiven Stahlbetonbaus legten; doch es dauerte mehr als hundert Jahre, bis die wesentlichen Eigenschaften und Möglichkeiten dieses neuen Baustoffs erschlossen waren und genutzt werden konnten. Im experimentierfreudigen 19. Jahrhundert wurde das Potential der schrittweise sichtbar werdenden neuen Bauweise zunächst kaum erkannt; danach galt es, die Widerstände in den etablierten Baufirmen, in der Wissenschaft und Bürokratie zu überwinden.

Die Geschichte des Stahlbetons ist, wie die der meisten Technologien, eine Geschichte vieler kleiner, aufeinanderfolgender oder auch zeitlich paralleler Erfindungen, deren Wert und Bedeutung sich aber erst in der praktischen Durchsetzung erweisen musste. Zu früh gemachte Entdeckungen – wenn sie denn überhaupt publik wurden – blieben ebenso erfolglos wie die mangels Engagement des Urhebers nicht veröffentlichten und damit nicht in das allgemeine technologische Wissen eingebrachten Erkenntnisse. Doch das 20. Jahrhundert, in dem der Siegeszug des «Eisenbetons» begann, war geprägt durch eine weltweite Verbreitung der Forschungsergebnisse und praktischen Erfahrungen, die in Fachzeitschriften publiziert und dadurch allgemein zugänglich waren. In den deutschsprachigen Ländern war es die Zeitschrift *Beton und Eisen*, Vorläufer der heutigen *Beton- und Stahlbetonbau*, die seit 1901 von Fritz von Emperger redigiert und herausgegeben wurde.

Doch ist erstaunt zu beobachten, dass sich in England, Frankreich und den Vereinigten Staaten jeweils eigene Entwicklungslinien des Stahlbetonbaus herausbildeten, die zwar miteinander in Kontakt standen, aber aufgrund ungleicher Wissenschafts- und Wirtschaftskulturen doch sehr unterschiedliche, national geprägte Wege gingen. Deutschland stand bis etwa 1884, bis zur Übernahme des Monier-Patents durch die Firmen Freytag & Heidschuch (Neustadt an der Weinstraße) und Martenstein & Josseaux (Frankfurt am Main), noch überwiegend am Rande; nur einzelne technologische Übernahmen und Weiterentwicklungen sind zu verzeichnen. Erst als es galt, die neue Technik auf eine solide Grundlage zu stellen, um sie für die Baupolizei genehmigungsfähig zu machen, begann eine wissenschaftliche Auseinandersetzung mit dem neuen Baustoff und seinen Konstruktionsprinzipien, und im 20. Jahrhundert gingen von den deutschsprachigen Ländern etwa bei der Fertigteil-, der Schalen- und der Spannbetonbauweise entscheidende theoretische und praktische Impulse aus.

Die Werkstoffe

Im Gegensatz zu den traditionellen Baustoffen Holz, Naturstein und Ziegel, für deren Verwendung ausführlich erprobte Handwerksregeln galten, war die Entwicklung von Zement und Beton ohne naturwissenschaftliche Untersuchungen nicht möglich. Herstellung und Verarbeitung mussten immer wieder verändert und verbessert werden, heute sind sie durch Normen und Vorschriften geregelt. Erst das Bauen mit Beton und Eisen hatte zur Folge, dass die Vorherrschaft des Handwerkers auf der Baustelle durch jene des Ingenieurs abgelöst wurde. Zum besseren Verständnis der folgenden Abschnitte sollen zunächst einige Grundbegriffe des Beton- und Stahlbetonbaues erläutert werden.

Beton

Beton wird aus Kies oder Gesteinssplitt (Körner mit Durchmessern bis zu mehreren Zentimetern), Sand, Wasser und einem Bindemittel aus hydraulischem Zement hergestellt. Kies, Splitt und Sand werden als Betonzuschlag bezeichnet. Beton kann darüber hinaus kleinere Mengen weiterer Zusätze enthalten. Diese Betonkomponenten werden in geeigneten Geräten vermischt und in Formen oder Schalungen eingebracht. Darin erhärtet der Beton durch eine chemische Reaktion des Zementes mit dem Wasser, der «Hydratation», unter Bildung des Zementsteins, der die Zuschlagkörner miteinander verkittet. Die Standardbetone unserer Zeit entwickeln ihre Festigkeit im Allgemeinen relativ langsam, so dass sie erst in einem Alter von etwa einem Monat voll gebrauchsfähig sind. Von «Mörteln» sprechen wir, wenn der Zuschlag lediglich aus Sand mit Körnern kleiner als etwa 4 mm besteht.

Die Zugfestigkeit von Beton beträgt nur ungefähr ein Zehntel seiner Druckfestigkeit. Um ihn auch für zug- oder biegebeanspruchte Bauglieder sicher einsetzen zu können, werden Betonkonstruktionen in ihren zugbeanspruchten Bereichen durch Stahleinlagen, der Bewehrung, verstärkt. Man spricht dann von «Stahlbeton». Zu Beginn seiner Entwicklung, bis Mitte des 20. Jahrhunderts, wurde für diesen Baustoff der Begriff «Eisenbeton» verwendet, in Österreich auch «Betoneisen». Die Bewehrung einer Stahlbetonkonstruktion kommt aber erst dann zum Tragen, wenn im Beton Zugspannungen auftreten, die grösser als seine Zugfestigkeit sind. Dann treten im Beton feine Risse auf, und die Zugspannungen werden von der Bewehrung aufgenommen. Solche Risse im Beton sind unschädlich, solange sie wenige Zehntel von Millimetern nicht überschreiten. Sie können vermieden werden, wenn die Betonkonstruktion mit Hilfe einer besonderen Bewehrung schon vor der Belastung unter Druckspannungen gesetzt wird. Man spricht in diesem Fall von «Spannbeton».

Bindemittel

Die Bindemittel beeinflussen in entscheidendem Masse die Eigenschaften von Mörteln und Betonen. Entsprechend ist die Geschichte des Betons zu einem wesentlichen Teil von der historischen Entwicklung der Bindemittel geprägt. Während Lehm und Ton, die ältesten Bindemittel in der Geschichte der Menschheit, durch Austrocknen erhärten, aber bei erneuter Durchfeuchtung wieder erweichen, werden die mineralischen Bindemittel Gips und Kalk dauerhaft durch eine chemische Reaktion verfestigt.

Gips und Kalk

Gips wird aus dem wasserhaltigen Gipsstein hergestellt, dessen chemisch gebundenes Wasser durch Brennen je nach Brenntemperatur ganz oder teilweise ausgetrieben wird. Gibt man dem gebrannten und anschliessend gemahlenen Gips wieder Wasser zu, so erhärtet dieser und es entsteht wieder Gipsstein, der aber porös ist und eine hohe Wassersaugfähigkeit hat. Bei Durchfeuchtung verliert er daher deutlich an Festigkeit. Obwohl Gips für die Herstellung moderner Zemente wichtig ist, spielte er als alleiniges Bindemittel für die Geschichte des Betons keine entscheidende Rolle

2 Winterlandschaft mit Kalkofen, Niederlande, um 1665/70. Ölgemälde von Nicolas Berchem

und wurde vorwiegend zur Herstellung von Mauermörtel, Putz und Estrich eingesetzt.

Kaum wegzudenken aus der historischen Entwicklung der Baustoffe und auch der modernen Zemente ist der aus Kalkstein hergestellte Luftkalk. Ausgangsstoff ist Kalkstein (Calciumcarbonat), ein grob- bis feinkristallines Gestein, dessen Hauptbestandteil das Mineral Calzit bildet. Kalkstein wird durch Brennen bei Temperaturen zwischen 800 und 900 °C in Calciumoxid umgewandelt und so reaktionsfähig gemacht. Das Calciumoxid, der sogenannte Branntkalk, wird dann mit Wasser abgelöscht. Dies kann auf unterschiedliche Art und Weise erfolgen: durch Ablöschen mit viel Wasser und anschliessendem Einsumpfen (Sumpfkalk), durch einmaliges Eintauchen in oder Übersprühen mit Wasser (Kalkhydrat) oder durch das früher übliche Trockenlöschen zusammen mit Sand (hauptsächlich für Mauermörtel).[2] Wird der gelöschte Kalk (Calciumhydroxid) mit einem quarzitischen Sand und Wasser zu einem Mörtel vermischt, so erhärtet dieser im Allgemeinen nicht durch eine Reaktion mit dem Sand oder dem Mischwasser, sondern vielmehr durch eine Reaktion mit Kohlendioxid (CO_2), das aus der Luft in den allmählich austrocknenden Mörtel eindringt. Aus der Reaktion zwischen Branntkalk und Kohlendioxid entsteht wiederum Calciumcarbonat. Da Luft aber nur sehr langsam in den Mörtel vordringt, verläuft auch dieser Erhärtungsprozess, besonders bei dicken Mauern, nur sehr langsam. Unter Wasser ist eine Erhärtung nicht möglich, weil Kohlendioxid nicht zur Verfügung steht beziehungsweise nicht in die wassergefüllten Poren des Mörtels eindringen kann.

Entsprechend wird ein solches Bindemittel als «nichthydraulisch» bezeichnet.

Hydraulischer Kalk (Wasserkalk)

Nun kann Kalk nach dem Brennen aber auch hydraulische Eigenschaften haben, das heisst, dass er an der Luft oder auch unter Wasser durch eine Reaktion mit Wasser erhärtet und danach wasserfest ist. Dies ist der Fall, wenn der Kalkstein tonige Bestandteile enthält, wie sie zum Beispiel im Mergel zu finden sind, oder wenn dem Kalk nach dem Brennen weitere Komponenten zugegeben werden, zu denen insbesondere die sogenannten Puzzolane[3] zählen, aber auch Ziegelmehl. Die Entdeckung, dass der Zusatz von Ziegelmehl oder die Verwendung vulkanischer Aschen Kalkmörtel wasserfest macht, reicht weit in die Vergangenheit zurück. Bei Vitruv finden sich in *De architectura libri decem* (Zehn Bücher über Architektur) detaillierte Aufzeichnungen über die Herstellung und Verarbeitung von Kalk und Kalkmörteln sowie über die latenthydraulischen Eigenschaften vulkanischer Aschen, die essentieller Bestandteil des römischen «opus caementitium» sind.[4] Die mit solchen Bindemitteln hergestellten Mörtel sind nicht nur wasserbeständig, sie erhärten ausserdem deutlich schneller und erreichen höhere Festigkeiten als die nur mit reinem Branntkalk gemischten Mörtel. Nur auf der Grundlage dieser neuen Bauweise liessen sich die römischen Grossbauten, insbesondere die grossartigen Kuppelbauten, herstellen. Selbst deren Ruinen sind noch ein Zeichen für die hohe Qualität des «römischen Betons».

3 Pantheon in Rom.
Korkmodell von Georg May, 1845

Romanzement, Portlandzement

Obwohl nach dem Ende des Römischen Reiches ein Teil des Wissens um die Herstellung künstlicher hydraulischer Mörtel verloren ging, verwendete man auch im Mittelalter hydraulische Kalke, jedoch überwiegend aus natürlichen Vorkommen. Seit dem 16. Jahrhundert wurde, vor allem in den Niederlanden, auch Trass aus der Eifel eingesetzt. Trass besteht aus feingemahlenem Tuffstein, einer vulkanischen Schlacke, die schon von den Römern gewonnen wurde, und besitzt ebenfalls natürliche hydraulische Eigenschaften.[5] Die verstärkte Suche nach einem dauerhaften, wasserfesten Mörtel begann in England und Frankreich in der Mitte des 18. Jahrhunderts. Dazu beschäftigten sich Ingenieure und Baumeister insbesondere mit der Suche nach einem natürlichen hydraulischen Kalk als Bindemittel. Bei der Vorbereitung zum Bau des Eddystone-Leuchtturmes (1756–1759) vor der südenglischen Hafenstadt Plymouth stellte John Smeaton (1724–1792) durch die systematische Analyse der verschiedenen Kalksteinsorten fest, dass «ein Gehalt an Ton in der Zusammensetzung von Kalkstein den sichersten Wertmesser eines Kalkes für Wasserbauten bildet».[6] Dadurch erkannte er, dass bestimmte Kalk-Ton-Gemische hydraulische Eigenschaften besitzen und damit ähnliche Ergebnisse erzielt werden können wie mit den Kalkmörteln mit Zusätzen von den aus Italien eingeführten Puzzolanerden. 1791 veröffentlichte Smeaton seine Untersuchungen, die den Anstoss zur Herstellung natürlicher Zemente gaben.[7] Schon fünf Jahre später liess sich James Parker aus Northfleet in Kent, wahrscheinlich durch Smeatons Publikation angeregt, ein aus Mergelnieren gebranntes hydraulisches Bindemittel patentieren, das er «Roman cement» nannte, vermutlich wegen dessen roter Farbe, die den italienischen Puzzolanen glich. Die beschränkten Vorkommen geeigneter Rohstoffe begrenzten jedoch die Herstellung auch dieses Bindemittels, und zudem verstand man auch die chemisch-physikalischen Zusammenhänge noch nicht.

In Frankreich veröffentlichte 1818 der Bauingenieur Louis-Joseph Vicat (1786–1861) eine Formel für die Zusammensetzung eines künstlichen hydraulischen Mörtels aus Kalk und Ton, den er «ciment calcaire» nannte.[8] Er hatte seine Entwicklung bereits 1812 beim Bau der Brücke in Soulliac über die Dordogne eingesetzt. Vicats weitreichender Einfluss führte dazu, dass in Frankreich noch jahrzehntelang überwiegend hydraulische Kalke im Wasserbau verwendet wurden, selbst als in England und im deutschsprachigen Raum schon vorzugsweise der moderne Portlandzement zum Einsatz kam.

Dem englischen Baumeister Joseph Aspdin gelang es schliesslich auf experimentellem Wege, Zement durch das Brennen der richtigen Mischung von Ton und Kalksteinmehl herzustellen, doch bei genauer Betrachtung war dies nur ein künstlicher Romanzement, der noch unterhalb der Sintergrenze gebrannt war. Dazu meldete er 1824 ein Patent unter der Bezeichnung *Verbesserung in der Herstellung künstlicher Steine* an. Wegen der Ähnlichkeit des daraus erzeugten Mörtels mit einer begehrten englischen Kalksteinsorte, dem Portlandstein, nannte er sein Bindemittel «Portland Cement».[9]

Isaac Charles Johnson (1811–1911) behauptete später von sich, 1844 den letzten Schritt zum heutigen Portlandzement vollzogen zu haben, indem er durch höhere Temperaturen beim Brennen (1400–1500 °C) eine Sinterung – eine kurzzeitige Verflüssigung der Rohstoffe – herbeigeführt und damit die Eigenschaften des so

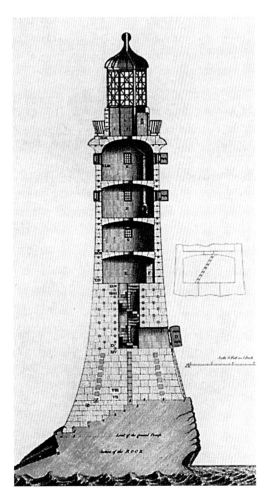

4 Eddystone-Leuchtturm bei Plymouth, Südengland. Ingenieur: John Smeaton. Schnittzeichnung des 1759 fertiggestellten Bauwerks

gewonnenen Zements nochmals entscheidend verbessert habe. Das schnellere Erhärten des Zements bei anschliessend weit höherer Festigkeit hob dieses ebenfalls Portlandzement genannte Material deutlich vom Romanzement ab und liess es international zum Qualitätsbegriff werden. Das Verdienst, als Erster die Bedeutung der erhöhten Brenntemperatur bei der Zementherstellung erkannt zu haben, wurde ihm allerdings von William Aspdin (1815–1864), Joseph Aspdins Sohn, streitig gemacht.[10]

Inzwischen beschäftigte sich auch die aufblühende Naturwissenschaft mit dem Problem der hydraulischen Bindemittel und den neuen, noch immer weitgehend empirisch geschaffenen Baustoffen. Als der bayerische Chemiker Max von Pettenkofer (1818–1901) im Jahre 1847 in Deutschland das bisher geheim gehaltene Rezept des englischen Portlandzements veröffentlichte, war der Weg frei für die Entwicklung der heutigen Zementindustrie.[11]

Mit dem aus den einfachen, vielerorts vorhandenen Ausgangsstoffen Kalk und Ton herstellbaren, vergleichsweise preiswerten Portlandzement und durch die Verbesserung der Brennöfen entstand innerhalb weniger Jahrzehnte die industrielle Produktion von Zement. Um 1840, als der durch die Sinterung der Rohstoffe verbesserte Zement immer grösseren Absatz fand, gab es bereits vier Zementfabriken in England, die ihre Erzeugnisse in alle Welt exportierten. Auch in Deutschland entstanden nun die ersten echten Portlandzement-Fabriken durch Hermann Bleibtreu (1824–1881) 1855 in Züllchow bei Stettin und 1856 in Oberkassel bei Bonn. Weitere Fabriken wurden bald darauf in Schlesien sowie in Nord- und Süddeutschland gegründet.[12]

Zur Zementherstellung wurden um diese Zeit Ton und Kalkstein mechanisch aufbereitet, das heisst grob gemahlen, und mit wenig Wasser vermischt, zu kleinen, backsteinförmigen Quadern geformt und in Schachtöfen gebrannt. Der so erzeugte, gesinterte «Zementklinker» wurde anschliessend fein gemahlen. Der gemahlene Zement wurde in Fässern, später in Säcken, wasserdicht verpackt und ausgeliefert. Während die älteren Herstellungsverfahren dem «periodischen» Kalkofenprinzip – dem Füllen, Brennen und Leeren eines Hochofens – folgten, setzte man in dem 1863/64 gegründeten Dyckerhoff'schen Zementwerk in Amöneburg in der Nähe des heutigen Wiesbaden-Biebrich am Rhein bereits den 1857/58 zur Ziegelherstellung entwickelten Hoffmann'schen Ringofen[13] mit seinem kontinuierlichen, rundum laufenden Brand für die Zementklinkerproduktion ein. Ebenfalls als Ersatz für die klassischen Schachtöfen wurde in England 1877 der erste liegende Drehrohrofen patentiert. Diese neue Technik wurde gegen Ende des 19. Jahrhunderts in den USA zur Anwendungsreife gebracht und setzte sich in den folgenden Jahren schnell weltweit durch. Statt der fertig geformten Zementziegel wurde nun die Rohmischung direkt gebrannt.

5 «Portland-Cement-Fabrik Dyckerhoff & Söhne in Amöneburg bei Biebrich am Rhein». Reklamebild, 1879

Verbesserung der Zementeigenschaften

Wissenschaftler und Praktiker bemühten sich ständig um die Verbesserung der Eigenschaften des Zements. Von besonderer Bedeutung für die Weiterentwicklung des Portlandzements – der Klärung der chemischen Vorgänge bei der Herstellung und den Reaktionen bei dessen Hydratation – war die 1869 erschienene Arbeit von Wilhelm Michaëlis (1840–1911) über die hydraulischen Bindemittel.[14] Hochschulen und Firmenlabors wetteiferten miteinander und dehnten ihre Forschungen bald auf verschiedenste Betonzusätze aus, die dem Zement beigemischt wurden. Eine grosse Rolle spielte dabei die zunächst noch sehr lange Abbindezeit der Zemente, das heisst die Zeit bis zum Beginn des Erstarrens. 1908 kam der «ciment fondu», entwickelt von Jules Bied, Direktor des Lafarge-Forschungslabors, auf den Markt. Dieser «Tonerdeschmelzzement» erreichte nach einem Tag bereits nahezu 80 % seiner späteren Druckfestigkeit, was eine deutliche Beschleunigung des Bauprozesses ermöglichte. Heute sind solche Zemente in Deutschland für allgemeine Bauaufgaben nicht mehr zugelassen, da chemische Umwandlungen zu einer allmählichen Entfestigung der damit hergestellten Betone führen können. Zur Minderung der Wärmeentwicklung während des Erhärtens des Betons, die vor allem bei den dickwandigen Konstruktionen des Wasserbaus zu Problemen führen kann, entwickelte man einen mit bis zu 60 % natürlichem Trass gemischten «Trasszement», der auch noch heute zum Einsatz kommt.

Insbesondere an der Beimischung von Hochofenschlacke zum Zement entzündete sich ein lang anhaltender Streit um die Reinheit des neuen Baustoffs. Einerseits lag es nahe, den mit hohem Energieaufwand miterzeugten Abfallstoff der Eisenverhüttung, der ebenfalls hydraulische Eigenschaften besitzt und dem vulkanischen Tuff nicht unähnlich ist, weiter zu verwenden. Andererseits fürchtete die Zementindustrie die Konkurrenz der mächtigen Montanindustrie, die nach weiteren Einnahmen aus Nebenprodukten und Verwendungsmöglichkeiten für ihre Reststoffe Ausschau hielt. Schliesslich einigte man sich nach der Jahrhundertwende auf die Zulassung von zwei mit gemahlener Schlacke versetzten «Hüttenzementen»: dem «Eisenportlandzement» mit 30 % und dem «Hochofenzement» mit 70 % Schlackenanteil. Heute ist in Europa eine Vielzahl von Zementen bauaufsichtlich zugelassen, die eine Reihe verschiedenartiger Zumahlstoffe enthalten.

Einführung von Zementnormen in Deutschland

Im Jahre 1875 veröffentlichte Wilhelm Michaëlis seinen Aufsatz *Zur Beurteilung des Cementes*.[15] Die darin enthaltenen Thesen waren Grundlage eines von einer unabhängigen Kommission von Fachleuten aufgestellten Normenentwurfes für die einheitliche Lieferung und Prüfung von Portlandzement. Ein wesentlicher Punkt war die Festlegung eines zuverlässigen und preiswerten Prüfverfahrens zur Definition der mit einem Zement erreichbaren Druckfestigkeit. Diese sollte an einem Betonwürfel als Prüfkörper bestimmt werden, der aus einer Mischung von einem Gewichtsteil Zement und drei Gewichtsteilen gleichkörnigem Quarzsand, dem «Normensand», hergestellt war und der nach einer Lagerung von 24 Stunden an der Luft und anschliessend unter Wasser im Alter von 28 Tagen eine Mindestdruckfestigkeit von 10 kg/cm² erreicht haben sollte. Zur gemeinsamen Durchsetzung dieser und weiterer Festlegungen wurde 1877 der «Verein Deutscher Cement-Fabrikanten» gegründet. Er wurde 1889 in «Verein Deutscher Portland-Cement-Fabrikanten», 1948 in «Verein Deutscher Portland- und Hüttenzementwerke» und 1952 in «Verein Deutscher Zementwerke» (VDZ) umbenannt.[16] Am 10. November 1878 erreichte diese Vereinigung der deutschen Zementhersteller die amtliche Anerkennung einer Zementnorm durch Erlass des Preußischen Ministeriums der öffentlichen Arbeiten. Dieser Norm, der ersten Industrienorm für ein fabrikmässig hergestelltes Industrieerzeugnis in Deutschland, folgten ähnliche Zementnormen in anderen europäischen Ländern. Die Zementnorm wurde fortlaufend

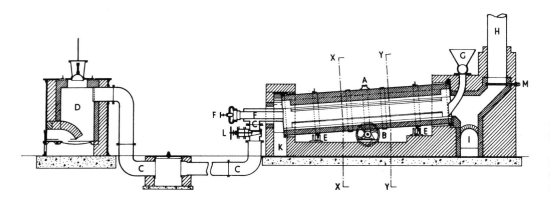

6 Schnitt durch einen Drehofen für die Herstellung von Zementklinkern aus dem Jahr 1885 nach dem Patent von Frederick Ransome. Einer der ersten Ransome-Drehöfen stand in dem englischen Zementwerk Arlesey (1887) und hatte eine Rohrgrösse von 10 x 1,50 m.

ergänzt und dem jeweiligen Kenntnisstand angepasst. Neben der Druckfestigkeit wurde eine Vielzahl anderer Eigenschaften, insbesondere in Bezug auf das Erstarrungsverhalten, die Geschwindigkeit der Festigkeitsentwicklung sowie der Raumbeständigkeit (Volumenstabilität) erfasst. In den Jahren 1909 und 1917 entstanden getrennte Normen für Eisenportland- beziehungsweise Hochofenzemente, die 1932 zu einer gemeinsamen Norm für Portland-, Eisenportland- und Hochofenzement zusammengefasst wurden. In den Jahren 1927 und 1943 wurden – bedingt durch das Aufkommen des Spannbetons und der Fertigteilkonstruktionen – zusätzliche Zementfestigkeitsklassen eingeführt, so dass zwischen handelsüblichen, hochwertigen und höherwertigen Zementen unterschieden wurde. Heute sind die Zemente europaweit in CEN-Normen erfasst.

Betonzuschlag und andere Zusätze

Die Betonzuschläge nehmen als Füller bis zu 75 % des Betonvolumens ein. Obwohl chemisch weitgehend neutral, sind sie für die Dauerhaftigkeit und die mechanischen Eigenschaften des Betons von erheblicher Bedeutung. Üblicher Weise werden vor allem Sand und Kies benutzt, also Stoffe, die vielerorts direkt oder in der Nähe der Baustelle gewonnen werden können und daher ein kostengünstiger Füllstoff sind. Neben Sand und Kies werden heute auch Natursteinsplitt und Brechsand als Betonzuschlag eingesetzt. Schon die natürliche Abstufung von feinen zu grösseren Körnern führt häufig zu einer dichten Packung der Zuschläge und daher einer Minimierung der verbleibenden Hohlräume, die mit Bindemittel respektive Mörtel zu füllen sind. Diese Reduktion der Hohlräume erlaubt es, Zement zu sparen.

Erst mit Beginn der modernen Betontechnologie zu Beginn des 20. Jahrhunderts ging man dazu über, die Packung der Zuschläge weiter zu optimieren, indem Sand und Kies zunächst durch Sieben in einzelne Korngruppen unterschiedlicher Grösse getrennt und dann nach in Normen festgelegten Sieblinien zur Erzielung eines minimalen Hohlraumgehaltes wieder zusammengesetzt werden. Abgesehen vom Kornaufbau sind die Festigkeit und die Rohdichte wichtige Eigenschaften der Zuschlagstoffe. Sie sind u. a. massgebend für das Eigengewicht einer Betonkonstruktion.

Zur Herstellung von Beton mit geringer Rohdichte, dem «Leichtbeton», finden Materialien mit hoher Porosität wie Bims, Blähton oder Ziegelbruch als Zuschlag Verwendung. Bei der Verwendung solcher Leichtzuschläge beeinflussen zusätzlich zum Gewicht auch Faktoren wie die Wasseraufnahme des Betonzuschlags das Endprodukt. Seit dem Zweiten Weltkrieg spielen in zunehmendem Masse Recyclingzuschlagstoffe eine Rolle. In der Zeit des Wiederaufbaus bot sich die Wiederverwendung von Bauschutt als Betonzuschlag zudem als Mittel zur Trümmerbeseitigung an, als Ersatz für fehlende Materialien infolge reduzierter Förder- und Transportkapazitäten und zur Einsparung traditioneller Zuschlagstoffe. In diesem Zusammenhang wurde vor allem Ziegelbruch verwendet, der in mobilen Verwertungsanlagen wie anderer Schutt zerkleinert und sortiert wurde; das Produkt wurde dementsprechend als «Ziegelsplittbeton» bezeichnet.[17] Heute gewinnt zur Verringerung des Bauschuttaufkommens und der Transporte sowie zur Schonung der Kies- und Natursteinvorkommen der Einsatz von aufbereitetem Betonschutt als Recyclingzuschlag zunehmend an Bedeutung.

Neben Betonzuschlag, Wasser und Zement werden Mörtel und Beton bei ihrer Herstellung kleinere Mengen sowohl anorganischer als auch organischer Zusätze zur Verbesserung bestimmter Eigenschaften, beispielsweise der Verarbeitbarkeit, der Festigkeitsentwicklung, der Wasserdichtigkeit oder des Frostwiderstandes, zugegeben. Einer der ersten «Erstarrungsbeschleuniger» war das vermutlich seit 1873 verwendete Calciumchlorid; 1919 wurde allerdings nachgewiesen, dass es die Korrosion von Stahl im Beton fördert.

«Römischer Beton»

Die Geschichte des neuzeitlichen Betons begann erst im 18. Jahrhundert, doch wird in der Literatur immer wieder auf den «römischen Beton», das «opus caementitium», als Vorläufer verwiesen. Im Gegensatz zu heutigem Beton, dessen Bindemittel Portlandzement ist, war das seit dem 1. Jahrhundert n. Chr. verwendete «opus caementitium» ein Kalkmörtel mit hydraulischen Zusätzen – zumeist Pozzulane – und zerschlagenen, faustgrossen Natursteinbrocken, der zwischen Schalungen oder Mauerwerk gegossen wurde. Vitruv unterscheidet das «opus reticulatum» mit einer netzförmigen und das «opus incertum» mit einer unregelmässigen Ansichtsfläche. Er empfiehlt jedoch als besonders haltbar das griechische «opus emplekton», das «verflochtene Mauerwerk», bei dem Bindersteine die zwei Aussenschalen verbinden. Er schreibt: «Die Unseren aber, auf schnelle Ausführung bedacht, richten ihre Aufmerksamkeit nur auf die Aufrichtung der Schalen, versetzen die Steine hochkant und hinterfüllen sie in der Mitte getrennt mit Bruchsteinbrocken mit Mörtel vermischt. So werden bei diesem Mauerwerk drei Schichten hochgezogen: zwei Außenschalen und eine mittlere aus Füllmasse.»[18]

Während beim griechischen Natursteinmauerwerk in erster Linie die dicken, sorgfältig gesetzten Wandschalen Last abtragen, entwickelten die Römer diese Bauweise derart weiter, dass der dickere Kern die tragende Funktion übernahm, während die dünnen gemauerten Aussenschalen vor allem architektonisch wirksam sein sollten. Die Römer kamen in ihrer Bauweise der Technik des modernen Betonbaus besonders nahe, als sie die Mörtelmasse nicht mehr zwischen die gemauerten Wandschalen, sondern zwischen Schalungen aus Holzbrettern einbrachten, die nach dem Erhärten der Masse entfernt und wiederverwendet werden konnten. Ganz wesentlich ist darüber hinaus, dass im Gegensatz zu den Bindemitteln des Gussmauerwerks das Bindemittel des «opus caementitium» wie auch unsere modernen Zemente hydraulische Eigenschaften besitzen. Obwohl die römischen Bindemittel (Branntkalk und hydraulische Zusatzstoffe) in ihren Eigenschaften, speziell der Erhärtungsgeschwindigkeit, unseren heutigen Zementen nicht gleichwertig sind, so sind aber die Struktur, Zusammensetzung und Eigenschaften des «opus caementitium» in einem Alter von nahezu zweitausend Jahren jenen der heute hergestellten Betone mittlerer Festigkeit sehr ähnlich. Der «römische Beton» war dauerhaft und eröffnete die Möglichkeit, grosse, monolithische Bauelemente wie Fundamente und Gewölbe, vor allem aber auch Hafenbauten, Wasserleitungen, Aquädukte, Zisternen und Strassen herzustellen, von denen einige bis zum heutigen Tag erhalten sind. Seine Verwendung war ausgerichtet auf grosse Baumassen und eine Baustelle mit vielen ungelernten Arbeitern, die einfache Tätigkeiten ausführen konnten – ganz im Gegensatz zu den Baustellen des Mittelalters, die durch qualifizierte Steinmetzarbeiten geprägt sind.

Betontechnologie

Seit der Entwicklung des Portlandzements wurden Überlegungen angestellt, wie der wesentlichen Schwäche des Betons, seiner geringen Zugfestigkeit, entgegengewirkt werden könne. Damit begann die Entwicklung des Stahl- und später des Spannbetonbaus.

Die Betontechnologie durchlief im Verlauf der vergangenen 150 Jahre eine bemerkenswerte Entwicklung. Zunächst ging es darum, die Eigenschaften des Betons und die Parameter, von

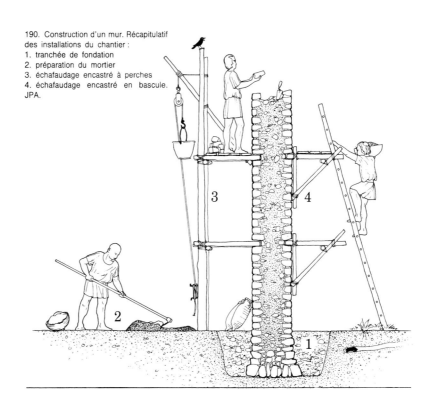

190. Construction d'un mur. Récapitulatif des installations du chantier :
1. tranchée de fondation
2. préparation du mortier
3. échafaudage encastré à perches
4. échafaudage encastré en bascule.
JPA.

7 Römische Bautechnik. Herstellung einer Mauer aus «opus caementitium». Rekonstruktionszeichnung

denen sie abhängen, zu erkennen, zu beschreiben und schliesslich zu optimieren. Dabei war zu unterscheiden zwischen den Eigenschaften des frischen Betons vor seiner Erhärtung, zum Beispiel seiner Verarbeitbarkeit, und den Eigenschaften des erhärteten Betons, insbesondere seiner mechanischen Eigenschaften Festigkeit und seinem Verformungsverhalten sowie der Widerstandsfähigkeit gegen äussere Einflüsse, also seiner Dauerhaftigkeit.

In den Anfängen der Betontechnologie wurde als bestimmendes Qualitätsmerkmal für Beton das Mischungsverhältnis von Zement zu Zuschlag herangezogen. Die ersten Grundlagen der wissenschaftlichen Betonforschung wurden von René Féret (1861–1947) gelegt, der die Bedeutung der Betondruckfestigkeit als Kriterium der Güte eines Betons hervorhob und unter anderem die Abhängigkeit der Betondruckfestigkeit von der Betonzusammensetzung, vor allem vom Wassergehalt aufzeigte.[19] So verwundert es nicht, dass der im Jahr 1898 auf Initiative von Hartwig Hüser (1834–1899), Eugen Dyckerhoff (1844–1924) und anderen gegründete «Deutsche Beton-Verein», ein Zusammenschluss der am Beton- und Stahlbetonbau beteiligten Unternehmen, seinen Mitgliedern die laufende Überprüfung der Betondruckfestigkeit eines Baustellenbetons an parallel dazu hergestellten Würfeln empfahl und gleichzeitig auch eine dafür geeignete Druckprüfpresse in den Handel brachte. Bis zum heutigen Tag ist die Betondruckfestigkeit ein wesentliches Merkmal der Qualitätskontrolle von Beton geblieben.

Von besonderer Bedeutung für die weitere Entwicklung der Betontechnologie waren die Arbeiten des Amerikaners Duff Andrew Abrams (1880–1965), der im Jahr 1918 seine herausragende Arbeit *Design of Concrete Mixtures* veröffentlichte.[20] Darin zeigte er auf, dass die Druckfestigkeit eines Betons umso geringer ist, je mehr Wasser ihm bei seiner Herstellung zugegeben wurde, ausgedrückt durch den wichtigsten Parameter der Betontechnologie, dem «Wasserzementwert», dem Gewichts- oder Volumenverhältnis von Wasser zu Zement. In den darauf folgenden Jahren erkannte man, dass eine Reduktion dieses Kennwertes nicht nur die Druckfestigkeit des Betons, sondern nahezu alle wichtigen mechanischen und physikalischen Eigenschaften des erhärteten Betons günstig beeinflusst, das heisst, mit sinkendem Wasserzementwert steigen auch die Zugfestigkeit, die Steifigkeit, der Widerstand gegen das Eindringen von Wasser und Gasen und hierdurch grundsätzlich die Dauerhaftigkeit des Betons. Somit ist aber auch ein Dilemma der Betontechnologie aufgezeigt, nämlich die Tatsache, dass ein hoher Wassergehalt des Frischbetons, der dessen Verarbeitbarkeit im Allgemeinen günstig beeinflusst, sich auf die Eigenschaften des erhärteten Betons nachteilig auswirkt. Erst

8 Ruine des sog. Tempels der Minerva Medica in den Licinianischen Gärten in Rom. Die Kuppel ist aus «opus caementicium» mit Ziegelverkleidung. Kupferstich von Giovanni Battista Piranesi, um 1764

die Entwicklung von «Betonverflüssigern» als Zusatzmittel nach dem Zweiten Weltkrieg und ab etwa 1970 den «Fliessmitteln» ermöglichte die zielsichere Herstellung von Betonen mit sehr niedrigen Wasserzementwerten und damit sehr hohen Druckfestigkeiten und sehr grosser Dichtigkeit. Entsprechend stiegen die unter Baustellenbedingungen erreichbaren Betondruckfestigkeiten von Werten um $10\,N/mm^2$ zu Beginn des 20. Jahrhunderts über $50\,N/mm^2$ nach dem Zweiten Weltkrieg. Die heutigen Hochleistungsbetone erreichen Werte um $150\,N/mm^2$, die in Zukunft noch weiter gesteigert werden können.

Weitere Meilensteine in der Entwicklung der Betontechnologie waren unter anderem:
- die Optimierung der Betonzusammensetzung und des Kornaufbaues der Betonzuschlagstoffe
- die Entwicklung der Zusatzmittel
- verbesserte Herstellungs- und Transportmethoden des frischen Betons, beispielsweise das Pumpen von Beton und Transportbetone
- die Verbesserung der Dauerhaftigkeit von Beton, insbesondere seiner Wasserundurchlässigkeit, seines Frostwiderstandes und seines Widerstandes gegen chemische Angriffe
- die Entwicklung der Leichtbetone und
- die Entwicklung von Faserbetonen; dies sind Betone, denen zur Erhöhung der Zugfestigkeit schon beim Mischen der Betonkomponenten Fasern aus Stahl oder Kunststoffen zugemischt werden.

Dazu kamen grundlegende, neue Erkenntnisse über die Vorgänge bei der Erhärtung des Zementsteins, über das Bruch- und Verformungsverhalten von Beton unter Last und die analytische Beschreibung dieser Vorgänge durch Stoffgesetze als Grundlage für die Bemessung und den Entwurf von Beton- und Stahlbetonkonstruktionen.

Wesentliche Beiträge zum heutigen Wissen über die Eigenschaften von Beton leisteten in Deutschland Carl von Bach (1847–1931), der unter anderem erste Untersuchungen über die zeitliche Entwicklung der Betondruckfestigkeit anstellte und deren Abhängigkeit von der Grösse und Form der Prüfkörper aufzeigte, Otto Graf (1881–1956), der als Leiter der nach ihm benannten Materialprüfungsanstalt in Stuttgart auf beeindruckende Weise nicht nur die Betontechnologie, sondern auch den konstruktiven Stahlbetonbau abdeckte,[21] Alfred Hummel (1891–1973), dessen Forschungsschwerpunkt vor allem die Verformungseigenschaften von Beton waren[22], und Kurt Walz (gest. 1999), der sich als Hauptgeschäftsführer des Vereins Deutscher Zementwerke in Düsseldorf in erster Linie um die Verbesserung der Dauerhaftigkeit von Beton verdient gemacht hatte.

Bewehrungselemente

Zu Beginn der Entwicklung des Stahlbetons, Mitte des 19. Jahrhunderts, standen als Bewehrungselemente nur gezogene und gehämmerte Drähte und Stäbe mit Durchmessern bis zu 40 mm zur Verfügung. Als Träger wurden auch Walzprofile in Beton eingebettet, wie sie sonst als Eisenbahnschienen oder im Stahlbau verwendet wurden. Die frühen Bewehrungselemente waren also plastisch verformte Schweisseisen- oder Flusseisenerzeugnisse mit einer relativ geringen Zugfestigkeit, die nach dem im 18. Jahrhundert in England entwickelten Puddelverfahren hergestellt wurden. Zumindest in England wurden versuchsweise auch Stahlseile als Bewehrung herangezogen. Gusseisen, spröde und eher auf Druck als auf Zug belastbar, kam für Bewehrungselemente nicht zur An-

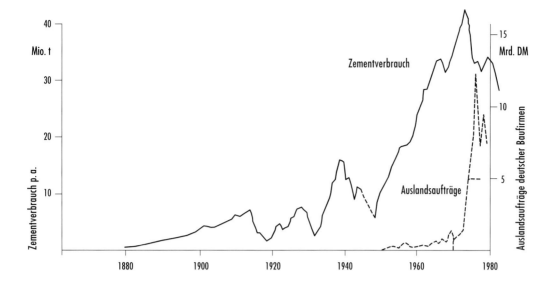

wendung. Durch die schnelle Entwicklung neuer Verfahren zur Flussstahlherstellung, vor allem der Bessemer-Birne 1856 und des Siemens-Martin-Ofens 1864, war damit auch Stahl mit einer wegen seines höheren Kohlenstoffgehaltes auch höheren Zugfestigkeit preiswert und in gleichbleibend hoher Qualität erhältlich.

Natürlich gehörten Form, Menge und Lage der Bewehrungsstäbe von Anfang an zu den vielfach erörterten und rechnerisch erfassten Grössen in der Theorie des Stahlbetonbaus, die schon bald in Konstruktionsnormen integriert wurden. Alle europäischen Pioniere des frühen Stahlbetonbaus verwendeten glatte Stahlstäbe, die durch Drähte verbunden und so an ihrem Platz gehalten wurden. François Hennebique (1843–1921), einer der herausragenden Väter des Stahlbetons, verwendete eine Kombination von glatten Stahlstangen und Flacheisen als Bügelbewehrung. Flächige Metallteile wurden wegen ihres schlechten Verbundes mit dem Beton abgelehnt.

Schon gegen Ende des 19. Jahrhunderts erkannte man die Notwendigkeit, ein optimales Zusammenwirken von Beton und Bewehrungselementen sicherzustellen. Eine Möglichkeit hierfür war, an Stelle von Stäben mit glatter Oberfläche, Stäbe mit profilierter Oberfläche zu verwenden. So liess 1893 Ernest Leslie Ransome (1844–1917) in den USA für seine Bauten erstmals profilierte Stahlstäbe mit den unterschiedlichsten Rippenformen herstellen und patentieren. Die Entwicklung solcher «Betonrippenstähle» setzte sich bis in die Gegenwart fort.

Schon seit den 1930er Jahren wurden durch Verdrillen von Stäben mit einem rechteckigen Querschnitt «Torstähle» hergestellt. Solche Stäbe weisen dann eine Art Längsrippe auf, welche ähnlich den Rippenstählen den Verbund zwischen Beton und Stahl verbessert. Darüber hinaus bewirkt das Verdrillen der Stäbe bei Raumtemperatur eine deutliche Erhöhung der Zugfestigkeit des Stahls.

In den deutschsprachigen Ländern versuchte man zunächst, einen ausreichenden Verbund zwischen Beton und glatten Rundstäben durch konstruktive Massnahmen, so das Aufbiegen der Stahlenden zu «Endhaken», sicherzustellen. Die in den USA entwickelten profilierten Stähle waren zwar bekannt, wurden aber wegen ihres höheren Preises und einem noch nicht geklärten Tragverhalten vorerst kaum eingesetzt. Erst nach dem Zweiten Weltkrieg setzten sich auch in Deutschland, in der Schweiz und in Österreich die Betonrippenstähle als wichtigste Bewehrungsart durch. Dabei wurde die Form der Oberflächenprofilierung systematisch optimiert, so dass heute die Betonrippenstähle mit Längsrippen und sichelförmigen Querrippen ausgestattet sind.

Neben der Verwendung einzelner Stäbe kamen schon 1929 die ersten «Betonstahlmatten» auf den Markt, nachdem man bereits im späten 19. Jahrhundert auch Streckmetall als Bewehrung verwendet hatte. Betonstahlmatten sind Bewehrungselemente aus zwei sich kreuzenden und senkrecht zueinander stehenden Lagen von Bewehrungsstäben, die an den

9 Handbetriebene Trogmischmaschine, Bauart Tietze, um 1900

10 Trommelmischer für den Antrieb mit einer Kraftmaschine, Bauart Gauhe, Gockel & Co., um 1905

11 Zementverbrauch in Deutschland 1880–1990 sowie Auslandsaufträge deutscher Baufirmen

Kreuzungspunkten entweder mechanisch oder heute durch Punktschweissung miteinander verbunden sind.

Eine weitere Form vorgefertigter Bewehrungselemente sind die «Gitterträger» aus Stahl, die seit etwa 1960 erhältlich sind. Sie bestehen aus Ober- und Untergurten sowie Diagonalen, sind damit selbsttragend und werden unter anderem als Bewehrung von Fertig- oder Halbfertigteilen, wie Plattenbalken oder -decken, eingesetzt.

Mit zunehmendem Wissen über den Werkstoff Stahl konnten die Eigenschaften der Bewehrungsstähle gezielt optimiert und deren Einhaltung gefordert und überprüft werden. Dazu wurden 1923/24 in Deutschland erstmals Normen für die ursprünglich nur als Baustahl verwendeten «Handelseisen» erstellt. Die erste Betonstahlnorm erschien im Jahre 1939 und wurde seit dieser Zeit mehrfach überarbeitet und ergänzt. Dabei wurden entsprechend der Entwicklung der Stahlherstellung die Anforderungen, zum Beispiel in Bezug auf die Oberflächengestaltung, die Schweisseignung oder den Widerstand gegen zyklische Beanspruchungen, erweitert. Gleichzeitig nahm die Sortenvielfalt zu, bis 1984 eine Vereinheitlichung durchgesetzt wurde, so dass in die deutsche Norm nur noch drei Arten von Betonstählen mit Durchmessern zwischen 6 und 28 mm aufgenommen wurden, die alle gerippt und schweissgeeignet sind.

Eine der wichtigsten Voraussetzungen für die Entwicklung des Stahlbetonbaus war, dass bei Einhaltung bestimmter Randbedingungen der Stahl, der in Beton eingebettet ist, hervorragend gegen Korrosion geschützt ist. Dies ist aber insbesondere dann nur schwer einzuhalten, wenn in den Beton Chloride eindringen können. Seit etwa 1970 wurden daher Betonstähle mit erhöhtem Korrosionswiderstand entwickelt.

12 Neubau einer Lagerhalle in Székesfehérvár, Ungarn, 1902/03. Bewehrung einer Stahlbetondecke nach dem «System Hennebique»

13 Elektrizitätszentrale in Markelsheim, Württemberg. Bewehrung der Fundamentplatte des Dampfturbinenfundaments, um 1910

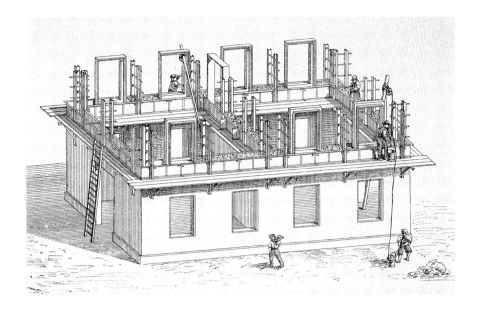

Die Konstruktionen

Stampfbeton und Steinersatz

Angesichts des späteren Siegeszuges des Stahlbetons wird häufig übersehen, dass im 19. Jahrhundert der unbewehrte Guss- beziehungsweise Stampfbeton vorherrschte, der eine nicht unbedeutende Rolle im Bauwesen spielte. So floss der Hauptanteil des neuen Bindemittels Zement in die Herstellung von Stampfbeton. Die Bautechnik orientierte sich dabei an der mit Lehm oder Erde umgesetzten «Pisé-Technik», bei der eine Lehm- oder Erdemischung in eine Schalung eingefüllt und festgestampft wird, um Mauern herzustellen. François Cointereaux (1740–1830) schreibt in seinem Lehrbuch um 1790 über die Pisé-Bauart: «Die hier genannte Bau-Art aus bloßer Erde, welche Pisé genannt wird, ist jedoch keine neue Erfindung, deren Erfolg noch zweifelhaft sein könnte; sie ist vielmehr eine sehr alte und schon bei den Römern übliche gewesene Bau-Art, welche sich in den südlichen Provinzen Frankreichs erhalten hat, und noch jetzt dort, so wie in den neueren Zeiten auch in anderen Ländern, besonders in manchen Gegenden und Städten Deutschlands, mit großem Vortheil angewendet wird. Was sie neues erhalten hat, ist der Grad der Vollkommenheit, zu welchem sie unlängst gebracht wurde, so daß sie jetzt mit der sorgfältigsten Bau-Art aus gebackenen Steinen wetteifern, und zur Erbauung ganzer Städte gebraucht werden kann; und wer es nicht weiß, wird immer glauben, daß sie von gutem Mauer-Werk ausgeführt worden wären.»[23]

Vor allem aufgrund der Holzknappheit Ende des 18. Jahrhunderts fand die Pisé-Technik in Frankreich und nach 1800 auch in Deutschland das Interesse der Architekten und Bauhandwerker, die nach einem preiswerten und überall verfügbaren Ersatz für die knappen und teuren traditionellen Baustoffe suchten. Sie wurde überwiegend bei Bauten in ländlichen Gegenden angewandt. Mit einer schützenden Schicht Lehm- oder Kalkputz versehen, sind diese auch heute noch in einigen Gegenden anzutreffen.[24]
Die Übertragung der Pisé-Technik auf zementgebundene Baustoffe machte wenig Schwierigkeiten; der Name François Coignets steht für die systematische Entwicklung der sich daraus ergebenden Stampfbetontechnik. Die im Vergleich zu den in der Pisé-Technik verwendeten Baustoffen viel grössere Festigkeit des zementgebundenen Betons, und vor allem seine Wasserbeständigkeit, erweiterten die Anwendungsmöglichkeiten der Stampfbetontechnik erheblich, insbesondere im Tiefbau und beim Bau von Fundamenten. Das Stampfen des erdfeuchten Betons diente dabei nicht nur der Verdichtung, das heisst der Vermeidung von Hohlräumen im Beton, sondern auch dessen Homogenisierung.

Gebäude aus unbewehrtem Stampfbeton entstanden etwa seit der Mitte des 19. Jahrhunderts, als Zement industriell hergestellt und damit in grösseren Mengen erschwinglich wurde. Sieht man einmal von Einzelfällen wie den aufwendigen Privathäusern der Beton-Pioniere James Parker und François Coignet ab, fand

14 Ein im Bau begriffenes Betonhaus, um 1870. Die Wände aus Stampfbeton sind mit einer gerüstlosen Kletterschalung mit eisernen Leitständern eingeschalt, die beim Pisé- und Kalksandstampfbau entwickelt wurden.

der Stampfbetonbau gerade für Wirtschaftsgebäude Anwendung; er wurde aber auch im einfachen Siedlungsbau eingesetzt.

Beginn der Stahlbetonbauweise

Die Verstärkung von Beton durch Stahleinlagen ermöglicht dem spröden, vor allem auf Druck belastbaren Beton auch die Aufnahme von Zugkräften. So erweiterte man die Einsatzmöglichkeiten von Betonkonstruktionen erheblich, beispielsweise für solche mit hohen Biegebeanspruchungen, wie sie in weitgespannten Platten oder Balken auftreten. Für diesen «Verbundwerkstoff» wurde in Deutschland um 1903 der Begriff «Eisenbeton» geprägt, vereinzelt auch der Begriff «Betoneisen» verwendet. Erst seit etwa 1940 setzte sich der heutige Begriff «Stahlbeton» durch. Dies ist der korrekte Begriff, der im Folgenden – wenn zutreffend – ausschliesslich verwendet wird.

Traditionell wird – besonders in Europa – die Entwicklung des Stahlbetons dem französischen Handelsgärtner Joseph Monier (1823–1906) zugeschrieben.[25] Er beschäftigte sich um 1860 mit Versuchen, die vergänglichen hölzernen Pflanzenkübel durch solche aus Beton zu ersetzen. Dazu benutzte er ein Drahtgeflecht, das er mit Zementmörtel umhüllte. 1867 erwirkte er sein erstes Patent, das bereits die Grundideen des praktischen Stahlbetonbaus enthält. Es folgten Zusatzpatente für Röhren und Behälter (1868), für ebene Platten (1869), für Brücken (1873), für Treppen (1875) und andere mehr.

In der ersten Hälfte des 19. Jahrhunderts experimentierten in Frankreich und England verschiedene Erfinder mit der Bewehrung von Beton. Das erste entsprechende Patent erhielt 1854 in England der Gipsermeister William Boutland Wilkinson (1819–1902) aus Newcastle, der Betondecken mit Stahlseilen verstärkte. Im darauf folgenden Jahr erwirkten die Franzosen Joseph-Louis Lambot (1814–1887) und François Coignet Patente für die Bewehrung von Bauteilen aus Beton. Joseph-Louis Lambot konstruierte 1848 zwei kleine Ruderboote aus nur wenigen Zentimetern dickem, mit einem Drahtgewebe bewehrtem Beton. Er nannte den neuen Baustoff «ferciment» und betrachtete ihn wegen der damit erreichbaren geringen Wanddicken und seiner Wasserbeständigkeit als geeigneten Ersatz für Holz. Es gelang ihm, eines der Boote 1855 auf der Pariser Weltausstellung zu präsentieren, ganz im Gegensatz zu François Coignet, dessen Vorschlag, ein Haus aus Stampfbeton vorzustellen, wegen der Konstruktionsnähe zur traditionellen Pisé-Bauweise abgelehnt wurde.

Grundlegend für die Entwicklung des Stahlbetons waren die praktischen Erfahrungen und Versuche der Erfinder. Auch bei Joseph Monier, der erst 1867, zehn Jahre nach Joseph-Louis Lambot, seine Erfindung patentieren liess,

 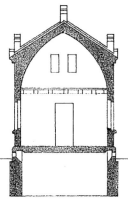

15 Bahnwärterhaus aus Stampfbeton an der Bahnstrecke von Aulendorf nach Sigmaringen, Württemberg, 1870. Architekt: Dollinger

Kaiserliches Patentamt.　　　　　　　　　　Ausgegeben den 4. Aug. 1881.

PATENTSCHRIFT
Nr. 14673
Klasse 80: Ton- und Steinwarenindustrie.

JOSEPH MONIER IN PARIS

Verfahren zur Herstellung von Gegenständen verschiedener Art aus einer Verbindung von Metallgerippen mit Zement.

Patentiert im Deutschen Reiche vom 22. Dezember 1880 ab.

Nach diesem Verfahren werden Gefäße aller Art aus mit Zement umgossenen Metallgerippen hergestellt, wodurch größere Haltbarkeit, Ersparnis an Zement und Arbeit bezweckt wird.

Fig. 1 bis 4 zeigen die Anwendung des Verfahrens zur Herstellung von Eisenbahnschwellen.

Fig. 1 ist eine Ansicht,
Fig. 2 ein Schnitt nach M-N,
Fig. 3 ein Schnitt nach P-Q,
Fig. 4 eine Ansicht der Enden der Schwelle.

Die Schwelle in unregelmäßiger Form besteht aus zwei nebeneinanderliegenden Ovalen, die an derjenigen Stelle ihre größte Weite haben, an welcher die Schienen aufliegen.

Die Schwelle ist somit an den Enden schmal auslaufend und in der Mitte zusammengezogen und ist in der Gegend der größten Belastung unten flach und oben rund, wie der Schnitt Fig. 2 zeigt.

Diese Schwellen werden aus Querringen a hergestellt, die durch eiserne Längsstäbe b und Verbindungen c c miteinander verbunden sind; das Ganze wird noch mit einem starken Bandeisen d schraubenförmig umwickelt.

Die Schienenlager oder auch die Schienen selbst ruhen an der breitesten Stelle der Schwellen auf Platten e, welche von unten durch Stehbolzenrahmen f f geschützt werden.

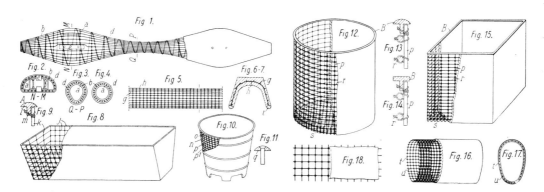

Patent Monier.

dominierte zunächst die Vorstellung vom «umhüllten Gerüst». Das statische Zusammenwirken von Beton und Bewehrung und die Erkenntnis, dass die Bewehrung vor allem in der Zugzone der Objekte liegen muss, waren ihm noch fremd. Seine Vorgänger und Zeitgenossen erfassten offensichtlich überwiegend intuitiv die richtige Platzierung der Bewehrung, ohne die statischen Zusammenhänge zu erkennen oder zu klären.

Nach dem Bekanntwerden der Monier'schen Bautechnik Mitte der 1880er Jahre nahmen sich auch im deutschsprachigen Raum die ersten Bauunternehmer der neuen Bauweise an. Dazu gehörten Conrad Freytag (1846–1921) und bald darauf Gustav Adolf Wayss (1851–1917), zwei der Lizenznehmer des deutschen Monier-Patents von 1881, die sich 1893 zur Firma Wayss & Freytag zusammenschlossen. Solche Spezialbaufirmen für Stahlbeton stellten kleine Brücken, Röhren und Behälter, Decken, Wände und Treppen her, wenn besonders schlanke Proportionen, hoher Feuerwiderstand und Wasserbeständigkeit gefordert waren. Die Verbreitung der neuen Bauweise vollzog sich allerdings nur langsam, und die Hoffnung auf einen schnellen Siegeszug des neuen Baumaterials erfüllte sich nicht. Naturstein, Ziegel und die «modernen» Eisenkonstruktionen behielten auch weiterhin die Oberhand. Der Umgang mit Stahlbeton war ausser der Baupolizei auch Architekten und Bauingenieuren noch zu fremd. Es fehlte die Erfahrung, und ohne baupolizeiliche Erlaubnis entstanden auch keine richtungsweisenden Bauwerke.

Die Beschäftigung mit Stahlbeton als Konstruktionsbaustoff ging währenddessen in Frankreich, England und vor allem in den USA weiter. Dort und zuvor schon in London hatte der Rechtsanwalt und Erfinder Thaddäus Hyatt (1816–1901) zahlreiche systematische Versuche an Beton und Stahlbetonteilen unternommen und neben dem hohen Feuerwiderstand des Betons die Ähnlichkeit der Wärmedehnung von Beton und Stahl als Voraussetzung für das Zusammenwirken beider Komponenten sowie die Vorteile von Stahlstäben als Bewehrung gegenüber Walzprofilen hervorgehoben. Er wies wahrscheinlich als Erster darauf hin, dass in einem biegebeanspruchten Querschnitt die Bewehrung auf der gezogenen Seite liegen sollte. An der Verbesserung der Bewehrung verschiedener Bauteile aus Beton wurde nun an zahlreichen Stellen theoretisch und praktisch gearbeitet, und die praktischen Versuche entwickelten sich dabei nicht selten zu populären, werbewirksamen Demonstrationen.

Nachdem Gustav Adolf Wayss beim Bau des Reichstagsgebäudes in Berlin umfangreiche Stahlbetonarbeiten, insbesondere Geschossdecken ausgeführt hatte, veröffentlichte er 1887 die «Monier-Broschüre»[26]. In dieser wohl überwiegend von Regierungsbaumeister Matthias Koenen (1849–1924), dem zuständigen Ingenieur, verfassten Schrift wurden erstmals die wesentlichen, damals bekannten theoretischen und praktischen Erkenntnisse über Stahlbeton zusammengestellt. Damit begann die systematische Erweiterung des Wissens über den Beton- und Stahlbetonbau, die nicht zuletzt der Überwindung des bestehenden amtlichen Misstrauens gegenüber der neuen Bauweise diente. Einen Vorschlag für die rechnerische Behandlung des Stahlbetons hatte Koenen bereits 1886 im *Centralblatt der Bauverwaltung* veröffentlicht.[27]

17 Probebelastung des von der Firma G. A. Wayss errichteten Monierbrückenbogen von 10 m Spannweite, 1/10 Stichhöhe und 10,7 cm mittlerer Stärke auf dem städtischen Werkplatz in München, 1887

Nach dem Erscheinen der Monier-Broschüre und damit der Offenlegung der Grundlagen der neuen Bauweise entstand eine Vielzahl von Erfindungen auf diesem Gebiet. Josef Anton Spitzer schrieb 1902: «Heute gibt es mehr als 200 verschiedene Systeme von Betoneisen-Constructionen, welche alle mehr oder weniger Anspruch machen, das beste auf diesem Gebiet darzustellen».[28] Neben dem Monier-System gehörte das 1892 patentierte Konstruktionssystem des Pariser Bauunternehmers François Hennebique zu den wichtigsten.

Das «System Hennebique»

Der Name Hennebique steht für die systematische Entwicklung und Vermarktung einer monolithischen Stahlbetonskelettbauweise, bei der nicht wie bei der Monierbauweise nur Decken und Wände aus Stahlbeton hergestellt wurden, sondern das gesamte konstruktive Gerüst eines Bauwerks bestehend aus Stützen, Deckenbalken und Deckenplatten.[29] Der aus Belgien stammende Steinmetz und Bauunternehmer François Hennebique (1842–1921) hatte sich als Bauunternehmer in Paris niedergelassen. Dort gründete er eine Firma zur Ausbeutung seiner ab 1892 erwirkten Patente, die schnell dazu überging, für Lizenznehmer in ganz Europa in grossem Umfang Stahlbetonbauten nach dem «System Hennebique» zu planen. Auf dem Höhepunkt seiner Tätigkeit um das Jahr 1900 beschäftigte Hennebiques Firma in ihrem Pariser Bürohaus in der rue Danton und den Filialen in Brüssel und London mehrere hundert Mitarbeiter; allein zwischen 1892 und 1901, in einem Zeitraum von nur neun Jahren, betreute die Firma fast 5500 Objekte in Stahlbeton, die nach dem gleichen System entworfen und gebaut wurden.

Der bekannteste Lizenznehmer Hennebiques in Deutschland war Eduard Züblin (1850–1916) in Strassburg.[30] Seine erste bedeutende Ausführung in der neuen Bauweise war im Jahr 1898 ein Getreidesilo im Strassburger Rheinhafen mit einem Fassungsvermögen von 80 000 Sack. Mit dem Bau des daran anschliessenden Stückgutlagers wurde jedoch die Monier-Firma Wayss & Freytag AG beauftragt. Der innovative Ingenieur ging schnell eigene Wege und durfte, als einer von wenigen innerhalb des Hennebique'schen Stahlbeton-Imperiums, selbst Konstruktionen planen. Formell unter Berufung auf das (ausgelaufene) Monier-Patent von 1878, praktisch aber wegen der zahlreichen Parallelentwicklungen und der allgemeinen Verbreitung der Bauweise, kam es in Frankreich am 4. März 1903 schliesslich auf Druck der Konkurrenten – und bald darauf auch in anderen Ländern – zur Aufhebung des Patentschutzes. Dies war der wichtigste Auftakt zur freien Anwendung der Stahlbetonbauweise. Hennebique blieb zwar weiterhin aktiv, seine Bedeutung ging jedoch deutlich zurück.

Die Grundlage des «Systems Hennebique» bildete ein nach dem Vorbild von Holz- oder Stahlkonstruktionen aus Stützen, Balken und Deckenplatte zusammengesetztes monolithisches Tragsystem aus Stahlbeton. Konstruktiv löste sich Hennebique damit von der noch in einzelnen Elementen wie Stützen, Platten oder Treppen denkenden Tradition Moniers. Er nutzte die neuen Möglichkeiten einer durchgehenden Bewehrung und des Betonierens vor Ort, indem er Balken und Deckenplatten durch die Bewehrung miteinander biegesteif verband und so den «Plattenbalken», eines der wichtigsten Elemente des Stahlbetonbaus, entwickelte. Zwischen 1892 und 1895 wurde an den Details

18 Gustav Adolf Wayss (1851–1917) **19** François Hennebique (1842–1921)

der Konstruktion gefeilt: In den Balken wurden die unteren und die oberen Bewehrungsstäbe mit Bügeln aus Flacheisen umschlossen. Diese Bügel, die sowohl der Aufnahme von Schubkräften dienten als auch die exakte Lage der Längsstäbe während des Betonierens sichern sollten, bilden ein charakteristisches Detail der Hennebique'schen Bauweise. Besonderes Gewicht wurde auf die Bewehrungsführung über Stützen oder Auflagern sowie an der Einmündung von Querträgern gelegt, die eine kontinuierliche Tragwirkung benachbarter Balken- oder Plattenelemente sicherstellen sollte. Der Anschluss von Balken an Stützen erfolgte unter Zuhilfenahme von «Vouten», das sind dreiecksförmige Verstärkungen der Balken in Auflagernähe. Typisch sind auch die Abkantungen der Stützen und Unterzüge, wie wir sie vom Holzbau des 19. Jahrhunderts kennen, die hier aber dazu dienten, die Schalung an den Ecken durch Dreikantleisten zu dichten. Neben den typischen Stahlbetonskelettbauten beschäftigte sich Hennebique aber auch mit vielen anderen Bauaufgaben und entwickelte hierfür entsprechende Konstruktionsformen.

Obwohl eine grosse Anzahl von Ingenieuren und Erfindern sich seit Jahrzehnten mit der konstruktiven Durchbildung von Stahlbetonelementen auseinandergesetzt hatten, war es erst François Hennebique, dem es glückte, die Bauweise zu optimieren und ihre auch baurechtliche Anerkennung und weite Verbreitung durchzusetzen. Es gelang ihm aber nicht, seine neue Bauweise international zu monopolisieren, denn seine Patentansprüche wurden nicht überall anerkannt. Ihr Erfolg regte jedoch zu einer Flut von Varianten und Verbesserungsvorschlägen an. Jede grössere Firma bemühte sich um eigene, patentfähige Wand- und Deckenkonstruktionen, deren Verbesserungen in den Fachzeitschriften diskutiert wurden und zusammen fast einen ganzen Band im *Handbuch für Eisenbetonbau* umfassen.[31]

Die Aufhebung des Patentschutzes für das «System Hennebique» im Jahr 1903 in Frankreich öffnete schliesslich den Markt für Stahlbetonkonstruktionen. Die dadurch entstehende Situation, in der die bislang wenigen spezialisierten Stahlbetonbaufirmen Konkurrenz durch zahllose kleine, meist bis dahin nur traditionell tätige Unternehmen erhielten, liess die amtliche Festlegung allgemeiner Regeln für den Stahlbetonbau immer dringender werden. Nur so konnte verhindert werden, dass die gerade erst mühsam eingeführte und bei den Behörden durchgesetzte Bauart durch unerfahrene und fehlerhafte Ausführung wieder in Misskredit geraten würde.

Die Pioniere der Stahlbetonbauweise

Hennebique war nicht der alleinige Pionier der Stahlbeton-Verbundbauweise. In Frankreich hatte Edmond Coignet (1856–1915), François Coignets Sohn, im Jahr 1890 ein eigenes, bis heute florierendes Bauunternehmen gegründet. Der gelernte Maschinenbauer besass eine gründliche technisch-wissenschaftliche Ausbildung, die es ihm ermöglichte, im Zeitraum zwischen 1894 und 1897 zusammen mit dem Ingenieur Napoléon de Tedesco (1848–1922) wesentliche neue Berechnungsverfahren für den Stahlbetonbau zu entwickeln. Sie bedeuteten den Übergang von der Einzelberechnung der Bauglieder zur Berücksichtigung des kontinuierlichen Tragverhaltens, das die Stahlbetonkonstruktionen tatsächlich aufweisen. Da der Hochbau Edmond Coignet durch die noch geltenden Monier-Patente und dann durch

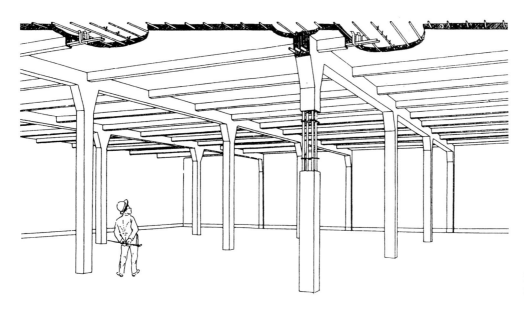

20 Monolithische Stahlbetonkonstruktion nach dem «System Hennebique», um 1895

Hennebique weitgehend verschlossen war, konzentrierte er sich mit seiner Baufirma zunächst auf den Tief- und Wasserbau. Höhepunkt seiner Aktivitäten war der Bau des Wasserschlosses für die Pariser Weltausstellung 1900. Drei Jahre darauf initiierte er – wie Hartwig Hüser und Eugen Dyckerhoff mit dem «Deutschen Beton-Verein» wenige Jahre zuvor in Deutschland – den Zusammenschluss der französischen Betonbaufirmen[32].

Eine ähnliche Weiterentwicklung erfuhr der Stahlbetonbau in den USA durch Ernest Leslie Ransome, Sohn eines englischen Kunststein-fabrikanten und Erfinders des Zement-Drehofens, der nach seiner Übersiedlung in die USA 1870 ein modernes Zementwerk aufbaute und zahlreiche Neuerungen in der Kunststeinfertigung einführte, ehe er sich 1886 auch mit dem bewehrten Beton befasste. Er wandte seine Erkenntnisse über Verbundkonstruktionen unmittelbar auf grosse Bauprojekte an und wurde damit zum eigentlichen Vater des Industriebaus in Stahlbeton. Im Jahr 1902 liess er sich seine Verbundbauweise patentieren. Auch das im gleichen Jahr errichtete erste Stahlbeton-Hochhaus der Welt, das Ingalls Building in Cincinnati mit 16 Geschossen, wurde nach Ransomes System

21 Paris, 1 rue Danton, 1899–1900.
Architekt: Édouard Arnaud. In dem ganz aus Stahlbeton errichteten Bau befanden sich im 4. bis 6. Geschoss die Büroräume des Ingenieurbüros von François Hennebique.

22 Blick in einen Büroraum des Ingenieurbüros von François Hennebique. Foto um 1912

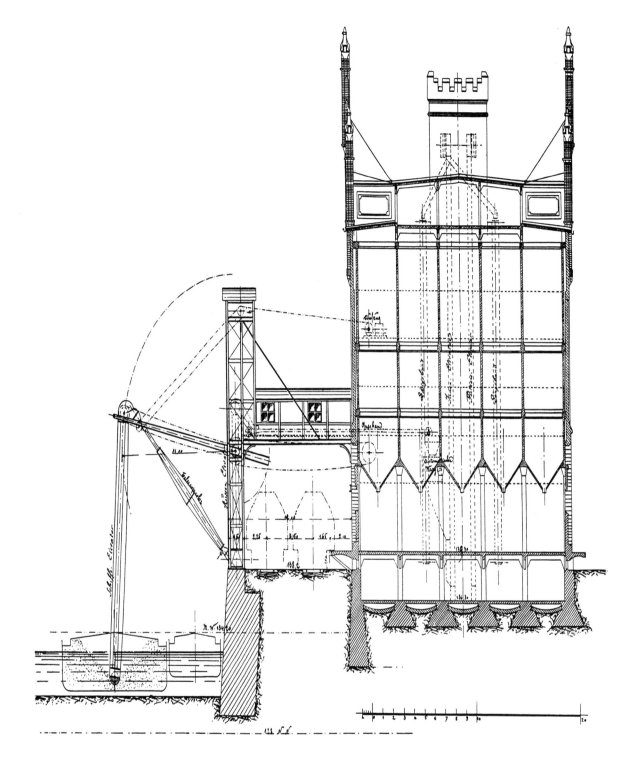

gebaut. Beim Brand von Baltimore im Jahr 1904 und dem grossen Erdbeben in Kalifornien 1906 bewährten sich die neuen Stahlbetonbauten durch ihre Standfestigkeit.[33]

1902 erhielt Armand Considère (1841–1914) in Frankreich ein Patent für die wendelartige Umschnürung druckbeanspruchter Betonstützen, die damit erheblich stabiler wurden. Schon vorher hatten die deutschen Ingenieure Johann Bauschinger (1834–1893) und August Föppl (1854–1924) gezeigt, dass durch die Behinderung der Querdehnung unter Last die Tragfähigkeit eines druckbeanspruchten Körpers wesentlich erhöht wird.[34] Doch erst Armand Considère, *Inspecteur général des Ponts et Chaussées en retraite,* gelang es, einen Weg zur praktischen Anwendung dieses Verfahrens zu finden, das er als «béton fretté» bezeichnete. Die Patentrechte dieser wichtigen Verbesserung der Stahlbetonbauweise erwarb für Deutschland die Firma Wayss & Freytag AG.

Ein weiterer wichtiger Schritt zur gedanklich-theoretischen, aber auch ästhetischen Loslösung des Stahlbetonbaus von den herkömmlichen Holz- und Eisenkonstruktionen war die Entwicklung von unterzuglosen Decken, das heisst von Decken, die zwischen den Wänden nicht auf einem rasterartig angeordneten System von Quer- und Längsbalken, sondern direkt auf Stützen aufgelagert sind. Obwohl bereits 1901 in den USA der Bauunternehmer Orlando W. Norcross eine solche Decke ausgeführt und ein Jahr später dafür ein entsprechendes Patent erhalten hatte, wurde sie in Europa erst durch den Schweizer Ingenieur Robert Maillart (1872–1940) in den Jahren 1909/10 bekannt gemacht. Es gelang ihm, die punktförmige Auflagerung der Stützen auch rechnerisch überzeugend darzustellen und die Dimensionierung und Bewehrung entsprechend auszulegen. Die von Maillart angestossene und theoretisch untermauerte Reduzierung der Decken auf Stützen und Platten (sogenannte Pilzdecken) wurde in den 1920er Jahren zum Allgemeingut avantgardistischer Architektur, etwa bei Le Corbusier, und der Verzicht auf tragende Aussenwände beziehungsweise aussen liegende Stützen ermöglichte neue, freie Fassadengestaltungen. Hingegen zeigt der Entwurf Mies van der Rohes für ein Bürohaus in Stahlbeton aus dem Jahr 1923 noch immer die traditionelle Konstruktionsform mit Stützen, Haupt- und Nebenunterzügen.

Konstruktionsregeln des modernen Stahlbetons

Die Entwicklung der Betonbauweise, insbesondere des Stahlbetons, vollzog sich im Zusammenspiel von privatwirtschaftlichen Interessen, staatlicher Aufsicht und wissenschaftlicher Forschung. Dabei erkannten die Zementhersteller und Betonbaufirmen schnell, dass nur eine möglichst genaue wissenschaftliche Erforschung und Beschreibung der neuen Bauweise und ihrer Anwendungsmöglichkeiten Vertrauen bei den privaten Auftraggebern und beim Staat schaffen konnte, der sowohl als öffentlicher Auftraggeber wie auch als Aufsichtsbehörde für das Bauwesen auftrat. Es musste deshalb ein auf die abgesicherten wissenschaftlichen und theoretischen Kenntnisse bezogenes System von Normen und Regeln für die neue Bauweise und ihre Verwendung geschaffen werden.[35] Dazu mussten zuerst die zum Teil schon weit fortgeschrittenen theoretischen Kenntnisse über den neuen Baustoff und über seine stofflichen und statischen Eigenschaften entsprechend aufgearbeitet werden. Ganz wesentliche Beiträge leistete dazu der an der ETH Zürich (1904–1908) und TH Stuttgart (1916–1939) lehrende, deutsche Bauingenieur Emil Mörsch (1872–1950). In seiner Funktion als Leiter des technischen Büros der Firma Wayss & Freytag AG verfasste er das 1902 erschienene Lehrbuch *Der Betoneisenbau, seine Anwendung und Theorie,* in dem, aufbauend auf experimentellen Ergebnissen, Regeln für die Bemessung von Bauteilen aus Stahlbeton systematisch behandelt sind.[36] Emil Mörsch überarbeitete und erweiterte dieses Buch mehrfach, das 1929 bereits in der sechsten Auflage erschien.[37]

23 Lager- und Silogebäude im Strassburger Rheinhafen (Sporenhafen), 1898/99. Querschnitt durch das in Stahlbeton ausgeführte Getreidesilo

24 Lager- und Silogebäude im Strassburger Rheinhafen. Ansicht der Hafenseite. Links das von der Firma Züblin AG erstellte Silogebäude, rechts das von der Firma Wayss & Freytag ausgeführte Lagergebäude

25 Lager- und Silogebäude im Strassburger Rheinhafen. Blick in eine Ebene des achtgeschossigen Lagerhaustrakts. Entwurf und Berechnung von Ingenieur Ludwig Zöllner, Wayss & Freytag

26 Emil Mörsch (1872–1950)

Es gewann Weltgeltung und gehört noch heute zu den Standardwerken der Stahlbetonliteratur.

Von ähnlicher Bedeutung für die frühe Entwicklung und Verbreitung des Stahlbetonbaus war die publizistische Arbeit des österreichischen Bauingenieurs Friedrich Edler von Emperger (1862–1942). Er war der Begründer der Zeitschrift *Beton & Eisen*, der heutigen Zeitschrift *Beton- und Stahlbetonbau* (1. Jg., Wien 1902),[38] des 1906 erstmals erschienenen *Beton-Kalenders*, eines im deutschsprachigen Raum nicht wegzudenkendes, jährlich überarbeitetes Hilfsmittels für den Beton- und Stahlbetonbau, sowie des 1907 begonnenen *Handbuchs für Eisenbetonbau*.[39]

Sicherlich auch angeregt durch das 1902 erschienene Buch von Emil Mörsch wurde im Jahr 1903 durch den «Verband Deutscher Architekten- und Ingenieurvereine» unter Mitwirkung des «Deutschen Beton-Vereins» ein Ausschuss zur Bearbeitung von Stahlbetonvorschriften eingesetzt. Dieser «Gemeinsame Eisenbetonausschuß» veröffentlichte Anfang des Jahres 1904 *Vorläufige Leitsätze für die Vorbereitung, Ausführung und Prüfung von Eisenbetonbauten*, die schon im April in Preussen durch das Ministerium der öffentlichen Arbeiten als *Bestimmungen für die Ausführung von Konstruktionen aus Eisenbeton für Hochbauten* amtliche Gültigkeit erlangten.[40] Auf sie bezogen sich in der Folge nicht nur auch die anderen deutschen Länder, sondern die Bestimmungen wurden weltweit als vorbildlich betrachtet. Im Jahr 1905 beantragten dann der «Deutsche Beton-Verein» und der «Verband Deutscher Architekten- und Ingenieurvereine» beim Reichskanzler die Einsetzung eines Ausschusses zur «Prüfung des Eisenbetons und zur Aufstellung von Vorschriften für die Eisenbetonbauweise». Dieser Antrag führte im Jahr 1907 zur Gründung des «Deutschen Ausschuß für Eisenbeton», der 1941 in «Deutscher Ausschuß für Stahlbeton» umbenannt wurde und heute noch für die Erstellung von Normen auf dem Gebiet des Beton- und Stahlbetonbaues verantwortlichen ist.[41]

Nach einer unwesentlichen Revision der *Bestimmungen für die Ausführung von Konstruktionen aus Eisenbeton für Hochbauten* in Preussen im Jahr 1907 dauerte es aber noch bis 1916, ehe die reichseinheitlichen *Bestimmungen für Ausführung von Bauwerken aus Beton* und die *Bestimmungen für Ausführung von Bauwerken aus Eisenbeton* eingeführt wurden. Diese Bestimmungen wurden 1925 (seitdem als DIN 1045 bezeichnet), 1932, 1935, 1936 und 1937 dem aktuellen Stand der Wissenschaft angepasst und durch weitere Normen ergänzt. Ab der vierten Ausgabe aus dem Jahr 1943 trugen sie die Bezeichnung *Bestimmungen für Ausführung von Bauwerken aus Stahlbeton*. Die älteren Fassungen dieser Bestimmungen enthielten nicht nur Regeln für die Bemessung und konstruktive Durchbildung von Stahlbetonbauteilen, sondern sie definierten auch die Anforderungen an die verwendeten Werkstoffe – Beton, Betonzuschlag und Betonstahl –, ehe im Lauf der Zeit für Betonzuschlag und Betonstahl eigene Normen erarbeitet wurden. Bis zur fünften Revision im Jahr 1972, also fast siebzig Jahre lang, bildete die Stahlbetontheorie von Emil Mörsch, die eine Reihe von idealisierenden Näherungen und Vereinfachungen insbesondere in Bezug auf das Werkstoffverhalten enthielt, die Grundlage der Bemessung von Bauten aus Stahlbeton. In der Ausgabe von 1972 der DIN 1045 wurden zur Bemessung erstmals wirklichkeitsnähere Ansätze zur Beschreibung des Werkstoffverhaltens sowie statistische Betrachtungsweisen herangezogen, die in den folgenden Jahren noch weiter verfeinert wurden.

Nach dem Zweiten Weltkrieg gewannen auch für nationale Regelungen internationale wissenschaftliche Vereinigungen zunehmend an Bedeutung. So erarbeiteten das 1953 gegründete «Comité Euro-International du Béton» (CEB) und die 1955 gegründete «Fédération Internationale de la Précontrainte» (FIP) eine Reihe von Modellvorschriften für den Entwurf von Beton- und Stahlbetonbauwerken, die weltweit ganz oder teilweise bei der Erarbeitung nationaler Vorschriften Berücksichtigung fanden. Im Jahr 1997 schlossen sich beide Organisationen zur «fédération internationale du béton» (fib) zusammen, um die internationale Normenarbeit fortzusetzen. Auf der Ebene der Europäischen Gemeinschaft beziehungsweise der Europäischen Union wurden durch das «Comité Européen de Normalisation» (CEN) europäische Normen, die «Eurocodes», erarbeitet. Der vom CEN erstellte Eurocode EC 2 *Planung von Stahlbeton- und Spannbetontragwerken* fand in den jüngsten Fassungen der Stahlbeton- und Spannbetonnormen in den deutschsprachigen Ländern weitgehend Eingang.

Spannbeton im Hochbau

Bei einer Zug- oder Biegebeanspruchung von Stahlbetonelementen können sich im Beton Risse bilden, wenn die nur geringe Zugfestigkeit und Dehnfähigkeit des Betons überschritten wird. Die im gerissenen Bereich einwirkenden Zugspannungen werden dann vom Bewehrungsstahl aufgenommen. Um diese Rissbildung zu vermeiden, wurde schon 1886 vom Amerikaner Peter H. Jackson vorgeschlagen, mit Hilfe einer Bewehrung, die angespannt und im gespannten Zustand am Beton verankert wird, diesen schon vor der Beanspruchung der Konstruktion durch äussere Lasten soweit unter Druck zu setzen, dass damit die aus der äusseren Beanspruchung resultierenden Zugspannungen neutralisiert werden. Zwei Jahre nach Peter H. Jackson meldete in Deutschland der Berliner Ingenieur C. F. W. Döhring ein ähnliches Patent an. Die Idee einer Vorspannung war nicht neu: So setzt der Küfer bei der Herstellung eines Fasses die einzelnen Dauben dadurch unter Druck, indem er sie mit zunächst heissen Stahlbändern umschliesst. Durch die Abkühlung verkürzen sich die Stahlbänder, drücken damit die Dauben aneinander, schliessen die Fugen zwischen benachbarten Dauben und dichten diese dadurch ab. Auf ähnliche Weise verfährt der Stellmacher beim Aufziehen des heissen eisernen Reifens auf das Holzrad.[42]

Für Spannbeton werden Beton- und Stahlsorten hoher Qualität benötigt; vor allem muss der Stahl eine hohe Zugfestigkeit aufweisen, damit der Beton ausreichend hoch vorgedrückt werden kann. Peter H. Jacksons Versuche, aber ebenso die anderer Forscher und Ingenieure in verschiedenen Ländern, schlugen zunächst fehl, weil die Zugfestigkeit der verwendeten Stähle dazu nicht ausreichte. Erste praktische Erfolge erzielte Karl Wettstein, der 1921 in Deutschland und Österreich ein Patent zur Herstellung von Bohlen aus Beton – als Holzersatz – erhielt, die mit hochfesten Klaviersaiten vorgespannt waren. Insbesondere der französische Ingenieur Eugène Freyssinet (1879–1962), der sich mit der Problematik des Vorspannens von Beton schon seit 1911 auseinandergesetzt hatte, erforschte und formulierte die Bedingungen, die eine erfolgreiche Verfahrensweise erfüllen musste.[43] Er machte unter anderem deutlich, dass das bisher kaum beachtete Phänomen des Schwindens und Kriechens von Beton bei der Abschätzung der erforderlichen Vorspannkraft berücksichtigt werden müsse, da es im Lauf der Zeit zu einem deutlichen Absinken der Vorspannung des Betons komme. Eugène Freyssinet liess sich im Jahr 1928 in Frankreich seine Ideen patentieren. Aufgrund seiner grundlegenden theoretischen Kenntnisse und praktischen Erfahrungen gelang es ihm, gegen den heftigen Widerstand von auf diesem Gebiet ebenfalls sehr aktiven deutschen Ingenieuren, auch in Deutschland den Patentschutz zu erhalten. Die Firma Wayss & Freytag AG nahm sich in Deutschland des Verfahrens an und führte um 1935 den Begriff «Spannbeton» als Alternative zum international verwendeten Begriff «prestressed concrete» respektive «vorgespannter Beton» ein. Das erste deutsche Lehrbuch über Spannbeton wurde 1943 von Emil Mörsch herausgegeben.[44]

In Deutschland haben sich weitere Ingenieure um die Entwicklung des Spannbetons verdient gemacht und weltweite Anerkennung gefunden. Dazu gehörten Franz Dischinger (1887–1953), Ulrich Finsterwalder (1897–1988) und Hubert Rüsch (1903–1979), die sowohl als Ingenieure bei der Firma Dyckerhoff & Widmann AG als auch als Wissenschaftler und Hochschullehrer tätig waren, sowie Fritz Leonhardt (1909–1999), der als Konstrukteur, Forscher und Buchautor besonders hervorgetreten ist.[45] Nachdem Hubert Rüsch schon 1943 einen Entwurf für eine vorläufige *Richtlinie für die Bemessung von vorgespannten Bauteilen aus Stahlbeton* vorgelegt hatte, wurde vom «Deutschen Ausschuß

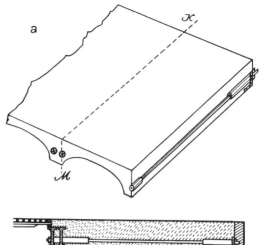
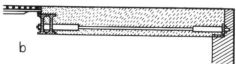

27 Der Beginn des Spannbetonbaus. Patent des Amerikaners Peter H. Jackson von 1886 für Gewölbe mit in Querrichtung eingebauten, nachspannbaren Eisenstäben. a) Ansicht, b) Schnitt M–K

für Stahlbeton» im Jahr 1953 das Normblatt DIN 4227 *Spannbeton, Richtlinien für Bemessung und Ausführung* als weltweit erste Spannbetonnorm verabschiedet.

Voraussetzung für den erfolgreichen Einsatz vorgespannter Betonkonstruktionen war die Entwicklung geeigneter Werkstoffe und Konstruktionsprinzipien. Schon bald erkannte man, dass zum Vorspannen einer Betonkonstruktion im Wesentlichen drei Verfahren in Betracht kommen. Dies ist zum einen das Anspannen der Bewehrung vor dem Betonieren in einer stählernen Schalung und das anschliessende Einbetonieren der gespannten Bewehrung. Man nennt dies heute «Vorspannung mit sofortigem Verbund». Dieses Verfahren wurde beispielsweise schon von C. F. W. Döhring, vor allem aber von Karl Wettstein mit Erfolg angewandt. Zum anderen ist es das Einbetonieren von Hüllrohren in den Beton, durch die nach einer ausreichenden Erhärtung des Betons Spannglieder eingezogen, an einem Ende verankert und am anderen Ende angespannt und auch dort verankert werden, so dass sie den Beton unter Druck setzen. Werden die Hüllrohre anschliessend noch mit Zementmörtel verpresst, so spricht man von «Vorspannung mit nachträglichem Verbund». Bleiben die Hüllrohre dagegen unverpresst, so dass die Spannstähle gegenüber den Hüllrohren und damit gegenüber dem vorgespannten Querschnitt verschiebbar sind, so nennt man dies «Vorspannung ohne Verbund». In diesem Fall sind natürlich besondere Vorkehrungen erforderlich, um die Spannstähle gegen Korrosion zu schützen.

Da eine nachträgliche Überprüfung und eine dauerhafte Sicherung des Korrosionsschutzes von Spannstählen in den Hüllrohren schwierig ist, wurde in jüngerer Zeit ein weiteres System entwickelt, das einen Sonderfall der Vorspannung ohne Verbund darstellt, nämlich die sogenannte «externe Vorspannung». Hierbei werden die Spannglieder nicht in Hüllrohren innerhalb des vorgespannten Querschnittes, sondern ausserhalb des vorgespannten Bauteils geführt. In dem Fall ist eine Inspektion der Spannstähle wesentlich erleichtert. Ausserdem können die Spannstähle, sollte es zu einem Korrosionsschaden kommen, ausgetauscht werden.

Wie schon erwähnt, war der Erfolg Karl Wettsteins primär darauf zurückzuführen, dass er als Spannstähle an Stelle weniger, bis dahin handelsüblicher Rundstähle mit relativ geringer Zugfestigkeit und Durchmessern von mehreren Zentimetern viele sehr dünne und hochfeste Klaviersaiten einsetzte. Wegen der grossen spezifischen Oberfläche der dünnen Klaviersaiten ergab sich eine gute Haftung zwischen den vorgespannten Drähten und dem umgebenden Beton und damit eine sichere Druckkrafteinleitung in den Beton. Ebenso in der weiteren Entwicklung von Vorspannstählen spielten kaltgezogene und damit hochfeste Drähte mit Durchmessern von wenigen Millimetern eine wichtige Rolle. Später wurden mehrere Drähte oder Einzelstäbe zu «Litzen» zusammengefasst. Damit konnten die günstigen Eigenschaften der dünnen Drähte genutzt, gleichzeitig aber deren Verankerung erleichtert werden. Neben den glatten Drähten

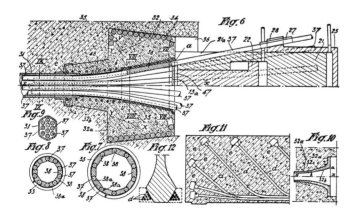

28 Rundkeilverankerung der Spanndrahtbündel nach dem Patent von Eugène Freyssinet. Zeichnung aus der Patentschrift von 1939

29 Eugène Freyssinet beim Besuch der Baustelle, um 1935

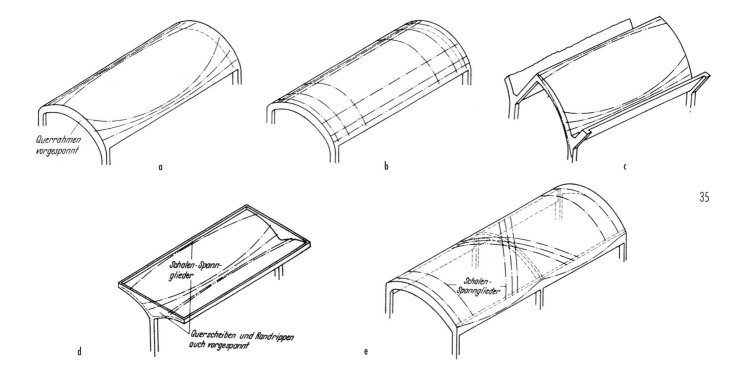

wurden auch den üblichen Bewehrungsstählen ähnliche, dickere Einzelstäbe als Vorspannstähle entwickelt, deren Verbund mit dem Beton durch eine entsprechende Profilierung der Oberflächen sichergestellt wurde. Solche Stähle haben kreisförmige oder ovale Querschnitte und werden nach den verschiedensten Verfahren hergestellt und vergütet beziehungsweise verfestigt. Diese Vielfalt führte in manchen Ländern dazu, dass die Anforderungen an die Spannstähle nicht in Normen festgelegt sind, sondern dass den Spannstählen und Spannverfahren durch die Baubehörden in jedem Einzelfall Zulassungen erteilt werden. Eine so genaue Kontrolle erwies sich schon deswegen als notwendig, weil die zum Teil sehr hochfesten Stähle besonders anfällig für Korrosion und andere Umwelteinwirkungen sind.

Bei der Herstellung eines Bauteils im Spannbett erfolgt die Einleitung der Vorspannung vom Spannstahl in den Beton durch die Haftung respektive den Verbund zwischen Spannstahl und umgebenden Beton. Bei der Vorspannung ohne Verbund oder mit nachträglichem Verbund hingegen sind Vorkehrungen zur Verankerung der Spannbewehrung erforderlich. Dazu wurde im Lauf der Zeit eine Vielzahl unterschiedlicher Systeme entwickelt. Im ersten Patent von Peter H. Jackson schlug dieser eine Verankerung von Rundstäben mit Hilfe von Gewinden und Muttern an beiden Enden der Spannstähle vor, die gegen Ankerplatten auf den Stirnseiten des vorgespannten Betonelements drücken. Später wurden verschiedene Systeme entwickelt, die eine Verankerung der Enden der Spannbewehrung unmittelbar im Beton ermöglichen, beispielsweise durch einbetonierte Schlaufen oder ein fächerartiges Aufgliedern der einzelnen Drähte, die in einigen Fällen zusätzlich mit Endhaken oder aufgestauchten Köpfen versehen wurden. Für die Verankerung an dem Ende, an dem die Stähle vorgespannt werden, wurde ebenfalls eine Vielzahl von Systemen entwickelt: von einer Verankerung mit Schrauben bis zu einer Verankerung des gespannten Stahles oder Stahlbündels mittels Keilen in einer Ankerplatte.

Am Anfang der Entwicklung des Spannbetons standen relativ kleine, im Spannbett hergestellte Betonfertigteile wie Balken und Platten, die durch die Vorspannung problemloser transportiert werden konnten. Im Lauf der Zeit wurden immer grössere Spannbetonbauteile nicht nur als Fertigteile produziert, sondern auch an Ort und Stelle hergestellt. Dies ermöglichte den Verzicht auf komplizierte Vollschalungen, wie sie bei einer monolithischen Bauweise aus Ortbeton meist notwendig sind und die durch Kletter- und Gleitschalungen nur bedingt ersetzt werden können.

30 Anordnung der Spannglieder bei vorgespannten Schalentragwerken nach Fritz Leonhardt

a) Anordnung der Spannglieder für grosse Tonnenschalen

b) Bei geraden Spanngliedern sind zwei sich kreuzende Scharen zu empfehlen.

c) Spannglieder für ein Schalenshed. Die Spannglieder im Rinnenträger sind der Übersichtlichkeit wegen nicht dargestellt.

d) Anordnung der Spannglieder in einer Schmetterlingsschale

e) Anordnung der Spannglieder für eine über zwei Felder durchlaufende Tonnenschale

Die Spannbetontechnologie auf der Grundlage hochwertiger Beton- und Stahlsorten bedeutete eine wesentliche Ausdehnung der konstruktiven Möglichkeiten, die neben dem Hochbau in ganz besonderem Masse dem Brückenbau zu Gute kam, auf den hier allerdings nicht eingegangen wird. Ebenso erlaubte die Spannbetonbauweise im Hochbau die Herstellung von Balken und Platten geringerer Abmessungen und grösserer Spannweiten als bisher. Darüber hinaus wurde dem Spannbeton angesichts der durch Kriegswirtschaft und Reparationen stark eingeschränkten Verfügbarkeit des für den Stahlbau notwendigen Profilstahls in Deutschland nach den beiden Weltkriegen besonderes Interesse entgegengebracht.

In direkter Übernahme aus dem Brückenbau wurden Spannbetonträger für den Hallenbau verwendet; dabei garantierte die Vorfertigung eine sorgfältige und kontrollierbare Ausführung. Nach dem Zweiten Weltkrieg wurden neben vorgespannten Fertigteilbalken und -platten auch in Ortbeton erstellte Spannbetonschalen, -shed und -tonnendächer entwickelt. So wurden beispielsweise nach dem System des Essener Bauingenieurs Wilhelm J. Silberkuhl (1912–1984) Sheddächer aus hyperbolischen Paraboloiden als Fertigteil-Schalen hergestellt, die auf Stahlfachwerkträgern und vorgefertigten Stützen aufgelagert wurden. Im Hallenbau ermöglichte der Spannbeton Spannweiten von über 200 m, etwa für die grösste Betonschale der Welt, der in den Jahren 1956 bis 1958 errichtete Ausstellungshalle CNIT (Centre National des Industries et Techniques) in Paris, sowie die Ausführung zahlreicher neu entwickelter Dachformen, unter anderem für das Dach der Berliner Kongresshalle im Jahr 1957. Allerdings stürzte bei dieser Konstruktion am 21. Mai 1980 durch Ermüdung und Korrosion der südliche Randbogen des Aussendaches ein, was einen Neubau der Dachkonstruktion erforderte.[46]

31 Fertigung von vorgespannten HP-Schalen-Trägern (Silberkuhl-Schalen) im Spannbett durch die Firma Siemens-Bauunion in Essen, um 1965

32 Zur Montage bereitliegende Fertigelemente. Länge 20 m, Breite 2,50 m, Dicke in der Mitte 5 cm. An den Längsseiten ragen die Stähle heraus, die zur Verbindung der Elemente dienen.

Von erheblicher Bedeutung wurde der Spannbeton beim Bau von runden Flüssigkeitsbehältern, da mit Hilfe einer Ringvorspannung Risse im Beton zuverlässig vermieden werden können und damit die Dichtheit der Behälter sichergestellt ist. Weitere Fertigteile aus Spannbeton, die erhebliche technische und wirtschaftliche Bedeutung erlangt haben, sind Elemente, die traditionsgemäss aus Holz hergestellt wurden, zum Beispiel Masten oder Eisenbahnschwellen.

Der Spannbeton ermöglichte zudem riesige neuartige Turmkonstruktionen für Rundfunk- und Fernsehsender, welche nach dem Zweiten Weltkrieg die bis dahin üblichen Stahlskelettürme und -masten ablösten. Fritz Leonhardt entwickelte 1954 in Stuttgart den ersten Spannbetonfernsehturm.[47] Mit seiner 138 m hohen, vorgespannten Betonröhre, deren Durchmesser und Dicke am Fuss 10,80 m beziehungsweise 60 cm und an der Spitze 5,04 m beziehungsweise 19 cm betragen, und einem ebenfalls neuartigen Betonfundament aus zwei Kegelschalen schuf er das Vorbild für zahlreiche ähnliche Türme weltweit; in Moskau und Toronto erreichten sie über 500 m Höhe.

Die Bauwerke

Während François Hennebique in Frankreich und in anderen europäischen Ländern bereits sehr erfolgreich tätig war und auch in den USA die ersten Betonbauten in Verbundbauweise entstanden, dauerte es fast bis zum Ende des 19. Jahrhunderts, bis auch in den deutschsprachigen Ländern die ersten Stahlbetonskelettbauten entstanden. Einer der frühesten dieser Bauten liegt – Ironie der Geschichte – seit dem Ende des Ersten Weltkriegs jedoch wieder in Frankreich: das Lagerhaus im Strassburger Rheinhafen, welches 1898/99 gemeinsam von den beiden Baufirmen Eduard Züblin und Wayss & Freytag AG errichtet wurde.[48] Der Skelettbau, der zur Hälfte aus Silos besteht, wurde im Äusseren mit einer historistischen Backsteinfassade versehen, so dass nur im Inneren die Modernität der Konstruktion zu erkennen ist.

In den folgenden eineinhalb Jahrzehnten bis zum Ersten Weltkrieg – einer Zeit wirtschaftlicher Blüte – entstanden zahlreiche Grossbauten aus Stahlbeton wie Fabriken, Ausstellungshallen und Kaufhäuser, Krankenhäuser und Schulen. Der grosse Vorteil der neuen Bauweise war, dass das Stahlbetongerüst, im Gegensatz zum Stahl, feuersicher und kostengünstig war. Die spektakulären Warenhäuser dieser Zeit, wie die der Leonhard Tietz AG in Düsseldorf (Josef Maria Olbrich, 1907–1909) und Köln (Wilhelm Kreis, 1911/12), aber auch viele Fabrikbauten, etwa für die Auto-, Textil- und Elektroindustrie, sowie Lagerhäuser, wie das Danziger Lagerhaus im Kölner Rheinhafen (Hans Verbeek, 1907–1909) oder der Erlwein-Speicher in Dresden (Hans Erlwein, 1913), wurden deshalb als

33 Ausstellungshalle des CNIT in Paris, 1956–1958. Architekten: Robert Camelot, Jean de Mailly, Bernhard Zehrfuss, Ingenieure: Pier Luigi Nervi, Eugène Freyssinet, Nicolas Esquillin. Fassadenkonstruktion von Jean Prouvé

Stahlbetonbauten errichtet. Bei traditionelleren Bauaufgaben wie Kirchen wurde der neue Baustoff gelegentlich verdeckt angewandt; Bauten wie die Garnisonskirche in Ulm von Theodor Fischer (1908/09) mit ihren sichtbaren Stahlbetonoberflächen blieben die Ausnahme.[49]

Das Auslaufen der Patente Moniers (1892) und Hennebiques (1903) sowie die amtliche Festlegung von Konstruktionsnormen hatten das Bauen mit Stahlbeton im Jahrzehnt vor dem Ersten Weltkrieg in grossem Umfang in das praktische Baugeschehen eingeführt. Seitdem gehörten die Skelettbauweise und auch die Ausführung einzelner Bauteile in bewehrtem Beton zum Standardrepertoire selbst kleinerer Baufirmen. Fortan wurden besonders in Deutschland neue innovative Felder erschlossen. Als Turmbauten in Stahlbeton – auch hier ermöglichte der Stahlbetonskelettbau grosse Einsparungen gegenüber den bisherigen Massivbauten – entstanden vor allem Wassertürme, bei denen die Behälter oft ebenfalls aus Beton ausgeführt wurden. Zwar wurden die auffälligen Türme meist noch architektonisch überformt, aber häufig lassen gestalterische Details wie hervorgehobene Stürze, Gesimse, Traggerüste und Platten das Konstruktionsmaterial erkennen.

Entwicklung der Fertigteilbauweisen

Vor der Entwicklung des Stahlbetonbaus stand die Anfertigung einzelner Bauteile aus Stampfbeton, die Herstellung von «Betonwaren» in der Fabrik, im Vordergrund. Hier wurden leichte, transportable Bauteile gefertigt wie Treppenstufen, Fenster- und Türgewände und Zubehörteile für die Hausinstallation wie Spülsteine, Waschkessel, Klärgruben und andere Elemente.[50] Daraus entwickelte sich die Serienfertigung vorgefertigter Balken, Decken- und Wandelemente lange vor Edmond Coignets bekanntem Casino-Bau in Biarritz (1892), der ganz aus Fertigteilen errichtet wurde. In dieses Jahrzehnt fallen die Entwicklung und die Patentierung zahlreicher Decken- und Dachsysteme, deren Vorteil in der Möglichkeit der Materialeinsparung durch Hohlkörper lag. Ein weiterer Vorzug war, dass sie witterungsunabhängig und kontrollierbar in der Halle vorfabriziert werden konnten. Aus den anfänglichen Konstruktionen wurden Deckenkonstruktionen aus Fertigteilen entwickelt, beispielsweise Balkendecken, bei denen Arbeitsschalung, Einrüstung und Betonierarbeiten am Bau fortfallen. Zu den älteren Bauarten gehören die Gitterträgerdecke des österreichischen Ingenieurs Franz Visintini aus dem Jahr 1902 bestehend aus breiten Fachwerkträgern und die Hohlbalkendecke «System Siegwart» aus der Schweiz von 1901, die in Deutschland von Dyckerhoff & Widmann ausgeführt wurde. Besonders beliebt war auch das Deckensystem «Rapid», eine von der Österreichisch-Ungarischen Baugesellschaft hergestellte Decke aus L-förmigen Stahlbetonfertigteilen, die Balken neben Balken verlegt wurde. Die aus zwei dünnen Betonplatten bestehende Deckenkonstruktion des Mannheimer Bauunternehmers Wilhelm Schäfer, deshalb «System Schäfer» genannt, war der interessante Versuch, die Visintini'schen Diagonalen durch seitliche, entlang der Plattenränder angebrachte Stahldiagonalen zu ersetzen. Bei diesen vier frühen Fertigteilsystemen war die Geschossdecke als solche nach der Verlegung fertig, da die ebene Ober- und Unter-

34 Städtisches Lagerhaus in Dresden (Erlwein-Speicher) zur feuersicheren Lagerung der Tabakvorräte der Dresdner Zigarettenindustrie, 1913/14. Architekt: Hans Erlwein, Ausführung: Wayss & Freytag AG

seite bereits gegeben war. Zu den zusammengesetzten Konstruktionen, bei denen Träger und Füllkörper getrennt verlegt werden mussten, gehörten die «Isteg-Balken» und die «Lolat-Decke», die jedoch nach Verlegung von Balken und Füllkörpern einen Druckbeton auf der Oberseite erforderten.[51] Für die Konstruktion ganzer Häuser aus Beton benutzte man von Anfang an zwei unterschiedliche Bautechniken: einerseits die aus dem Pisé-Bau entwickelte Stampfbetonbauweise, bei der das ganze Haus aus Leichtbeton bestand, der zwischen eine Schalung gegossen wurde und andererseits die Skelettbauweise, die die individuelle Bemessung von einzelnen Bauteilen ermöglicht, aber eine aufwendige Einzelanfertigung von Schalungen für jedes Bauteil erfordert.

In den 1920er Jahren wurde zur Linderung der Wohnungsnot nach preiswerten, industriellen Bauverfahren für die rasche Errichtung von Häusern gesucht. So beschäftigte man sich neben Gussverfahren, wie der «Bauweise Kossel»[52], verstärkt mit Konstruktionen aus vorgefertigten Betonteilen. Die verschiedenen Konzepte reichten dabei von den Betonhohlblöcken, wie sie Walter Gropius bei der Siedlung Törten in Dessau einsetzte, über die von Ernst May in Frankfurt entwickelte Bauweise mit vorgefertigten, querformatig eingesetzten Betonplatten von 3 x 1,10 m Grösse und 20 cm Dicke bis hin zur «Okzidentbauweise», bei der ganze Zimmerwände vorgefertigt und versetzt wurden.[53] Mit dem Ziel, «Häuser aus einem Guss» herzustellen, hatte der Stadtbaurat von Merseburg in Sachsen, Friedrich Zollinger (1880–1945), Ende der 1920er Jahre eine Betonschüttbauweise entwickelt, die er unter dem Namen «Zollbauweise» patentieren liess. Das besondere daran war, dass der unbewehrte Leichtbeton mit einem Zuschlag aus Lokomotivschlacke und Asche mit Hilfe eines fahrbaren Gerüsts, des «Bauschiffs», in die geschosshohen, leicht zu montierenden Holzschalungen gefüllt wurde.[54]

In grossem Stil wurde das Prinzip der Vorfabrikation dann ab Mitte der 1950er Jahre in zahlreichen Varianten weiterentwickelt und verbreitet. Die westlichen Länder mit ihrem hohen Anteil an privaten, eher kleinteilig-individuell geprägten und konventionellen Vorstellungen verhafteten Bautätigkeit boten dabei weniger günstige Voraussetzungen als der planwirtschaftlich gesteuerte damalige Ostblock, wo nach dem Vorbild der Sowjetunion die Vorfertigung in den 1950er Jahren entwickelt und spätestens seit Mitte der 1960er Jahre für fast den gesamten Massenwohnungsbau zur Anwendung gebracht wurde. Ähnlich verlief die Entwicklung in der ehemaligen DDR, wo nach zahlreichen Entwicklungsstufen und in enger Abstimmung mit den kommunistischen Nachbarländern schliesslich seit Anfang der 1970er Jahre die universell anwendbare «WBS 70»-Platte produziert wurde.[55]

35 Betonbauweise F. Zollinger (Zollbauweise).
Grosssiedlung an der Markwardstrasse
in Merseburg, Sachsen, 1929–1931.
Herstellung der Betondecken und -wände
mit dem «Bauschiff»

Die Vorfertigung von Bauteilen aus Beton bot grosse Vorteile, warf aber auch eine Reihe neuer Probleme auf. Fertigteile können mit Hilfe aufwendig konstruierter, aber wieder verwendbarer Formen in der günstigsten Lage, das heisst liegend und – wie bereits erwähnt – in der Halle, unabhängig von der Witterung, produziert werden. Dafür fallen allerdings Transportkosten zur Baustelle an, und je grösser die Bauteile sind, desto umständlicher wird der Transport. Für grössere Bauprojekte wurden deshalb häufig provisorische Feldfabriken unweit der Baustellen geschaffen. Die Zusammenfassung industriell hergestellter, prinzipiell gleichwertiger Elemente zu einem geschlossenen statischen System verlangt neben dauerhaften Verbindungssystemen sehr hohe Mindesteigenschaften von allen Elementen. Um diesen Anforderungen zu genügen, müssen für die Fertigteile besonders dichte und druckfeste Betonsorten aus hochwertigen Zementen verwendet werden. Eine Lösung bot hier die Kombination von in Ortbeton erstellten oder ebenfalls aus vorgefertigten Elementen zusammengesetzten Skelettkonstruktionen, die mit weniger belasteten Trenn- und Aussenwandtafeln kombiniert wurden. Dies ermöglichte zudem eine flexiblere Grundrisseinteilung. Seit mittels Computern auch schwierige statische Berechnungen in kurzer Zeit erstellt werden können, hat die individuelle Planung und Dimensionierung von Grossbauten aus Beton wieder an Bedeutung gewonnen.

Von der Kuppel zur Schale

Eine herausragende Leistung in der Geschichte des Betonbaus war die Entwicklung der Schalenkonstruktionen: Hier kam es in den 1920er und 1930er Jahren zu wesentlichen Innovationen und wissenschaftlich-theoretischen Leistungen, die sich in spektakulären Bauten niederschlugen.[56]

Kuppel- und Gewölbebauten besitzen eine bis weit in die Antike zurückreichende Geschichte. Stützenlose Raumüberdeckungen waren zu allen Zeiten neben dem Brückenbau eine spezielle Herausforderung für die Baumeister und Ingenieure. In der römischen Antike war der Kuppelbau aus «opus caementitium» auf empirischer Grundlage betrieben worden; bewehrungslose Kuppeln aus Stampfbeton wurden auch noch im 19. Jahrhundert erstellt. Erste kleine Stahlbeton-Kuppelgewölbe wurden nach dem Monier-Verfahren hergestellt; sie haben wie zahlreiche andere experimentelle Konstruktionen dieser Zeit statisch bereits als Schalen beziehungsweise Membrane zu gelten.[57] Daneben wählte man auch den Weg, grössere Raumüberdeckungen aus bewehrtem Beton rechnerisch und konstruktiv in Balken oder Rippen zu zerlegen und diese mit einer dünnen Platte zu überdecken. Die rechnerischen Verfahren dazu waren aus dem Stahlskelettbau bekannt. Ein besonders prägnantes Beispiel hierfür ist die von 1911 bis 1913 von Max Berg und dem Ingenieur und Direktor der Firma Dyckerhoff & Widmann AG Willy Gehler errichtete Jahrhunderthalle in Breslau, die grösste Kuppelkonstruktion ihrer Zeit.[58] Vier von strebepfeilerartigen Rippen gestützte, geschwungene Bögen tragen den Zugring von 65 m Durchmesser; er dient als Basis der darauf beweglich gelagerten Kuppelrippen, die oben in einem 9 m weiten Druckring zusammentreffen. Auf den Kuppelrippen sitzen umlaufende Oberlichter, die die äussere Form leider verunklären.

Bei der 1924 von der Firma Wayss & Freytag AG in Aachen errichteten Kraftwagenhalle für die Kohlengrosshandlung Hubert Einmal wurden die Rippen der Kuppel mit 24 m Durchmesser am Boden vorgefertigt und mit dem Kran an Ort und Stelle versetzt.[59] In dieser Entwicklungslinie stehen die Fertigteilkuppeln Pier Luigi Nervis (1891–1979) aus der Zeit nach dem Zweiten Weltkrieg, bei denen Fertigteilelemente als Schalung einer Ortbetonüberdeckung und zur Stabilisierungen der Rippen dienen (Palazzo und Palazzetto dello Sport in Rom, 1956–1960).[60]

Für die moderne Statik stellte die Konstruktion und Berechnung von Kuppeln eine der schwierigsten, aber auch interessantesten Aufgaben dar. Die nach den traditionellen Vorstellungen errichteten Stahlbeton-Massivkuppeln besassen ein hohes Eigengewicht und konnten deshalb bestimmte Spannweiten nicht überschreiten. Eine Lösung, das Gewicht zu verringern, wurde zunächst wie etwa beim Armeemuseum in München (Ludwig von Mellinger, 1902–1904) oder dem Kgl. Anatomiegebäude in München (Max Littmann, 1905–1907) in der mittragenden Funktion der stählernen Armierung gesucht, die nach den herkömmlichen Stahlbautheorien nach dem Prinzip der «Schwedler-Kuppel» berechnet werden konnte. Ausgeführt wurden diese beiden Bauten von der «Eisenbeton-Gesellschaft mbH», einem temporären, auf die Münchner Region

36 Jahrhunderthalle in Breslau im Bau, 1910–1913. Architekt: Stadtbaurat Max Berg, Ingenieur: Willy Gehler, Ausführung: Dyckerhoff & Widmann AG

beschränkten Zusammenschluss der Firma Wayss & Freytag AG und des Baugeschäfts und Architekturbüros Heilmann & Littmann GmbH. Direktor war seit 1903 Ludwig Zöllner, der für Wayss & Freytag AG bereits 1899 den Bau des achtgeschossigen Lagerhauses im Strassburger Hafen geleitet hatte. Für die Kuppel des Armeemuseums, für die der Architekt eine Steinwölbung vorgesehen hatte, konstruierte er zwei dünne Stahlbetonkuppeln: eine innere halbkugelförmige Kuppel mit 16 m Durchmesser und eine gestelzte äussere Schutzkuppel mit einer 9 m hohen Laterne. Zöllner konstruierte die Kuppel aus einem selbsttragenden, netzförmigen Stahlgerüst aus Winkel- und T-Profil-Stählen, verzichtete jedoch auf die Diagonalverstrebungen der «Schwedler-Kuppeln» in der Annahme, dass die 5 bis 6 cm dicke Betonschicht ausreichend sein würde, um eine Schalentragwirkung zu erzielen.[61]

Die Zukunft im Kuppelbau gehörte allerdings der selbsttragenden Kuppelschale, welche die entstehenden Kräfte gleichmässig verteilt und nicht nur eine Verringerung des Materialbedarfs, sondern auch innen und aussen weitgehend glatte Kuppelflächen ermöglicht. Die entscheidende Anregung kam aus der Entwicklung von Planetarien für die Firma Carl Zeiss in Jena, die eine kugelförmige Projektionsfläche für ihre Himmelsdarstellungen benötigte. Deren Ingenieur Walter Bauersfeld (1879–1959) entwickelte hierfür zusammen mit Franz Dischinger von der Baufirma Dyckerhoff & Widmann AG die «Zeiss-Dywidag-Schalenbauweise». Die erste dieser neuartigen Kuppeln entstand 1922 als Versuchsbau auf dem Dach der Fabrik in Jena;[62] 1924 wurde sie in Jena erstmals für ein Planetarium verwirklicht. Sie bestand nur noch aus einer 6 cm dicken Betonschicht, die auf ein genau berechnetes Bewehrungsnetz über einer kletternden und drehbaren Schalung schrittweise im Spritzbeton-Verfahren aufgebracht wurde. Die entsprechende mathematische Grundlage zur Berechnung doppelt gekrümmter Formen (sogenannte biegungssteife Rotationsschalen) schuf Ulrich Finsterwalder.[63] Zur Überdeckung rechteckiger Räume entwickelten und erprobten Dischinger und Finsterwalder im Lauf der 1920er und 1930er Jahre auch Segmentschalen und vor allem Tonnenschalen verschiedener Art, deren Randkräfte über aussteifende Binderscheiben auf einzelne Stützen abgetragen wurden. Die Verbindung der einfach herzustellenden Tonnenwölbung mit der Schalentheorie durch die Lösung des Biegungs- und Aussteifungsproblems führte zur Anwendung der Betonschale in Form des Tonnensegments. Durch die Vorspannung von Tonnenschalen konnte mit Hilfe der neuen Berechnungsverfahren die Materialausnutzung weiter gesteigert werden. Häufig wurden die Tonnenschalen am Boden betoniert und dann auf die endgültige Höhe gehoben.

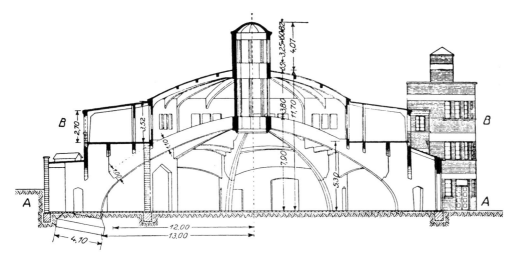

37 Autohalle der Kohlengrosshandlung Hubert Einmal in Aachen, 1924. Die neun Haupttrippen der unteren Kuppel wurden auf dem Boden betoniert und mit einem Kran versetzt. Schnitt längs der Einfahrtrichtung. Architekt: Theodor Veil, Ausführung: Wayss & Freytag AG

38 Autohalle der Kohlengrosshandlung Hubert Einmal. Inneres der Halle mit Blick unter die Dachkonstruktion mit Glasbetonabdeckung

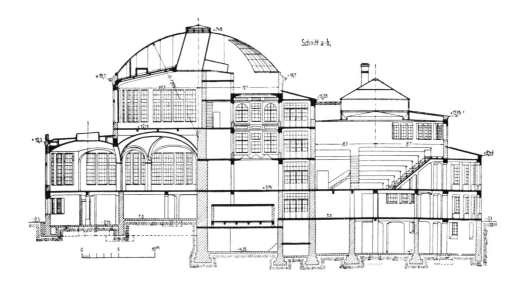

Die stützenlose Überdeckung weiter Räume durch Kuppelschalen ermöglichte neue architektonische Lösungen. In Kombination mit wenigen Rippen dienten die Schalen zur Überwölbung riesiger stützenfreier Räume, etwa bei den Grossmarkthallen in Leipzig (Hubert Ritter, 1927–1929), Frankfurt am Main (Martin Elsässer, 1926/27) oder Basel (Gönner & Rhyner, 1928/29) und bald auch bei Sport-, Flugzeug- und Fabrikhallen. In Frankreich, wo bereits vor dem Ersten Weltkrieg vereinzelt die Tonnenschale mit parabolischem Idealquerschnitt ausgeführt worden war, verbreitete sich ausgehend von den beiden riesigen Luftschiffhallen Freyssinets von 1923 in Orly bei Paris das selbsttragende Stahlbetonfaltwerk zur Überdachung grosser Hallen.

Die internationale Verbreitung und Weiterentwicklung der Schalenbauweise nach dem

39 Kgl. Anatomiegebäude der Universität München, 1905–1907. Mauerwerksbau mit Stahlbetonkuppeln. Architekt: Max Littmann, Ausführung: Eisenbeton-Gesellschaft, München

40 Kgl. Anatomiegebäude der Universität München. Querschnitt (schwarz = Beton, schraffiert = Mauerwerk)

Zweiten Weltkrieg basierten auf den Arbeiten von Franz Dischinger, Ulrich Finsterwalder und Robert Maillart[64] und den in den 1920er Jahren entstandenen Berechnungsweisen. In den 1930er Jahren schufen Eduardo Torroja (1889–1961)[65] in Spanien und vor allem Felix Candela (1910–1997)[66], der von Spanien nach Mexiko emigrierte, phantastische, doppelt gekrümmte Betonschalen, deren Form und Statik mit Hilfe von Stab- und Seilmodellen entwickelt wurde. Aufbauend auf der parabolischen Schale Maillarts aus dem Jahr 1936 in Bern näherten sich Torroja und Candela mit ihren hyperbolischen Schalen und Paraboloiden immer mehr den statischen Idealen. Die statisch günstigste Gewölbeform, das «Hyperbolische Paraboloid» (kurz als Hypar- oder HP-Schale bezeichnet), markierte dabei die grösstmögliche Entmaterialisierung des ehemals massig-schweren Materials Beton. Die Weiterentwicklung der Schalen zu mehrfach frei gekrümmten Formen nach dem Zweiten Weltkrieg entsprach dem zeitgenössischen Wunsch nach leichter, entmonumentalisierter Architektur und Leichtigkeit der Konstruktion. Auch in den nun fast selbstverständlichen Betonskelettkonstruktionen und leichten Betondächern vieler Bauten der Nachkriegszeit kommt dies zum Ausdruck.[67] Eduardo Torroja, Felix Candela, aber auch Heinz Isler (geb. 1926)[68] in der Schweiz und Ulrich Müther (1934–2007)[69] in der ehemaligen DDR verwirklichten Formen, die vielerorts nachgeahmt und weiterentwickelt wurden. Islers «Buckelschalen», ringsum horizontal aufliegende Gewölbe, beruhen dabei nicht nur auf Berechnungen, sondern beziehen ihre Form auch aus der Idealform von Hängemodellen. Sie können so auf Armierung, aussteifende Binder und die Rippen vieler grösserer Schalenkonstruktionen verzichten.

Eine Sonderform des Kuppel- und Schalenbaus bilden freie skulpturale Formen aus Beton. Nachdem Parabelformen aus Beton bereits in den 1920er und frühen 1930er Jahren in den Kirchenbau eingeführt worden waren, so bei der Pfarrkirche St. Engelbert in Köln-Riehl (Dominikus Böhm, 1930–1932), entwickelte

41 Zeiss-Planetarium der Stadt Jena im Bau, 1924/25. Architekten: Johannes Schreiter und Hans Schlag, Ingenieur: Franz Dischinger, Ausführung: Dyckerhoff & Widmann AG. Herstellung in Zeiss-Dywidag-Schalenbauweise. Betonieren der äusseren Kuppelschale

42 Zeiss-Planetarium der Stadt Jena im Bau. Eindeckung der Kuppel

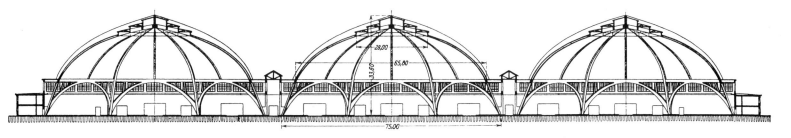

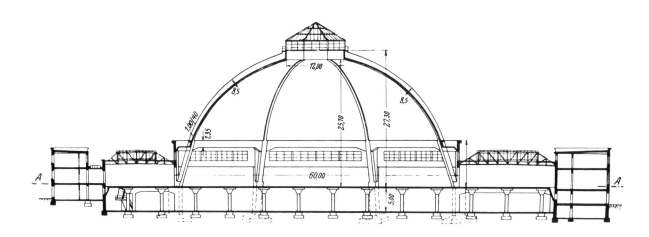

Gottfried Böhm, Dominikus Böhms Sohn, Mitte der 1960er Jahre aus regelmässigen Faltwerkdächern freie, expressive skulpturale Betonformen, die individuell konstruiert sind und mit den noch immer ungewohnten konstruktiven Möglichkeiten des Betons spielen. Hier allerdings wird der Beton wieder als massive Konstruktion präsentiert (Wallfahrtskirche Maria, Königin des Friedens in Neviges, 1964–1968; Rathaus Bensberg, 1965–1968).[70] Seit den 1950er Jahren wurden Betonkonstruktionen aller Art, insbesondere Schalen, im modernen Kirchenbau zusammen mit Sichtbeton als Grundlage neuer Raumformen und einer neuen Ästhetik eingesetzt.

Sichtbeton als Gestaltungselement

Die Präsentation roher Betonflächen war noch Anfang des 20. Jahrhunderts unerwünscht, denn man konnte den grauen Oberflächen mit ihren unregelmässigen Arbeitsspuren keine ästhetische Qualität abgewinnen. Die Bauten erhielten deshalb eine Ziegelverkleidung in historischen Formen oder wurden verputzt. Die Moderne nach dem Ersten Weltkrieg verlangte jedoch die materialgerechte Darstellung der Konstruktion, und so ging man schon bald dazu über, analog zur Bearbeitung des «Kunststeins», den Sichtflächen durch besonders ausgesuchte Zuschläge (Vorsatzbeton) und eine sorgfältige, oft steinmetzmässige Bearbeitung ein weniger ungewohntes Aussehen zu verschaffen. Nur an ganz wenigen Bauten wurden echte Betonoberflächen in die architektonische Gestaltung mit einbezogen. So waren es vor allem Industriebauten, bei denen sich der Sichtbeton – aus finanziellen Gründen, aber auch als Bestandteil einer neuen Materialästhetik – zuerst durchsetzte, wenn auch noch der weit überwiegende Teil der Betonbauten verputzt und gestrichen wurde.

Selbst nach dem Ersten Weltkrieg waren es nur wenige singuläre Bauten, wie das Goetheanum in Dornach (Rudolf Steiner, 1924–1928) oder die St. Antoniuskirche in Basel (Karl Moser, 1925–1927), die auf die natürliche, homogene Oberflächenwirkung des Betons setzten. Auch in der Wiederaufbauzeit nach dem Zweiten Weltkrieg blieb Sichtbeton die bemerkenswerte Ausnahme – trotz immer offensichtlicherer konstruktiver Dominanz und der Beliebtheit von betonspezifischen Bauelementen wie frei geschwungene Treppen oder Flugdächer. Erst

43 Grossmarkthalle Leipzig, 1927/28. Architekt: Hubert Ritter, Ingenieur: Franz Dischinger, Ausführung: Dyckerhoff & Widmann AG, Zeiss-Dywidag-Schalenbauweise. Drei achteckige Klostergewölbe mit Gratrippen (nur zwei Kuppeln ausgeführt), Spannweite 76 m, Schalendicke 7 cm

44 Grossmarkthalle Basel, 1928/29. Architekten: Gönner & Rhyner, Ausführung: Züblin AG. Zeiss-Dywidag-Schalenbauweise, Achteck-Kuppel mit Gratrippen, Spannweite 60 m, Schalendicke 8,5 cm

mit der zunehmenden Verwendung von Fertigteilen und dem Einfluss Le Corbusiers Ende der 1950er Jahre, der die betont schalungsraue Betonoberfläche («béton brut») als charakteristisches Gestaltungsmittel einsetzte, wurde der Sichtbeton endgültig – und diesmal weltweit – zu einem Kennzeichen «moderner» zeitgenössischer Architektur. Doch aus dem «béton brut» wurde der «Brutalismus»[71] sichtbarer Betonbauten, der mit dem Vorwurf eines seelenlosen Übermasses an abstossendem, grauem Beton verbunden wurde.[72] Die als Zeichen technischer und materieller Ehrlichkeit und Transparenz gedachte Sichtbarlassung des Betons deutete man zur aggressiven Geste um. Neue, mehrschichtige Fassadenkonstruktionen im Gefolge der Wärmeschutzvorschriften haben in den 1970er und 1980er Jahren den Sichtbeton technisch erschwert beziehungsweise ihm die Rolle eines Verkleidungsmaterials unter mehreren zugewiesen. Erst seit den 1990er Jahren, bedingt durch bessere Schalungen und Betonqualitäten, wurden von den Architekten neue Experimente mit Sichtbeton unternommen.

Grundsätzlich hängt die Erscheinung einer Betonoberfläche von den verwendeten Zuschlagstoffen, von der Konsistenz und Verarbeitung des Betons und der Beschaffenheit der Schalung ab. Beton lässt sich wie Naturstein schleifen, steinmetzmässig oder industriell bearbeiten (sandstrahlen). Die Naturstein-Analogie und handwerklich-künstlerische Nachbearbeitung stand bei den ersten Sichtbetonbauten teilweise noch im Vordergrund (Garnisonskirche in Ulm, 1908–1910); bei anderen erzielte man angesichts – wenn auch zurückhaltender – klassischer Gliederungsformen den Eindruck eines groben Zementputzes. Vorwiegend in Frankreich wurden, etwa von Auguste Perret (1875–1954) und seinen Nachfolgern, Betonoberflächen mit hoher Dichte und glatter Erscheinung bevorzugt, die insbesondere durch spezielle Schalungen und sorgfältige steinmetzmässige Überarbeitung erreicht wurden. Nachdem bereits um 1930 ein spezieller Weisszement («Dyckerhoff Weiss»)[73] vorgestellt worden war, wurden vor allem nach dem Zweiten Weltkrieg eine Vielzahl von Methoden zur Gestaltung von Betonoberflächen durch Farbpigmente, besondere Steinzuschläge oder Schalungsmethoden und schliesslich – hauptsächlich bei Fertigteilen – der Waschbeton mit Naturstein- oder Kiesoberfläche entwickelt.[74]

45 Eduardo Torroja, *Logik der Form,* Callwey-Verlag, München 1961. Der Schutzumschlag des Buches zeigt das Dach der Pferderennbahn (La Zarzuela) in Madrid, 1935/36. Architekten: Martin Dominguez und Carlos Arniches, Ingenieur: Eduardo Torroja

Resümee

Die Entwicklung des Bauens mit Beton von den ersten, von Architekten und Ingenieuren kaum ernst genommenen Versuchen des 19. Jahrhunderts hin zu den vielfältigen Spezialisierungen und bautechnischen Hochleistungen des 20. Jahrhunderts gehört zu den erstaunlichsten Kapiteln in der Geschichte der Baukunst. Im Unterschied zu den anderen wichtigen Baustoffen, insbesondere Naturstein, Ziegel und andere keramische Baustoffe, Holz und Stahl, die als fertige Produkte auf der Baustelle sofort eingebaut werden können, ist Beton in den meisten Fällen für jeden speziellen Fall herzustellen. Dabei gewinnt der Baustoff seine Tragfähigkeit erst nach einem längeren Zeitraum der Erhärtung. Zwar existierten das Vorbild des «römischen Betons» und der Wunsch nach einem wasserresistenten Mauerwerk, aber die vielen Möglichkeiten des Betons, vor allem in Verbindung mit Stahlbewehrungen, wurden zunächst kaum erkannt.

Die künstliche Herkunft des Betons und damit die Möglichkeit, seine Eigenschaften gezielt zu beeinflussen, unterscheidet dieses Material wesentlich von den meisten Baustoffen. Zwar konnten Verhalten und mechanische Eigenschaften des Betons zu Beginn begrenzt praktisch-experimentell erforscht und abgesichert werden; eine wirkliche Klärung der chemisch-physikalischen Zusammenhänge, und damit die Möglichkeit gezielter Beeinflussung, blieb aber der späteren technologischen Forschung vorbehalten. Ähnliches gilt für die mechanischen Eigenschaften des Betons, deren Entfaltung und Nutzung erst durch die genaue wissenschaftliche Klärung der Vorgänge und durch immer genauere Berechnungsmethoden gelang. Die zum gezielten Einsatz notwendigen Methoden waren zu Beginn des 20. Jahrhunderts so weit formuliert und veröffentlicht, dass eine breite Akzeptanz bei den Behörden und die allgemeine Anwendung möglich wurden. In Zusammenarbeit von Industrie, Wissenschaft und Staat wurden die Erkenntnisse und Anwendungsmöglichkeiten immer weiter ausgebaut. Treibender Faktor war dabei auch der Wille der Zement- und Bauindustrie, der Betonbauweise gegenüber dem älteren und renommierten Stahlbau mehr Gewicht zu verleihen. Neben dem allgemeinen Profitstreben war es nicht selten die Knappheit an anderen Bau- und Rohstoffen, welche die Wissenschaft zur Entwicklung von Verfahren mit bestimmten Einsparpotentialen und die Bauherren und Unternehmer zur Verwendung von Stahlbeton

46 Kloster Sainte-Marie de la Tourette
in Eveux-sur-Arbresle, Rhônes-Alpes,
1957–1960. Architekt: Le Corbusier.
Südfassade

anregte, wie etwa zu Fertigteil- oder Spannbetonbauweisen. Die Verfügbarkeit und Flexibilität des künstlichen Baustoffes Beton prädestinierte ihn auch für die Industrialisierung des Bauens, ohne bis heute konventionelle Bautechniken völlig zu verdrängen.

Zwar wurden Beton und Stahlbeton im 19. Jahrhundert vorwiegend in Frankreich und England entwickelt; spätestens seit Beginn des 20. Jahrhunderts wurde auch der deutschsprachige Raum durch seine Wissenschaftler, Ingenieure und Baufirmen führend in der Weiterentwicklung und Anwendung der Betonbauweise. Stritten sich die einzelnen Länder in der Zeit zwischen den Weltkriegen noch um Patente für wichtige Neuerungen, so führten nach dem Zweiten Weltkrieg der internationale Austausch des Wissens und die Aktivitäten grosser Baufirmen sowohl zu einer weltweiten Verbreitung und Anwendung der Betonbautechniken als auch zu einer grossen Selbstverständlichkeit der Verwendung von Beton im alltäglichen Bauen.

Das Bauen mit Beton hat die Geschichte der Bautechnik wie auch der Architektur im 20. Jahrhundert wesentlich mitgeprägt, nicht nur sichtbar, sondern oft auch unsichtbar, versteckt, in dienender Funktion; eine Welt ohne Beton – wie vor 150 Jahren – ist heute kaum vorstellbar.

47 Forschungszentrum der Firma IBM in La Gaude, Provence, 1960–1962. Architekt: Marcel Breuer

48 Gedeckte Markthalle der Guérinière in Caen, Basse-Normandie, 1956–1958. Gesamtentwurf: René Sarger, beratender Ingenieur: Guillaume Gillet

49 Kathedrale Sacré-Cœur in Algier, 1958–1961. Architekten: Paul Herbé und Jean Le Couteur, Ingenieur: René Sarger

50 Basilika Saint-Pie X in Lourdes, Hautes-Pyrénées, 1958. Architekten: Pierre Vago, Le Donné, Pierre Pinsard, Ingenieur: Eugène Freyssinet

1 Gustav Adolf Wayss (Hg.), *Das System Monier (Eisengerippe mit Cementumhüllung) in seiner Anwendung auf das gesammte Bauwesen*, Berlin 1887.

2 Karin Kraus u. a., «Über das Löschen von Kalk vor der Mitte des 18. Jahrhunderts – Literaturauswertung und Laborversuche», in: *Arbeitsblätter für Restauratoren*, 1989, H. 1, Gruppe 6: Stein, S. 206–221.

3 Das sind vulkanische Aschen des Vesuvs aus der Nähe des antiken Puteoli (heute Pozzuoli), die von Vitruv als «pulvis puteolanus» bezeichnet werden. Vitruv, *De architectura libri decem (Zehn Bücher über Architektur)*, 2. Buch, V. Kap.: «Vom Kalk» und VI. Kap. «Über Puteolanerde», übersetzt von Curt Fensterbusch, Darmstadt 1964, (3)1981, S. 92–100.

4 Heinz-Otto Lamprecht, *Opus Caementitium. Bautechnik der Römer*, Düsseldorf 1984, (5)1995, Nachdr. 2001.

5 Die wichtigsten Vorkommen, die schon die Römer ausbeuteten, befinden sich in der Vulkaneifel, im Brohl- und Nettetal und in der Gegend von Andernach.

6 Günter Huberti (Hg.), *Vom Caementum zum Spannbeton. Beiträge zur Geschichte des Betons*, Bd. 1, Teil A: Gustav Haegermann, *Vom Caementum zum Zement*, Wiesbaden/Berlin 1964, S. 36–39.

7 John Smeaton, *A narrative of the building and a description of the construction of the Edystone Lighthouse with stone: to which is subjoined an appendix, giving some account of the lighthouse on the Spurn Point, build upon a sand*, London 1791, (2)1793, (3)1811.

8 Louis-Joseph Vicat, *Recherches expérimentales sur les chaux de construction, les bétons et les mortiers ordinaires*, Paris 1818.

9 Aspdins «Portland cement» entsprach jedoch in Zusammensetzung und Eigenschaften eher einem Romanzement, da es noch nicht bis zur Sinterung gebrannt war. Die Brenntemperatur von 1400 °C, die erforderlich ist zur Herstellung eines Zementklinkers aus einer bis zur Sinterung gebrannten Rohmischung, wurde erst von seinem Sohn William Aspdin (1815–1864) im Jahr 1843 erreicht.

10 Der Streit um das Verdienst, der «Erfinder» des Portlandzements zu sein, zog sich lange hin. Vgl. dazu Wilhelm Michaëlis, «Wer war der Erfinder des Portlandzements?», in: *Tonindustrie-Zeitung* 28 (1904), Nr. 7, S. 59f.

11 W. A. Becker, *Erfahrungen über den Portland-Cement*, Berlin 1853; ders., *Practische Anleitung zur Anwendung der Cemente*, Berlin (2)1869.

12 Zur Geschichte der Zementherstellung siehe in: Huberti 1964 (wie Anm. 6), S. 3–71.

13 Lothar Schyia, *«Gut Brand!» Der Siegeszug des Ringofens. Friedrich Eduard Hoffmann 1818–1900 – Nestor der Ziegelindustrie*, Suderburg-Hösseringen 2000.

14 Wilhelm Michaëlis, *Die hydraulischen Mörtel, insbesondere der Portland-Cement, in chemisch-technischer Beziehung für Fabrikanten, Bautechniker, Ingenieure und Chemiker*, Leipzig 1869.

15 Friedrich Quietmeyer, *Zur Geschichte der Erfindung des Portlandzementes*, Diss. TU Berlin 1911.

16 *125 Jahre Forschung für Qualität und Fortschritt*, hg. von Verein Deutscher Zementwerke e. V., Düsseldorf 2002.

17 Bernhard Wedler und Alfred Hummel, *Trümmerverwertung. Technische Möglichkeiten und wirtschaftliche Bedeutung*, Berlin (2)1947.

18 Vitruv (wie Anm. 3), VIII. Kap. «Die Arten des Mauerwerks», S. 107.

19 Siegfried Röbert, «Grundlagen der wissenschaftlichen Betonsynthese von Féret aus dem Jahr 1891», in: *3. ibausil Tagungsbericht, Sektion 3*, Weimar 1968, S. 27ff.

20 Duff Andrew Abrams, «Design of Concrete Mixtures», in: *Bulletin I*, hg. von Structural Material Research Laboratory, Lewis Institute (IIT), Chicago 1918.

21 H. Schäffler, «Der Beitrag von Otto Graf zu den Betonbestimmungen in heutiger Sicht», in: *3. ibausil Tagungsbericht*, Sektion 3, Weimar 1968.

22 Karlhans Wesche, «Alfred Hummels Beitrag zur Betontechnologie der letzten 50 Jahre», in: *3. ibausil Tagungsbericht*, Sektion 3, Weimar 1968.

23 François Cointereaux, *Die Pisé-Baukunst, in ihrem ganzen Umfang, oder vollständige und fassliche Beschreibung des Verfahrens, aus bloßer gestampfter Erde, ohne weitere Zuthat, Gebäude und Mauerwerk von aller Art wohlfeil, dauerhaft, feuerfest, und sicher gegen Einbruch auszuführen. Aus den französischen Original des Herrn Cointereaux, bearbeitet und mit Zusätzen versehen von Christian Ludwig Seebaß*, Leipzig 1803, S. 2.

24 David Gilly, *Handbuch der Land-Bau-Kunst, vorzüglich in Rücksicht auf die Construction der Wohn- und Wirthschaftsgebäude für angehende Cameral-Baumeister und Oekonomen*, Teil 1, Berlin 1797, Teil 2, Berlin 1798, Teil 3, Halle 1811.

25 Jean-Louis Bosc u. a., *Joseph Monier et la naissance du ciment armé*, Paris 2001.

26 Wayss 1887 (wie Anm. 1).

27 Matthias Koenen, «Berechnung der Stärke der Monierschen Cementplatten», in: *Centralblatt der Bauverwaltung* 6 (1886), Nr. 47, S. 462.

28 Josef Ant. Spitzer, «Entwicklung des Betoneisenbaues vom Beginn bis zur Gegenwart», in: *Zeitschrift des Österreichischen Ingenieur- und Architekten-Vereines* 54 (1902), Nr. 5.

29 Gwenaël Delhumeau, *L'invention du Béton armé. Hennebique 1890–1914*, Paris 1999; Gwenaël Delhumeau u. a. (Hg.), *Le Béton en représentation. La mémoire photographique de l'entreprise Hennebique 1890–1930*, Paris 1993.

30 Volker Hahn, «Eduard Züblin – Leben und Wirken eines Ingenieurs in der Entwicklungszeit des Stahlbetons», in: *Wegbereiter der Bautechnik. Herausragende Bauingenieure und technische Pionierleistungen ihrer Zeit*, hg. von VDI-Gesellschaft Bautechnik im Verein Deutscher Ingenieure, Düsseldorf 1990, S. 25–46.

31 Bastine, Paul, *Hochbau I. Decken, Säulen, Mauern,*

50 *Wände, Treppen, Kragbauten,* Berlin (2)1913 (= Handbuch für Eisenbetonbau 9), S. 1–266.

32 Chambre Syndicale des Constructeurs en Ciment Armé de France. Erster Präsident war Edmond Coignet.

33 Reyner Banham, *Das gebaute Atlantis. Amerikanische Industriebauten und die Frühe Moderne in Europa*, Basel u. a. 1990 (engl. Erstausgabe: *A Concrete Atlantis. U. S. industrial building and European modern architecture*, Cambridge Mass. 1986).

34 Karl-Eugen Kurrer, *Geschichte der Baustatik*, Berlin 2002, S. 336–373.

35 Ders., «100 Jahre Normen im Stahlbetonbau», in: *Beton- und Stahlbetonbau* 98 (2003), H. 12, S. 794–808.

36 *Der Betoneisenbau, seine Anwendung und Theorie. Theoretischer Teil bearbeitet von Regierungsbaumeister E. Mörsch*, hg. von Wayss & Freytag A. G., Neustadt a. d. Haardt 1902.

37 Emil Mörsch, *Der Eisenbetonbau. Seine Theorie und Anwendung*, Stuttgart (2)1906, (3)1908, (4)1912, (5)1920, (6)1929.

38 Karl-Eugen Kurrer, «100 Jahre Zeitschrift 'Beton- und Stahlbetonbau'», in: *Beton- und Stahlbetonbau* 96 (2001), H. 4, S. 212–222.

39 Alexander Kierdorf, «100 Jahre 'Handbuch für Eisenbetonbau'. Vom publizistischen Kraftakt zum literarischen Monument einer neuen Bauweise», in: *Beton- und Stahlbetonbau* 102 (2007), H. 10, S. 725–732.

40 *Bestimmungen für die Ausführung von Konstruktionen aus Eisenbeton für Hochbauten*. Runderlaß des Preußischen Ministers der öffentlichen Arbeiten vom 17. April 1904.

41 *Gebaute Visionen: 100 Jahre Deutscher Ausschuss für Stahlbeton 1907–2007*, hg. von Deutsches Institut für Normung und Deutscher Ausschuss für Stahlbetonbau, Red.: Manfred Curbach, Berlin u. a. 2007.

42 Zur Geschichte des Spannbetons siehe: Günter Huberti (Hg.), *Vom Caementum zum Spannbeton. Beiträge zur Geschichte des Betons*, Bd. 1, Teil C: Hans Möll, «Der Spannbeton», Wiesbaden/Berlin 1964.

43 Günter Günschel, *Große Konstrukteure 1, Freyssinet, Maillart, Dischinger, Finsterwalder*, Berlin u. a. 1966 (= Ullstein Bauwelt Fundamente 17).

44 Emil Mörsch (Hg.), *Der Spannbetonträger*, Stuttgart 1943.

45 Fritz Leonhardt, *Spannbeton für die Praxis*, Berlin 1955.

46 Ulrich Jaiser, «Der Wiederaufbau der Kongreßhalle in Berlin. Die Bauausführung», in: *Bautechnik* 64 (1987), H. 10, S. 329–339.

47 *Vom Wagnis zum Wahrzeichen. 50 Jahre Fernsehturm Stuttgart 1956–2006*, hg. von Fernsehturm-Betriebs-GmbH, Red.: Ruth Faller-Broda, Stuttgart 2006.

48 Günter Huberti (Hg.), *Vom Caementum zum Spannbeton. Beiträge zur Geschichte des Betons*, Bd. 1, Teil B: ders., *Die erneuerte Bauweise*, Wiesbaden/Berlin 1964, S. 115.

49 *Neues Bauen in Eisenbeton*, hg. von Deutscher Beton-Verein, Berlin 1938.

50 Helmut Burchard, *Betonfertigteile im Wohnbau*, Berlin 1941.

51 Bastine 1913 (wie Anm. 31), S. 92–113; Friedmar Voormann, «Von der unbewehrten Hohlsteindecke zur Spannbetondecke. Massivdecken zu Beginn des 20. Jahrhunderts», in: *Beton- und Stahlbetonbau* 100 (2005), H. 9, S. 836–846.

52 Nils Aschenbeck, *Häuser, Türme und Schiffe gebaut aus Beton. Paul Kossel, Pionier des Betonbaus 1874–1950*, hg. von Bauindustrieverband Bremen-Nordniedersachsen e. V., Delmenhorst/Berlin 2003.

53 Uta Hassler und Hartwig Schmidt (Hg.), *Häuser aus Beton. Vom Stampfbeton bis zum Großtafelbau*, Tübingen/Berlin 2004; Kurt Junghanns, *Das Haus für alle. Zur Geschichte der Vorfertigung in Deutschland*, Berlin 1994.

54 Junghanns 1994 (wie Anm. 53), S. 110–114.

55 Christine Hannemann, *Die Platte. Industrialisierter Wohnungsbau in der DDR*, Berlin 2000.

56 Hartwig Schmidt, «Von der Steinkuppel zur Zeiss-Dywidag-Schalenbauweise», in: *Beton- und Stahlbetonbau* 100 (2005), H. 1, S. 79–92.

57 Lutz Schöne, «Kuppelschale und Rippenkuppel – Zur Entwicklung von zwei frühen Eisenbeton-Konstruktionsarten», in: Hartwig Schmidt (Hg.), *Zur Geschichte des Stahlbetonbaus – Die Anfänge in Deutschland 1850 bis 1910*, Berlin 1999 (= Beton- und Stahlbetonbau Spezial), S. 66–74.

58 Jerzy Ilkosz, *Die Jahrhunderthalle und das Ausstellungsgelände in Breslau – das Werk Max Bergs*, München 2006 (= Schriften des Bundesinstituts für Kultur und Geschichte der Deutschen im östlichen Europa 28).

59 Hartwig Schmidt, «Die Kraftwagenhalle der Kohlengroßhandlung Einmal in Aachen», in: *Beton- und Stahlbetonbau* 101 (2006), H. 1, S. 61–64.

60 Jürgen Joedicke (Hg.), *Pier Luigi Nervi – Bauten und Projekte*, Stuttgart 1957.

61 Heinrich Habel, *Das bayerische Armeemuseum in München*, München 1982 (= Arbeitshefte des Bayerischen Landesamtes für Denkmalpflege 10).

62 Bertram Kurze, *Industriearchitektur eines Weltunternehmens. Carl Zeiss 1880–1945*, Erfurt 2007 (= Arbeitshefte des Thüringischen Landesamtes für Denkmalpflege und Archäologie N. F. 24).

63 Günschel 1966 (wie Anm. 43).

64 David P. Billington, *Robert Maillart und die Kunst des Stahlbetonbaus*, Zürich/München 1990.

65 Eduardo Torroja, *Logik der Form*, München 1961.

66 Colin Faber, *Candela und seine Schalen*, München 1965.

67 Jürgen Joedicke, *Schalenbau. Konstruktion und Gestaltung*, Stuttgart 1962 (= Dokumente der Modernen Architektur 2).

68 Ekkehard Ramm und Eberhard Schunck, *Heinz Isler, Schalen*, Stuttgart 1986.

69 Wilfried Dechau (Hg.), *Kühne Solitäre. Ulrich Müther, Schalenbaumeister der DDR*, Stuttgart 2000.

70 Wolfgang Voigt und Ingeborg Flagge (Hg.), *Dominikus Böhm 1880–1955*, Tübingen/Berlin 2005.

71 Reyner Banham, *Brutalismus in der Architektur. Ethik oder Ästhetik?*, Stuttgart/Bern 1966 (= Dokumente der Modernen Architektur 5) (engl. Erstausgabe: *The new brutalism. Ethic or aesthetic?*, London 1966).

72 Rolf Keller, *Bauen als Umweltzerstörung. Alarmbilder einer Un-Architektur der Gegenwart*, Zürich 1973.

73 Ulrich Pickel, «Architekturbeton: 60 Jahre Dyckerhoff Weiss – Porträt einer Marke», in: *Betonwerk und Fertigteil-Technik 57* (1991), H. 11, S. 63–75.

74 Friedbert Kind-Barkauskas (Hg.), *Beton und Farbe. Farbsysteme, Ausführung, Instandsetzung*, Stuttgart/München 2003.

1 Zu den «Landmarken» aus der Zeit des Wiederaufbaus der kriegszerstörten Stadt an der Mündung der Gironde in den Atlantik in den 1950er Jahren gehört der Wasserturm des Ingenieurs René Sarger in Royan (Charente-Maritime). Sarger war zudem für die Konstruktion der Kirche Notre-Dame de Royan (1955/56) und des überdeckten Marktes mit einer mit hyperbolischen Kuppelschale verantwortlich.

Hubert K. Hilsdorf

Die Werkstoffe des modernen Stahlbetonbaus

Die folgenden Erläuterungen sollen dem Verständnis der Mechanismen dienen, die zu einer Schädigung von Beton- und Stahlbetonbauwerken führen können. Sie sind ausserdem entscheidend für die Auswahl von Werkstoffen, die sich für die Instandsetzung geschädigter Bauwerke eignen und dem Ausgangsbeton möglichst ähnlich sind.[1]

Eigenschaften und Komponenten des Betons

Bestandteile und Herstellung

Beton wird aus einem Gemisch von Gesteinskörnern unterschiedlicher Grösse, Wasser und Zement hergestellt. Die Gesteinskörner – der Betonzuschlag – bilden das Gerüst des Betons. Durch die chemische Reaktion von Wasser und Zement, die «Hydratation», entsteht der Zementstein, der die einzelnen Gesteinskörner miteinander verkittet und so dem Beton Festigkeit und Steifigkeit verleiht. Im Normalfall nehmen die Gesteinskörner etwa 70 % des Betonvolumens ein. Trotzdem wird die Qualität des Betons vor allem von den Eigenschaften des Zementsteins bestimmt.

Beton unterscheidet sich von anderen Baustoffen unter anderem dadurch, dass er für jeden Einzelfall hergestellt werden kann und dass seine Eigenschaften, insbesondere seine Festigkeit, sein Verformungsvermögen und seine Dauerhaftigkeit, je nach den speziellen Anforderungen in weiten Grenzen variiert werden können. Die Betoneigenschaften hängen ab von den speziellen Eigenschaften der Ausgangsstoffe, vom Mischungsverhältnis der einzelnen Komponenten und von der Nachbehandlung des Betons, auf die im Folgenden kurz eingegangen wird.

Beton wird zunächst durch Mischen seiner Komponenten als «Frischbeton» hergestellt. Bis etwa Mitte des 20. Jahrhunderts geschah dies in mechanischen Betonmischern fast ausschliesslich auf der Baustelle. Heute erfolgt die Betonherstellung mit wenigen Ausnahmen in zentralen Betonwerken, von denen der Beton als Transportbeton auf die Baustelle geliefert wird. Dort wird der Frischbeton in vorgefertigte Schalungen oder Formen gefüllt und im Allgemeinen mit geeigneten Geräten so weit verdichtet, dass eine möglichst kompakte, porenarme Struktur entsteht. Um die Verdichtungsarbeit gering zu halten, muss der Frischbeton eine ausreichende Verarbeitbarkeit aufweisen. Diese wird vorwiegend durch die Fliessfähigkeit des noch nicht erstarrten Gemisches von Wasser und Zement, dem «Zementleim», bestimmt.

Der Hydratationsprozess beginnt zwar schon unmittelbar nach dem Mischen von Wasser und Zement, doch durch eine geeignete Zusammensetzung des Zements können die Anfangsreaktionen so gesteuert werden, dass der Frischbeton ausreichend lange seine Verarbeitbarkeit behält. Das Ansteifen und die anschliessende Erhärtung des Betons setzen generell erst einige Stunden nach der Wasserzugabe ein. Da die Reaktion zwischen Wasser und Zement ein sehr langsamer Prozess ist, erstreckt sich die Erhärtung des Betons über mehrere Monate, unter Umständen sogar über mehrere Jahre. Damit der Beton sein Festigkeits- und Dauerhaftigkeitspotential tatsächlich erreichen kann, muss er ausreichend nachbehandelt werden, das heisst, es muss durch geeignete Massnahmen sichergestellt werden, dass im Beton über lange Zeiträume eine ausreichende Menge an Wasser verbleibt, die für eine möglichst vollständige Hydratation des Zements erforderlich ist. Dazu muss der junge Beton durch entsprechende Vorkehrungen mehrere Tage lang gegen Austrocknung geschützt werden. Darüber hinaus ist der junge Beton gegen die Einwirkung von Sonnenstrahlen, hohen Temperaturen oder Frost so lange zu schützen, bis seine Festigkeitsentwicklung so weit fortgeschritten ist, dass er solchen Beanspruchungen widerstehen kann.

Die Eigenschaften des Frischbetons und des erhärteten Betons sind durch Betonzusatzmittel oder -stoffe, die dem Frischbeton bei der Herstellung zugegeben werden, weiter optimierbar. Die verschiedenen Zusatzmittel, die nur in sehr kleinen Mengen verwendet werden dürfen, werden beispielsweise zur Verbesserung der Verarbeitbarkeit, zur Verzögerung oder Beschleunigung des Erstarrens von Frischbeton oder zur Verbesserung des Frostwiderstandes von erhärtetem Beton eingesetzt.[2] Zu den Betonzusatzstoffen, die auch in grösseren Mengen Verwendung finden, gehören Flugaschen oder silikatische Feinstäube, die zu einer Steigerung der Betondruckfestigkeit führen.

Charakteristische Eigenschaften von erhärtetem Beton

Die Druckfestigkeit von Normalbeton liegt etwa im Bereich von 10 bis 80 N/mm². Seit wenigen Jahren können aber auch unter Baustellenbedingungen «hochfeste Betone» mit Druckfestigkeiten bis zu 150 N/mm² hergestellt werden. Die Zugfestigkeit von Beton ist dagegen wesentlich geringer. Für niederfeste Betone beträgt sie etwa 10 % der Druckfestigkeit, bei hochfesten Betonen erreicht sie ohne zusätzliche Massnahmen nur etwa 5 % der Betondruckfestigkeit.

Die Rohdichte von Beton liegt im Bereich von etwa 1 bis 3 kg/dm³. Dies ist ungefähr ein Viertel der Rohdichte von Stahl. Die Rohdichte von Beton wird im Wesentlichen von der Rohdichte des Betonzuschlags bestimmt.

Die Steifigkeit von Beton (ausgedrückt durch den Elastizitätsmodul) ist wesentlich geringer als die von Stahl. So verformt sich ein Beton mittlerer Druckfestigkeit unter einer Spannung, die deutlich unter seiner Festigkeit liegt, etwa siebenmal so viel wie Stahl unter der gleichen Spannung. Bei hohen Spannungen in Nähe der Festigkeit ist die Verformbarkeit von Beton im Vergleich zur Verformbarkeit der meisten Stähle jedoch gering. So erleiden Baustähle bei zentrischer Zug- oder Druckbelastung unmittelbar vor dem Versagen Verformungen von bis zu 30 %, anders gesagt, ihre Länge hat sich um nahezu ein Drittel der Ausgangslänge bleibend vergrössert respektive verringert, und der bevorstehende Bruch hat sich durch grosse Verformungen angekündigt. Im Gegensatz dazu treten bei einem druckbeanspruchten Beton beim Erreichen der Höchstlast je nach Beanspruchungsgeschwindigkeit Verformungen von etwa 0,2 bis maximal 1 % der Ausgangslänge auf. Bei Zugbeanspruchung ist die Verformbarkeit mit etwa 0,02 % noch geringer. Dazu kommt, dass Beton insbesondere unter Zugspannungen nur minime plastische, das heisst bleibende Verformungen zeigt und daher als spröde zu betrachten ist. Entsprechend kann man unbewehrten Beton – im Gegensatz zu Stahl – nicht bleibend verbiegen. Unter Dauerlast nehmen die durch die Belastung verursachten elastischen Anfangsverformungen einer Betonkonstruktion im Lauf der Zeit deutlich zu. Man nennt diesen Vorgang das «Kriechen» des Betons. Dies führt dazu, dass sich die anfängliche Durchbiegung beispielsweise einer Stahlbetondecke verdoppeln oder gar verdreifachen kann. Die Kriechneigung des Betons hängt natürlich von dessen Betonzusammensetzung und den Umweltbedingungen ab. Sie nimmt im Allgemeinen mit sinkender Druckfestigkeit und zunehmendem Zementgehalt des Betons zu.

Beton ist nicht absolut volumenstabil: In feuchter Umgebung nimmt er Wasser auf, wodurch sich sein Volumen vergrössert. Entsprechend verliert er Feuchte in trockener Luft und verringert dabei sein Volumen. Diese Vorgänge, die als

2 Heute übliche Verwendung von Betonfertigteilen und Ortbeton

«Quellen» beziehungsweise «Schwinden» bezeichnet werden, können zur Folge haben, dass der Beton auch ohne äussere Lasteinwirkung reisst, ähnlich wie Ton oder ein lehmiger Boden nach einer Trockenperiode Risse zeigt.

Für die Dauerhaftigkeit von Stahl- und Spannbetonkonstruktionen ist der Umstand von ganz besonderer Wichtigkeit, dass Beton wegen der im Zement enthaltenen Alkalien und dem bei der Hydratation des Zements entstehenden Calciumhydroxid alkalisch respektive basisch ist, charakterisiert durch einen pH-Wert von etwa 12,5. Dies hat zur Folge, dass sich an der Oberfläche von Stählen, die in Beton eingebettet sind, eine äusserst dichte Passivschicht aus Eisenoxid bildet, welche die Auflösung des Stahles in Ionen und damit eine Korrosion des Stahles verhindert. Beton stellt also für eingebettete Stähle einen hervorragenden Korrosionsschutz dar. Allerdings ist diese Passivschicht nicht mehr stabil, sobald der pH-Wert des Betons unter 10 sinkt. Unter bestimmten Bedingungen geht dann der Korrosionsschutz der Bewehrung verloren.

Beton ist gegen eine Reihe von Umwelteinflüssen widerstandsfähig und damit dauerhaft. Er ist aber nur in Ausnahmefällen resistent gegen eine Reihe von Säuren und Salzen und kann von weichem Wasser oder Sulfaten angegriffen werden, die zum Beispiel in gipshaltigen Wässern vorkommen können. Normaler Beton ist in einem nahezu wassergesättigten Zustand gegen eine wiederholte Frosteinwirkung nur bedingt widerstandsfähig, doch können entsprechend zusammengesetzte und hergestellte Betone einen sehr hohen Widerstand gegen Frostbeanspruchung aufweisen. Beton ist nicht brennbar, Temperaturen oberhalb von etwa 200 °C können jedoch zu bleibenden Schäden im Betongefüge führen.[3]

Klassifizierung der Betone

Beton wird heute weltweit nach seiner Druckfestigkeit klassifiziert. In vielen Ländern, so auch in Deutschland, Österreich und der Schweiz, wird diese an Würfeln mit Kantenlängen von 150 oder 200 mm bestimmt. Andere Länder (darunter Frankreich, England, USA) bevorzugen die Prüfung von Zylindern meist mit einem Durchmesser von 150 mm und einer Höhe von 300 mm. Die Proben sind aus einem Beton herzustellen, der dem Bauwerksbeton entspricht. Da die Betondruckfestigkeit mit fortschreitendem Betonalter zunimmt, ist die geforderte Druckfestigkeit in einem definierten Alter (im Allgemeinen nach 28 Tagen) und nach einer Lagerung unter definierten Feuchte- und Temperaturbedingungen nachzuweisen. In Deutschland wurde schon 1904 in einem vom «Verband Deutscher Architekten- und Ingenieurvereine» zusammen mit dem «Deutschen Beton-Verein» aufgestellten Leitfaden für Eisenbetonbauten eine Würfeldruckfestigkeit von 180 bis 250 kg/cm² gefordert. In den Bestimmungen des «Deutschen Ausschuß für Eisenbeton» aus dem Jahre 1938 sind drei Festigkeitsklassen mit Würfeldruckfestigkeiten von 120, 160 und 225 kg/cm² aufgeführt. Die Stahlbetonbestimmung des später in «Deutschen Ausschuß für Stahlbeton» umbenannten Gremiums aus dem Jahr 1945 enthält die Festigkeitsklassen B160, B225 und B300 entsprechend

3 Fertigbetonstützen

einer mittleren Druckfestigkeit der Probewürfel von 160, 225 beziehungsweise 300 kg/cm².

Im Jahr 1971 wurde in Deutschland die erste moderne Stahlbetonnorm eingeführt, in der erstmals bei der Festlegung von Festigkeitsklassen auch statistische Gesichtspunkte berücksichtigt wurden. In dieser Norm gelten für Normalbeton die Festigkeitsklassen B5, B10, B15, B25, B35, B45 und B55 entsprechend einer Mindestwürfeldruckfestigkeit von 5, 10, 15, 25, 35, 45 und 55 N/mm². Im Lauf der letzten Jahrzehnte wurden zur Harmonisierung der technischen Regeln in Europa zunächst als Vornormen die «Eurocodes» erstellt. Für den Beton-, Stahlbeton- und Spannbetonbau ist dies der Eurocode EC 2.[4] Auf der Basis dieses Dokuments wurden in verschiedenen europäischen Ländern Neufassungen der nationalen Stahlbeton- und Spannbetonnormen erarbeitet. In Deutschland behandelt der erste Teil dieser Norm, der 2001 erschienen ist, die konstruktiven Aspekte (DIN 1045-1). Er wird ergänzt durch einen zweiten Teil (DIN 1045-2), in dem die betontechnologischen Fragen behandelt sind.[5] Grundlage für diesen zweiten Teil ist die vom «Comité Européen de Normalisation» (CEN) erarbeitete und im Jahr 2001 verabschiedete Europäische Norm EN 206 *Beton – Eigenschaften, Herstellung und Übereinstimmung*. Die EN 206 gilt für alle dem CEN angehörigen Länder Europas, zu denen auch Deutschland, Österreich und die Schweiz zählen. Sie ist nicht in allen Einzelheiten bindend, sondern lässt in einer Reihe von Abschnitten nationale Anwendungsregeln zu, um unterschiedliche geographische und klimatische Bedingungen sowie gut eingeführte regionale Gepflogenheiten zu berücksichtigen. Die aus den Europäischen Normen erarbeiteten nationalen Normen sehen für Normalbeton 16 verschiedene Festigkeitsklassen zwischen C8/10 und C100/115 vor. Dabei bedeutet die erste Zahl die charakteristische Druckfestigkeit eines Betons in N/mm², bestimmt an Zylindern, und die zweite Zahl den entsprechenden Wert, bestimmt an Würfeln.

Beton kann auch nach seiner Rohdichte klassifiziert werden. Demgemäss wird dann zwischen Leichtbetonen mit einer Rohdichte bis zu 2,0 kg/dm³, Normalbetonen mit einer Rohdichte zwischen 2,0 kg/dm³ und 2,8 kg/dm³ und Schwerbetonen mit einer Rohdichte grösser als 2,8 kg/dm³ unterschieden. Diese Betone sind darüber hinaus in Festigkeitsklassen eingeteilt.

Die EN 206 und damit die darauf aufbauenden nationalen Normen berücksichtigen auch die Umweltbedingungen, denen eine Betonkonstruktion ausgesetzt sein kann. Daraus werden Mindestanforderungen an die Zusammensetzung der Betone und die Art der verwendeten Werkstoffe abgeleitet und somit zumindest indirekt auch die Betone auf der Grundlage ihres Widerstandes gegen bestimmte Umweltbedingungen klassifiziert.[6]

Zemente

Zemente sind hydraulische Bindemittel; das bedeutet, sie reagieren mit Wasser, verfestigen sich dabei und verbleiben auch unter Wasser fest und raumbeständig. Dieses Verhalten ist deutlich günstiger als jenes der älteren Bindemittel Kalk und Gips: Reine Kalkmörtel erhärten nur an der Luft durch Reaktion mit Kohlendioxid. Darüber hinaus ist ihr Erhärtungsprozess viel langsamer als jener von Zementen, und es werden nur geringe Festigkeiten erreicht. Gips reagiert zwar mit Wasser, erweicht aber bei anschliessender Wasserlagerung. Zur Zementherstellung werden gebrochene Gesteine, die hauptsächlich kalk- und tonhaltige Bestandteile aufweisen, bei Temperaturen von über 1300 °C in Drehöfen gebrannt. So entsteht der «Portlandzementklinker», der dann zu einem feinen Pulver gemahlen wird. Dabei werden dem Klinker andere Komponenten in kleinen Mengen zugegeben, insbesondere Gips, mit dem eine zu

4 Drehofen im Portlandzementwerk der Firma Dyckerhoff AG, Wiesbaden

schnelle Anfangsreaktion des Zements unmittelbar nach der Wasserzugabe vermieden wird. Zemente, die ausser maximal 5 % an Nebenbestandteilen keine anderen Komponenten enthalten, werden als «Portlandzemente» bezeichnet.

An diesem Prozess hat sich seit Beginn der Herstellung moderner Zemente vor etwa 120 Jahren nichts Grundsätzliches geändert. Allerdings stehen heute für die Betonherstellung neben den Portlandzementen eine Reihe anderer Zemente zur Verfügung, bei denen dem Portlandzementklinker beim Mahlen weitere Komponenten, sogenannte Zumahlstoffe, beigegeben werden. Die meisten dieser Zumahlstoffe sind «Puzzolane». Dies sind Substanzen, die ebenfalls mit Wasser reagieren und Festigkeit entwickeln können, wenn sie durch andere Stoffe dazu angeregt werden, beispielsweise durch Calciumhydroxid, dass bei der Hydratation der Portlandzementkomponenten entsteht. Zu den wichtigsten Zumahlstoffen gehören:
– Hüttensand (granulierte Hochofenschlacke, S) zur Herstellung von Hochofenzementen, früher auch als «Eisenportlandzement» bezeichnet
– natürliche Puzzolane (P), zum Beispiel gemahlener Trass zur Herstellung von Puzzolanzementen, früher auch von Trasszementen
– kieselsäurereiche Flugasche oder Elektrofilterasche (V): Diese bestehen aus staubartigen Partikeln, die durch Abscheidung aus Rauchgasen von Feuerungen feingemahlener Kohle gewonnen werden. Damit hergestellte Zemente werden als Flugaschezemente bezeichnet.
– gebrannter Schiefer (T): ölhaltiger Schiefer zur Herstellung von Ölschieferzementen
– Kalkstein (L): gemahlener Kalkstein als Füllstoff zur Herstellung von Kalksteinzementen
– Silikastaub (D): Feinstaub zur Herstellung von Silikastaubzement.

Ähnlich wie für die Betone wurde vom «Comité Européen de Normalisation» (CEN) auch für Zemente eine Reihe Europäischer Normen erarbeitet. Dazu gehören insbesondere die im Jahr 2000 verabschiedete Europäische Norm EN 197-1 *Zement – Zusammensetzung, Anforderungen und Konformitätskriterien von Normalzement* sowie weitere Normen für die Prüfung und Beurteilung von Zementen. Im Gegensatz zu den CEN-Regelungen für Beton ist die Zementnorm EN 197-1 für alle dem CEN angehörenden Länder bindend. Entsprechend gelten für Deutschland, Österreich und die Schweiz die gleichen Normen für Zement. In Deutschland trägt die Zementnorm die Bezeichnung DIN EN 197-1. In dieser Zementnorm werden die verschiedenen Zemente in fünf Hauptgruppen unterteilt:
– CEM I Portlandzement
– CEM II Portlandkompositzement
– CEM III Hochofenzement
– CEM IV Puzzolanzement
– CEM V Kompositzement.

Insgesamt enthält die Zementnorm EN 197-1 27 verschiedene Zementarten. Die Zemente der Hauptgruppe CEM I haben einen Anteil an Portlandzementklinker von mindestens 91 %. Zur Hauptgruppe CEM II gehören 19 Zementarten, die sich in Menge und Art der oben angeführten Zumahlstoffe unterscheiden. Die Hauptgruppe CEM III umfasst drei Zementarten mit unterschiedlichen Hüttensandgehalten. Je zwei Zementarten gehören der Gruppe der Puzzolanzemente (CEM IV) beziehungsweise der Kompositzemente (CEM V) an. Selbstverständlich werden nicht in jedem Land alle 27 Zementarten hergestellt, sondern nur die hauptsächlich verwendeten Sorten.

Die Zemente werden in verschiedenen Festigkeitsklassen mit Normendruckfestigkeiten zwischen 32,5 N/mm² und 52,5 N/mm² hergestellt. Sie unterscheiden sich auch deutlich in ihren anderen mechanischen und physikalischen Eigenschaften. Dazu gehört insbesondere die Geschwindigkeit der Festigkeitsentwicklung, die bei den Portlandzementen in der Regel höher ist als bei den Zementen mit Zumahlstoffen. Um Verwechslungen zu vermeiden, muss jeder angelieferte Zement normgemäss durch Kennfarbe und Farbe des Aufdrucks gekennzeichnet sein.

Alle Zemente setzen bei der Hydratation Wärme frei, die vor allem bei dickwandigen Bauteilen eine deutliche Erwärmung und damit verbunden innere Spannungen während der ersten Tage nach ihrer Herstellung zur Folge hat, was zu einer Schädigung des jungen Betons führen kann. Diese Hydratationswärme ist im Allgemeinen bei den Zementen mit hohen Gehalten an Zumahlstoffen geringer als bei den Portlandzementen. Zemente mit einer niedrigen Wärmetönung haben eher eine geringere Festigkeit während der ersten Tage. Sie werden durch den Zusatz «HS» bezeichnet. Schnell erhärtende Zemente erhalten den Zusatz «R».

Manche Betone können durch sulfathaltige Wässer geschädigt werden. Liegen solche Voraussetzungen vor, sollte der Beton aus Zementen hergestellt werden, die aufgrund ihrer chemischen Zusammensetzung einen hohen Sulfatwiderstand aufweisen. Diese Zemente werden mit dem Zusatz «HS» bezeichnet. Ein weiterer Schädigungsmechanismus von Betonen ist die Alkali-Silika-Reaktion. Auch ihr kann durch die entsprechende Wahl eines geeigneten Zements – in diesem Fall mit einem sehr niedrigen Alkaligehalt – entgegengewirkt werden. Solche Zemente werden durch den Zusatz «NA» gekennzeichnet.

Betonzuschlag

Betonzuschlag ist ein Konglomerat von gebrochenen oder ungebrochenen, meist unterschiedlich grossen Körnern aus natürlichen oder künstlichen mineralischen Stoffen. Als Zuschlag besonders geeignet sind Moränen- oder Flusskiese und Sande, aber auch Zuschläge, die durch Brechen von Natursteinen – zum Beispiel von Kalkstein, Granit oder Quarziten – gewonnen wurden, soweit diese keine schädlichen Bestandteile enthalten. In zunehmendem Mass treten bei der Gewinnung von Zuschlag auch ökologische Aspekte in den Vordergrund, so dass vermehrt aufbereiteter Altbeton mit Erfolg als Betonzuschlag verwendet wird.

Wesentliche Parameter von Betonzuschlag sind sein Kornaufbau, die Kornform, das grösste, in einem Korngemisch vorhandene Korn, seine chemische Zusammensetzung – besonders im Hinblick auf betonschädliche Bestandteile –, sein Frostwiderstand, sein Widerstand gegen chemische Angriffe sowie seine mechanischen und physikalischen Eigenschaften, hauptsächlich Druckfestigkeit, Steifigkeit und Volumenstabilität.

Da der Volumenanteil von Zuschlag generell sehr hoch ist, wird die Rohdichte eines Betons weitgehend von der Rohdichte des Zuschlags bestimmt. Zur Herstellung von Leichtbetonen werden daher meist Zuschlagstoffe mit hoher Porosität und entsprechend relativ geringem Gewicht verwendet.[7]

Der Kornaufbau eines Zuschlaggemisches und die Kornform wirken sich vor allem auf die Eigenschaften des Frischbetons aus. Die Zuschlagskörner sollten bei unbewehrten Querschnitten nicht grösser als etwa ein Drittel der kleinsten Querschnittsabmessung sein. Dies ist beispielsweise bei der Wahl des Zuschlags für einen Ausbesserungsmörtel wichtig. Die Eigenschaften der Betonzuschläge, die sich auf die Dauerhaftigkeit des damit hergestellten Betons auswirken können, sind von besonderer Relevanz. So muss ein Zuschlag frei von Bestandteilen sein, die schädliche Wirkungen auf den damit hergestellten Beton, aber auch auf eine eingebettete Betonstahlbewehrung haben. Schädlich sind unter anderem abschlämmbare Bestandteile meist aus Tonen, organische Verunreinigungen, Salze, wie Chloride oder Nitrate, höhere Anteile an Sulfaten und insbesondere amorphe oder feinkristalline Silikate, zum Beispiel Opale, Chalcedon und bestimmte Flinte, welche in Verbindung mit den Alkalien des Zements die schon erwähnte Alkali-Silika-Reaktion auslösen können. Betonzuschlag kann ähnlich wie Zementstein durch Frost geschädigt werden, wenn er eine hohe Porosität besitzt und nahezu wassergesättigt ist. Um Schäden zu vermeiden, muss der Betonzuschlag einer Reihe von Prüfungen unterzogen werden, die in Normen und Richtlinien festgelegt sind. Dies gilt vor allem dann, wenn für ein bestimmtes Zuschlagsmaterial noch keine langjährigen Erfahrungen über seine Eignung als Betonzuschlag vorliegen. Auch für den Betonzuschlag wird vom CEN eine Norm, EN 12620 *Gesteinskörnungen für Beton,* erarbeitet, welche die nationalen Normen in den CEN-Ländern ablösen soll.[8]

Zusammensetzung und Struktur des Betons

Die mechanischen und physikalischen Eigenschaften von Beton werden vornehmlich von der Struktur des Zementsteins bestimmt, so dass zunächst auf dessen Aufbau eingegangen wird. Unmittelbar nach dem Mischen sind die einzelnen Zementkörner durch das Mischwasser voneinander getrennt. Sobald die Hydratation einsetzt, lagern sich Reaktionsprodukte an den Oberflächen der Zementkörner an und füllen im Lauf der Zeit die ursprünglich nur mit Wasser gefüllten Hohlräume auf. Auf diese Weise wachsen die Zementkörner zusammen und der Volumenanteil der Hohlräume nimmt ab, je weiter die Hydratation des Zementes fortschreitet. Die Hohlräume durchziehen zunächst kontinuierlich den jungen Zementstein und werden wegen ihrer Struktur «Kapillarporen» genannt. Ihr Volumenanteil ist umso grösser, je mehr Wasser dem Beton bei seiner Herstellung zugegeben wurde. Er nimmt ab, je grösser der Hydratationsgrad des Zements, das heisst, je grösser der Volumenanteil des Zements ist, der zu einem bestimmten Zeitpunkt mit Wasser reagiert hat. Ist das Anfangsvolumen der Kapillarporen gering, so werden die Kapillarporen mit fortschreitendem Hydratationsgrad abschnittsweise durch eingelagerte Hydratationsprodukte unterbrochen, das bedeutet, sie werden diskontinuierlich, und im Idealfall geht die Porosität gegen Null. Mit abnehmendem Kapillarporenvolumen nimmt die Festigkeit des Zementsteins und somit auch des Betons zu. Korrosionsvorgänge im Beton werden in den meisten Fällen durch den Transport von Gasen oder Flüssigkeiten durch das Porensystem des Zementsteins ausgelöst. Massgebend für die Geschwindigkeit solcher Transportvorgänge und dadurch für die Dauerhaftigkeit von Beton ist aber nicht nur dessen Gesamtporosität, sondern die Kontinuität des Porensystems. Werden die Kapillarporen diskontinuierlich, so nimmt die Geschwindigkeit des Eindringens beispielsweise einer sauren Lösung und entsprechend auch die Geschwindigkeit eines Korrosionsabtrags um Grössenordnungen ab.

Neben dem Porensystem des Zementsteins können im Beton aber auch sehr feine Mikrorisse Transportwege für aggressive Substanzen sein. Sie entstehen zum Beispiel bei der Austrocknung des Betons als Folge des Schwindens von Zementstein oder als Folge einer hohen Druck- oder Zugbeanspruchung. Darüber hinaus stellen die Kontaktzonen zwischen dem Zementstein und den Zuschlagkörnern Schwachstellen in der Struktur des Betons dar.

Im Hinblick auf die Kapillarporosität des Zementsteins ist der wichtigste betontechnologische Parameter, der bei der Festlegung einer Betonzusammensetzung beachtet werden muss, das Gewichtsverhältnis von Wasser zu Zement, der «Wasserzementwert». Mit sinkendem Wasserzementwert, das heisst mit abnehmendem Wasservolumen in einem bestimmten Volumen von Zement sinkt das Anfangsvolumen der Kapillarporen. Ein niedriger Wasserzementwert ist daher wünschenswert. Allerdings wird mit sinkendem Wasserzementwert oder bei gegebenem Zementgehalt mit abnehmendem Wassergehalt des Frischbetons dieser immer steifer und damit immer schwerer verarbeitbar. Erst in den letzten Jahrzehnten wurde es durch die Verwendung von Fliessmitteln möglich, die Verarbeitbarkeit von Betonen auch mit sehr niedrigen Wasserzementwerten deutlich zu verbessern. Die in der Baupraxis üblichen Wasserzementwerte für Normalbetone liegen im Bereich zwischen ungefähr 0,7 und 0,4. Solche Betone sind nach dem heutigen Stand der Betontechnologie problemlos zu verarbeiten. Unter der Annahme vollständiger Hydratation des Zements ist bei einem Wasserzementwert von 0,7 eine Kapillarporosität des Zementsteins von etwa 30 % zu erwarten, bei einem Wasserzementwert von 0,4 geht die Kapillarporosität gegen Null. Die Kapillarporosität eines Betons hängt jedoch nicht nur vom Wasserzementwert, sondern auch vom Hydratationsgrad ab. Eine nahezu vollständige Hydratation ist nur zu erreichen, wenn dem jungen Beton ausreichend lange das zur Hydratation erforderliche Wasser zur Verfügung steht. Da Beton in trockener Luft Wasser an seine Umgebung abgibt, muss der junge Beton mindestens sieben Tage vor einer Austrocknung geschützt, das heisst mit Wasser nachbehandelt werden.

Sonderbetone

Unter den Sonderbetonen, die in Aufbau und Eigenschaften von den Normalbetonen deutlich abweichen können, haben bis heute gerade die Leichtbetone erhebliche baupraktische Bedeutung erlangt. Dabei ist zwischen dem «wärmedämmenden Leichtbeton» und dem «Konstruktionsleichtbeton» zu differenzieren.

Der wärmedämmende Leichtbeton für tragende Bauteile mit geringen Festigkeitsanforderungen wird zum einen mit porigem Leichtzuschlag, zum Beispiel aus Naturbims oder Blähton, zur Herstellung von Betonfertigteilen für Decken und Wände oder auch von Hohlblocksteinen eingesetzt. Zur Verringerung seines Gewichts und zur Verbesserung seiner Wärmedämmeigenschaften wird er darüber hinaus mit hoher Eigenporosität oder, anders ausgedrückt, «haufwerksporig» hergestellt. Zum anderen zählen zu dieser Kategorie die «Porenbetone». Das sind sehr feinkörnige Betone, die durch von Blähmitteln erzeugtes Gas (Gasbeton) oder durch Schaum (Schaumbeton) soweit aufgelockert werden, dass sie bei Druckfestigkeiten zwischen 2,5 N/mm² und 10 N/mm² Rohdichten im Bereich von 0,35 kg/dm³ bis 1,0 kg/dm³ besitzen. Daraus werden Blocksteine oder Platten für Decken und Wände mit und ohne Bewehrung hergestellt. Bei bewehrten Elementen ist die Bewehrung stets mit einem zusätzlichen Korrosionsschutz zu versehen, da dieser durch die Porenbetone alleine nicht gewährleistet ist.[9]

Konstruktionsleichtbeton besitzt ein geschlossenes Gefüge und kann wesentlich höhere Festigkeitsanforderungen als wärmedämmender Leichtbeton erfüllen. Seine Rohdichte liegt zwischen 0,8 kg/dm³ und 2,0 kg/dm³. Konstruktionsleichtbetone unterscheiden sich in ihrem Aufbau von Normalbetonen nur dadurch, dass sie an Stelle von Normalzuschlägen aus natürlichen oder künstlichen Leichtzuschlägen, wie Natur- oder Hüttenbims, Blähton oder Blähschiefer, hergestellt werden. Sie haben im Vergleich zu Normalbeton deutlich bessere Wärmedämmeigenschaften. Wegen ihrer geringeren Rohdichte weisen Konstruktionen aus Leichtbeton ein im Vergleich zu Normalbeton deutlich reduziertes Eigengewicht auf. Konstruktionsleichtbetone unterscheiden sich aber nicht von Normalbeton in jenen Eigenschaften, welche für die Dauerhaftigkeit einer Konstruktion wesentlich sind. Während der letzten dreissig Jahre wurden in Deutschland Bauwerke aus Konstruktionsleichtbeton der Festigkeitsklassen LB 8 bis LB 55 entsprechend einer Nennfestigkeit von 8 N/mm² bis 55 N/mm² errichtet. Ähnlich der Entwicklung der Normalbetone konnten in jüngerer Zeit auch für Leichtbetone höhere Druckfestigkeiten erzielt werden, so dass in der auf der Europäischen Norm EC 2 basierenden und seit 2001 gültigen DIN 1045-1 – der neuen deutschen Norm für Bauwerke aus Beton, Stahl- und Spannbeton – Leichtbetone der Festigkeitsklassen LC 8/9 bis LC 80/88 aufgenommen wurden. Dabei bezeichnet, wie bei den Normalbetonen, die erste Zahl hinter den Buchstaben LC die charakteristische Druckfestigkeit, bestimmt an Zylindern, die zweite Zahl den entsprechenden Wert, bestimmt an Würfeln.[10]

Betone mit Druckfestigkeiten über 80 N/m² werden generell als «hochfeste Betone» bezeichnet. Sie wurden erst seit etwa 1980 entwickelt und fanden bisher vor allem Anwendung beim Bau spezieller Konstruktionen, hauptsächlich für Ölplattformen, Hochhäuser und weitgespannte Brücken. Die hohen Festigkeiten werden erreicht durch die Reduktion des Wasserzementwertes bis auf Werte um 0,2. Das ist erst möglich, seit hochaktive Fliessmittel zur Verfügung stehen, die den Frischbeton auch bei extrem niedrigem Wassergehalt verarbeitbar machen. Zusätzlich werden solchen Betonen silikatische Feinstäube zugegeben, die wesentlich zur Festigkeitsentwicklung beitragen. Hochfeste Betone werden nicht nur wegen ihrer höheren Druckfestigkeit eingesetzt. Sie sind extrem dicht; es wird daher erwartet, dass sie auch langfristig die deutliche Erhöhung der Dauerhaftigkeit von Beton-, Stahlbeton- und Spannbetonkonstruktionen unterstützen. Erste Erfahrungen scheinen dies zu bestätigen.[11]

Seit etwa dreissig Jahren werden vereinzelt «Faserbetone» eingesetzt. Diesen Betonen werden bei der Herstellung kurze Fasern aus Stahl, Glas, Kunststoff oder Kohlenstoff zugegeben. Die Faserbewehrung kann eine erhebliche Erhöhung der Zugfestigkeit und der Dehnfähigkeit des Betons bewirken. Faserbetone finden beispielsweise als Spritzbeton im Tunnelbau für Gründungen oder zur Verstärkung von Stahlbetonkonstruktionen Verwendung. Als Folge noch immer nicht vollständig gelöster technologischer Probleme und auch wegen der nicht immer gegebenen Wirtschaftlichkeit ist der Einsatz von Faserbeton bis heute begrenzt geblieben.[12]

Grosse Sorgfalt bei der Auswahl der Betonzusammensetzung und des Betoniervorgangs ist erforderlich, wenn spezielle Anforderungen an die Gleichmässigkeit des Aussehens von Sichtbetonflächen gestellt werden. Auch bei sachgerechter Herstellung können die Betonoberflächen

5 Fehlerhafte Betonoberfläche durch falsches Einbringen in die Schalung

Arten und Entwicklung des Beton- und Spannstahls

Zu Beginn des Eisen- beziehungsweise Stahlbetonbaus standen als Bewehrungselemente nur glatte Rundstangen mit Durchmessern bis zu 40 mm aus Flusseisen zur Verfügung, das aufgrund seines geringen Kohlenstoffgehaltes zwar schweissgeeignet war, aber nur eine geringe Zugfestigkeit aufwies. Schon anfangs des 20. Jahrhunderts waren Stäbe aus Flussstahl mit einem höheren Kohlenstoffgehalt und daher einer höheren Zugfestigkeit erhältlich, die aber spröder als Flusseisen und nur eingeschränkt schweissbar waren.

Wegen der glatten Oberflächen solcher Rundstangen entstand mit dem sie umgebenden Beton ein relativ schwacher Verbund, so dass die Kraft vom Beton in das Bewehrungselement nur eingeschränkt übertragen werden konnte und sich in der Zugzone von biegebeanspruchten Elementen breite Risse in grossen Abständen bildeten. Zur Verbesserung des Verbundes zwischen Bewehrung und Beton wurden verschiedene Wege beschritten. Zunächst versuchte man, den Gleitwiderstand von Bewehrungselementen durch konstruktive Massnahmen, beispielsweise Endhaken, zu verbessern. Ferner wurden Stäbe mit einer Profilierung der Oberflächen entwickelt. Schon früh wurden dazu «Torstähle» durch Verdrillen von Stäben mit rechteckigem Querschnitt oder von Kreisquerschnitten mit Walzüberständen hergestellt. Dabei führt das Verdrillen der Stäbe neben einer Verbesserung des Verbundes zu einer deutlichen Festigkeitserhöhung. Dieses Herstellungsverfahren wird grundsätzlich auch heutzutage noch angewandt. Nach dem Zweiten Weltkrieg setzte dann die Entwicklung der «Betonrippenstähle» ein, deren Oberfläche neben Längsrippen auch mit sichelförmigen Querrippen ausgestattet ist. Sie kommen heute fast ausschliesslich bei der Herstellung von Stahlbetonkonstruktionen zum Einsatz.[13]

nach dem Entschalen Farb-, Helligkeits- und nicht beabsichtigte Strukturunterschiede sowie einzelne grössere Poren aufweisen. Darüber hinaus können Verschmutzungen, Ablagerungen von Zementschlempe und schon nach kurzer Zeit Ausblühungen auftreten. Zu den Ursachen solcher Erscheinungsbilder gehören unter anderem eine nicht geeignete oder variierende Betonzusammensetzung – insbesondere hinsichtlich des Wasserzementwertes –, mangelhafte Schalungen, unzureichende Trennmittel zwischen Beton und Schalung sowie Verunreinigungen und Mängel bei der Bauausführung. Zur Vermeidung solcher Mängel vor allem bei ganz glatten Oberflächen sollten eine Festigkeitsklasse C25/30, ein Zementgehalt von 300 kg/m³ und ein Wasserzementwert von 0,5 nicht unterschritten werden. Die Schalung darf nicht zu biegeweich und die Betonüberdeckung der Bewehrung sollte, so weit es geht, konstant sein. Der frische Beton muss in seiner Zusammensetzung möglichst gleichmässig sein und einen guten Zusammenhalt aufweisen. Auch der Einbau des Betons einschliesslich seiner Verdichtung sollte mit Sorgfalt erfolgen, um Dichteunterschiede, zum Beispiel als Folge ungleicher Verdichtung oder inhomogener Zusammensetzung, zu vermeiden.

Neben den oben beschriebenen Einzelstäben werden seit etwa 1930 zudem «Betonstahlmatten» verwendet. Diese vorgefertigten Bewehrungselemente bestehen aus zwei sich kreuzenden und senkrecht zueinander stehenden Lagen von Bewehrungsstäben, die an den Kreuzungspunkten entweder mechanisch, heutzutage aber zumeist durch Punktschweissung miteinander verbunden sind. Da die

6 Betonoberfläche des Konferenzpavillons, 1993, von Tadao Ando auf dem Gelände der Firma Vitra, Weil am Rhein

Verbundeigenschaften solcher Betonstahlmatten deutlich besser sind im Vergleich zu jenen von Einzelstäben, wurden in früheren Jahren für Betonstahlmatten glatte Rundstäbe verwendet. Heute kommen auch hier fast ausschliesslich Rippenstähle zum Einsatz. Eine weitere Form von vorgefertigten Bewehrungselementen sind «Gitterträger» aus Ober- und Untergurten sowie Diagonalen, die unter anderem zur Bewehrung von Decken oder Wänden eingesetzt werden.

Zum Bau von vorgespannten Konstruktionen werden neben der konventionellen, nicht vorgespannten Bewehrung «Spannstähle» eingesetzt. Verglichen mit konventionellen Betonstählen weisen sie wesentlich höhere Zugfestigkeiten, eine deutlich geringere Verformbarkeit und häufig auch eine erhöhte Korrosionsanfälligkeit auf. Unter den derzeit verwendeten Vorspannsystemen wird zwischen Spannstahldrähten mit Durchmessern von weniger als 10 mm, Spannstahllitzen aus Bündeln von drei bis circa zwanzig einzelnen Drähten sowie Spannstabstählen mit Durchmessern im Allgemeinen von mehr als 26 mm mit glatten oder gerippten Oberflächen unterschieden.

Neben diesen wichtigsten Arten von Beton- und Spannstählen kommen auch Bewehrungsstäbe mit speziellen Eigenschaften zum Einsatz, insbesondere im Hinblick auf einen erhöhten Korrosionswiderstand. Das sind beispielsweise verzinkte, nichtrostende oder kunststoffbeschichtete Stähle.

Charakteristische Eigenschaften der Betonstähle

Im Gegensatz zu Beton weisen Eisen und Stähle ungefähr gleich grosse Druck- und Zugfestigkeiten auf, die im Bereich zwischen etwa 400 und 2000 N/mm² liegen, das heisst, die Zugfestigkeit von handelsüblichen Stählen ist etwa 15- bis 75-mal so gross wie die Druckfestigkeit eines Betons einer mittlerer Festigkeitsklasse. Die Dichte von Stahl beträgt circa 8 kg/dm³, das bedeutet, Stahl ist drei- bis viermal schwerer als Beton. Stähle sind bei einer Beanspruchung bis zu etwa 70 bis 90 % ihrer Zugfestigkeit linear elastisch, so dass sie sich bei einer vollständigen Entlastung wieder auf ihre Ausgangslänge zurückverformen. Bei einer Belastung unterhalb der Elastizitätsgrenze sind Stähle rund siebenmal so steif wie Betone mittlerer Festigkeit; das heisst, bei einer vorgegebenen Beanspruchung deutlich unterhalb der jeweiligen Festigkeit verformt sich Beton etwa siebenmal mehr als Stahl. Bei höheren Beanspruchungen werden Stähle jedoch plastisch, sprich bleibend verformt. Somit wird ein zugbeanspruchter Stahlstab kurz vor seinem Zerreissen je nach Stahlart um bis zu 50 % seiner Ausgangslänge bleibend verlängert, während Beton unter Zugbeanspruchung bereits bei einer Verlängerung um circa 0,02 % seiner Ausgangslänge schlagartig bricht. Die Spannung, oberhalb der sich eine deutliche plastische Verformung eines Stahles einstellt, wird als Streckgrenze bezeichnet. Die äusserst günstigen Verformungseigenschaften von Stählen sind unter anderem die Voraussetzung dafür, dass ein Stabstahl im Gegensatz zu Beton schon bei Raumtemperatur bleibend in eine bestimmte Form gebogen werden kann. Das Ausmass der plastischen Verformbarkeit eines Stahles hängt jedoch entscheidend von seiner Zusammensetzung, insbesondere seinem Gehalt an Kohlenstoff und von seiner Vorbehandlung ab. Als Faustregel kann davon ausgegangen werden, dass die plastische Verformbarkeit eines Stahles mit steigender Zugfestigkeit und sinkender Temperatur abnimmt.

Die heute handelsüblichen Bewehrungsstähle sind schweissbar, was aber nicht grundsätzlich für die Bewehrung älterer Stahlbetonbauwerke

7 Betonrippenstähle

gilt. Hier muss bei Stählen unbekannter Herkunft die Schweisseignung überprüft werden.

Klassifizierung der Betonstähle

In Deutschland wurden Betonstähle vor dem Zweiten Weltkrieg nach der Werkstoffart klassifiziert, zum Beispiel «Handelsstahl und hochwertiger Betonstahl» mit Mindestanforderungen an die Zugfestigkeit. Zwischen den Jahren 1945 und 1972 erfolgte die Einteilung der Betonstähle, die fast ausschliesslich eine glatte Oberfläche aufwiesen, in die Klassen «Betonstahl I» bis «Betonstahl IV» mit steigenden Anforderungen an die Streckgrenze und an die Zugfestigkeit. In der 1972 grundlegend überarbeiteten deutschen Norm DIN 488 *Betonstahl* wurden vier Typen von Betonstabstählen mit Durchmessern zwischen 6 und 28 mm aufgeführt, die sich sowohl in der Oberflächengestaltung als auch in den Anforderungen an Streckgrenze und Zugfestigkeit unterschieden. Ferner sind in dieser Norm vier verschiedene Betonstahlmatten mit glatter, profilierter oder gerippter Oberfläche sowie Durchmessern von 4 bis 12 mm genannt. Eine Überarbeitung der Betonstahlnorm im Jahr 1984 führte zu einer deutlichen Reduzierung dieser Sortenvielfalt. Demnach stehen heute nur noch drei Sorten an Betonstählen zur Verfügung, nämlich zwei Sorten von Betonstabstählen mit Durchmessern von 6 bis 28 mm, die sich in der geforderten Zugfestigkeit und Streckgrenze unterscheiden, und eine Sorte mit Durchmessern zwischen 4 und 12 mm, aus denen Betonstahlmatten mit unterschiedlichen Abmessungen, Stababständen und so weiter hergestellt werden können. Für Instandsetzungsarbeiten ist wesentlich, dass die in den deutschen Betonstahlnormen seit 1972 aufgeführten Stähle heute von Fachleuten anhand der Oberflächengestaltung der Stäbe identifiziert werden können. Für Spannstähle gelten keine allgemein gültigen Normen oder Klassifizierungen. In Deutschland dürfen sie nur verwendet werden, wenn für sie eine bauaufsichtliche Zulassung vorliegt, die im Allgemeinen vom «Deutschen Institut für Bautechnik» erteilt wird.

Korrosionsschutz der Bewehrung in Stahlbetonkonstruktionen

Während Beton gegenüber den meisten atmosphärischen Einwirkungen ausreichend widerstandsfähig und damit dauerhaft ist, sind Beton- und Spannstähle unter atmosphärischen Einwirkungen in hohem Masse korrosionsempfindlich. Für den Stahlbetonbau erweist es sich als besonders vorteilhaft, dass Beton – wie bereits geschildert – alkalische Eigenschaften besitzt. Dadurch sind die im Beton eingebetteten Stähle durch eine Passivschicht, die sich auf der Stahloberflächen bildet, gegen Korrosion geschützt, solange die Eigenschaften des Betons nicht durch aggressive Substanzen verändert werden. Solche Substanzen sind neben Chloriden aus Tausalzen vor allem das Calciumdioxid aus der Luft, das den Beton durch die Karbonatisierung so verändert, dass seine Alkalität reduziert wird und der Korrosionsschutz der eingebetteten Bewehrung verloren gehen kann. Um derartige Veränderungen des Betons in der unmittelbaren Umgebung der

Bewehrung zu vermeiden, ist es notwendig, die Bewehrung mit einer ausreichend dicken, möglichst dichten, Betonschicht zu schützen. In den neuen Europäischen und nationalen Normen werden Mindestwerte für die Dicke der Betonüberdeckung in Abhängigkeit von den für das betrachtete Bauwerk zu erwartenden Umweltbedingungen, charakterisiert durch bestimmte Expositionsklassen, angegeben. Zum Beispiel wird in diesen Normen für Betonstahl in Aussenbauteilen, die einer direkten Beregnung ausgesetzt sind, eine Betonüberdeckung von 25 mm gefordert. Für Bauteile in Innenräumen mit normaler Luftfeuchte ist dagegen eine Überdeckung von 10 mm ausreichend, da ja hier die Korrosionsgefährdung eines Bewehrungsstahles wesentlich geringer als in Aussenbauteilen ist. Der Konstrukteur versucht natürlich die Betondeckung der Bewehrung so gering als möglich zu halten, weil die Tragfähigkeit biegebeanspruchter Stahlbetonbauteile von der Gesamthöhe des Biegegliedes abzüglich der Betonüberdeckung bestimmt wird. Bei vorgegebener Gesamthöhe eines Querschnitts nimmt das aufnehmbare Biegemoment daher mit zunehmender Dicke der Betondeckung ab.

So verwundert es nicht, dass in früheren Jahren – als bloss wenige Erfahrungswerte über das Langzeitverhalten von Stahlbetonbauten vorlagen – die Betondeckung wesentlich kleiner angesetzt wurde, als dies in den neuen Europäischen Normen der Fall ist. Als Folge davon zeigten beispielsweise die in Deutschland in den Jahren des Wiederaufbaus nach dem Zweiten Weltkrieg errichteten Bauwerke aus Stahlbeton schon nach ein paar Jahren erhebliche Schäden an den Betonsichtflächen, hervorgerufen durch die Korrosion der Bewehrungselemente, die durch eine nicht ausreichende Betonüberdeckung nur ungenügend geschützt waren. Charakteristisch für solche Schäden ist der Umstand, dass sich vorzugsweise an den aussen angeordneten Bügeln Korrosionseffekte abzeichnen. Die Bügel erhalten letztlich gegenüber der tragenden Längsbewehrung bei Balken und Stützen eine geringere Betonüberdeckung und sind daher oftmals unzureichend geschützt. Sie können dann die Ausssenzone eines Stahlbetonquerschnittes in jenen Bereichen so weit schwächen, dass dort zusätzlich Risse entstehen, welche die Korrosion der nicht mehr ausreichend geschützten Bügel fördern können.

Solche weltweit beobachteten Schäden, deren Beseitigung mit hohen Kosten verbunden war, lösten umfangreiche experimentelle und theoretische Untersuchungen über die Ursachen der Schäden, über deren Vermeidung aber auch über deren Beseitigung aus. Das Ergebnis ist das heute vorliegende internationale Normenwerk, das ausreichend sein sollte, in Zukunft die Dauerhaftigkeit von Stahlbetonkonstruktionen auch über lange Zeiträume zu sichern. Ausserdem wurden verschiedentlich auch Untersuchungen angestellt, den Korrosionsschutz in Beton eingebetteter Bewehrung über den Schutz hinaus zu erhöhen, den ein hochwertiger Beton liefern kann. Folgende Methoden fanden in der Vergangenheit wenigstens vereinzelt Anwendung: das Feuerverzinken von Stählen, die Beschichtung von Stählen mit Kunststoffen oder der Einsatz nichtrostender Stähle. Da solche Stähle in historischen Betonbauwerken kaum anzutreffen sind, wird auf deren Eigenschaften nicht näher eingegangen. Eine weitere Möglichkeit, die auch schon beim Bau von Stahlbetonkonstruktionen angewandt wurde, ist der kathodische Korrosionsschutz.[14]

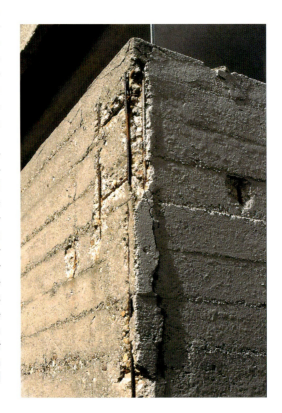

9 Schäden an einer Sichtbetonwand durch korrodierte Bewehrung infolge zu geringer Betondeckung und schlechter Betonqualität

1 Für die Zeit vor dem Zweiten Weltkrieg gehörte das Lehrbuch von Adolf Hummel, *Das Beton-ABC. Schwerbeton und Leichtbeton*, Berlin 1935, das bis 1959 in zwölf Auflagen erschien, zu den wichtigsten Nachschlagewerken für die mit Beton arbeitenden Fachleute; heute ist es der jährlich erscheinende *Beton-Kalender*. Eine ausführliche Darstellung der modernen Betontechnologie findet sich bei: Hans-Wolf Reinhardt und Hubert K. Hilsdorf, «Beton», in: *Beton-Kalender 2001*, Teil 1, Berlin 2001, S. 1–144; Peter Grübl u. a., *Beton: Arten, Herstellung und Eigenschaften,* Berlin (2)2001.

2 Für Einzelheiten zu Eigenschaften und Anwendungsbereichen von Betonzusatzmitteln siehe die Literatur in Anm. 1.

3 Siehe dazu die Literatur in Anm. 1 und den folgenden Beitrag «Schäden an Beton und Bewehrung» von Hubert K. Hilsdorf, S. 67–74.

4 *DIN V ENV 1992-1-1: Eurocode 2: Planung von Stahlbeton- und Spannbetontragwerken*, Teil 1: *Grundlagen und Anwendungsregeln für den Hochbau. Vornorm*, Berlin 1992; *DIN 1045 1045-1: Tragwerke aus Beton, Stahlbeton und Spannbeton*, Teil 1: *Bemessung und Konstruktion*, Berlin 2001.

5 *DIN 1045-2: Tragwerke aus Beton, Stahlbeton und Spannbeton*, Teil 2: *Beton – Festlegung, Eigenschaften, Herstellung und Konformität. Anwendungsregeln zur DIN EN 206-1*, Berlin 2001; *Erläuterungen zu den Normen DIN EN 206-1, DIN 1045-2, DIN 1045-3, DIN 1045-4 und DIN 4226*, Berlin 2001 (= Deutscher Ausschuss für Stahlbeton 526).

6 Siehe dazu auch den folgenden Beitrag «Schäden an Beton und Bewehrung» von Hubert K. Hilsdorf, S. 67–74.

7 Siehe dazu den Abschnitt «Sonderbetone» S. 59–61.

8 *DIN 4226: Gesteinskörnungen für Beton und Mörtel*, Teil 1 (2001), Teil 2 (2002), Teil 3 (2003); *DIN EN 12620: Gesteinskörnungen für Beton* (2003/04).

9 Helmut Weber und Heinz Hullmann, *Das Porenbeton Handbuch. Planen und Bauen mit System*, Wiesbaden/Berlin (4)1999.

10 *Leightweight Aggregate Concrete CEB/FIP Manual of Design and Technology*, Lancaster u. a. 1977.

11 *Hochfester Beton – Sachstandbericht*, 2 Teile, Teil 1: *Betontechnologie und Betoneigenschaften*, Teil 2: *Bemessung und Konstruktion*, hg. von Deutsches Institut für Normung und Deutscher Ausschuss für Stahlbeton, Berlin 1994 (= Deutscher Ausschuss für Stahlbeton 438).

12 Bernhard Maidl, *Stahlfaserbeton*, Berlin 1991.

13 Dieter Rußwurm und Horst Martin, *Betonstähle für den Stahlbetonbau, Eigenschaften und Verwendung*, Wiesbaden/Berlin 1993.

14 Zum kathodischen Korrosionsschutz siehe den Abschnitt «Elektrochemische Instandsetzungsverfahren» im Beitrag «Zwei Jahrzehnte denkmalgerechte Betoninstandsetzung» von Hartwig Schmidt, S. 99–120.

1 Korrosion der Bewehrung nahe der Betonoberfläche als häufigste Schadensursache an Sichtbetonflächen von Hochbauten

Hubert K. Hilsdorf

Schäden an Beton und Bewehrung

Schäden als Folge der Korrosion oberflächennaher Bewehrung

Die häufigsten und oft auch die gravierendsten Schäden, die insbesondere an Sichtbetonflächen von Hochbauten auftreten, sind auf die Korrosion der Bewehrung nahe der Betonoberfläche zurückzuführen. Sie können entstehen, wenn durch äussere Einwirkungen in Verbindung mit konstruktiven Fehlern der Korrosionsschutz eines Bewehrungsstahles durch den Beton unwirksam wird. Da die Korrosionsprodukte ein grösseres Volumen einnehmen als der Stahl, aus dem sie entstanden sind, entwickelt sich ein im Lauf der Zeit anwachsender Sprengdruck, der auf den umgebenden Beton einwirkt und vor allem bei grösseren Stabdurchmessern ein Abplatzen der Betonüberdeckung der Bewehrung zur Folge hat. Mit einem solchen Schaden ist in den meisten Fällen nur dann zu rechnen, wenn die Betonüberdeckung nicht ausreichend dick oder von ungenügender Qualität ist. Schäden dieser Art stellen sich in ihrem vollen Umfang häufig erst mehrere Jahre, unter Umständen auch erst Jahrzehnte nach der Errichtung des Bauwerkes ein; sie kündigen sich jedoch im Allgemeinen schon frühzeitig durch eine Reihe von typischen Schadensbildern an. So zeigt sich oft einige Zeit nach der Herstellung an der Oberfläche schemenhaft der Verlauf der Bewehrung im Inneren durch feine Risse. Die Betonüberdeckung kann sich aber auch ohne deutliche Rissbildung aufwölben. Vielfach treten Rostfahnen auf, oder in Fällen, bei denen die Betonüberdeckung nur wenige Millimeter betrug, wird die angerostete Bewehrung sichtbar, ohne dass der umgebende Beton Schaden genommen hat.

Der Korrosionsvorgang verläuft folgendermassen: Das im Beton enthaltene Porenwasser ist wegen der in ihm gelösten Alkalien und dem Calciumhydroxid, das bei der Hydratation des Zements entsteht, bei einem pH-Wert von mindestens 12,5 alkalisch. Unter diesen Bedingungen bildet sich auf der Oberfläche der Stähle eine korrosionsschützende Passivschicht. Nachdem der erhärtete Beton oberflächlich ausgetrocknet ist, kann in das Porensystem des Betons Kohlendioxid aus der Luft eindringen. Es reagiert mit den Alkalien des Zements und besonders mit dem Calciumhydroxid, wobei Calciumcarbonat entsteht. Man nennt diesen Vorgang «Karbonatisierung». Je nach Zementart führt dies eher zu einer Verfestigung und Verdichtung des Betons. Gleichzeitig sinkt aber der pH-Wert der Lösung im Beton auf Werte um 9 ab, so dass der Stahl «depassiviert» wird, das heisst, die Passivschicht auf den Stahloberflächen löst sich auf, und der Korrosionsschutz geht verloren. Die Geschwindigkeit der Karbonatisierung von Beton nimmt zwar im Lauf der Zeit ab, aber unter konstanten Umweltbedingungen setzt sie sich zumindest theoretisch so lange fort, bis der ganze Beton karbonatisiert ist. Die Grösse der Karbonatisierungsgeschwindigkeit zu einem bestimmten Zeitpunkt hängt entscheidend von den Eigenschaften des Betons und von den Umweltbedingungen ab. Ein dichter Beton, der nach den heutigen Regeln zusammengesetzt, hergestellt und nachbehandelt wurde, wird auch nach Jahrzehnten Karbonatisierungstiefen von nur wenigen Millimetern aufweisen. Entspricht dann die Dicke der Betonüberdeckung den heutigen Vorschriften, die für die Aussenbauteile eine Dicke von wenigstens 25 mm fordern, ist auch nach mehr als hundert Jahren noch mit keiner Korrosion der Bewehrung zu rechnen.

Der Einfluss der Umweltbedingungen auf die Karbonatisierungsgeschwindigkeit ist komplex. So kommt die Karbonatisierung zum Stillstand, sobald der Beton, zum Beispiel nach einer Schlagregeneinwirkung, einen sehr hohen

Feuchtegehalt aufweist, weil dann Kohlendioxid nicht mehr in den Beton eindringen kann. Sie schreitet jedoch weiter fort, sobald die Betonrandzonen während einer Trockenperiode wieder genügend ausgetrocknet sind. Insgesamt wird also die Karbonatisierungsgeschwindigkeit durch wechselnde Umwelt- und Feuchtebedingungen verlangsamt. Sie hängt daher auch von der Himmelsrichtung ab, nach der eine Sichtbetonfläche orientiert ist und kann bei wechselnden Umweltbedingungen sogar auf Dauer zum Stillstand kommen.[1]

Oberflächenschäden als Folge von Umwelteinflüssen

Im Freien sind Betonoberflächen einer Reihe von Umwelteinflüssen ausgesetzt, die zu einer Veränderung ihrer Struktur führen können. Zu solchen Umwelteinflüssen gehören Luftschadstoffe, im Besonderen aber wechselnde Temperaturen und Feuchtezustände, die im oberflächennahen Bereich des Betons Eigenspannungen und, infolgedessen, eine allmähliche Mikrorissbildung, eine Verwitterung und ein Absanden der Betonoberfläche auslösen. Solche Schäden treten vorwiegend dann auf, wenn eine Betonoberfläche nicht ausreichend nachbehandelt wurde. Auf horizontalen Verkehrsflächen ist darüber hinaus mit einem Verschleiss in Form von Materialabtrag zu rechnen.

Flächige Beläge auf Betonoberflächen können das Ergebnis einer Ablagerung von Fremdstoffen oder ganz allgemein einer Verschmutzung sein. Häufig entstehen sie auch als «Ausblühungen», wenn etwa in den Beton eindringende Feuchte Komponenten des Zementsteins oder Verunreinigungen der Betonzuschläge löst und an die Oberfläche transportiert. Ebenso können biologische Prozesse Ablagerungen oder Bewuchs auslösen. Besonders an feuchten, wenig sonnenbeschienenen Flächen sind Algenbildungen zu beobachten. Inwieweit solche Veränderungen von Oberflächen als Schäden, die behoben werden müssen, oder aber als Teil eines natürlichen Alterungsprozesses und somit als «Patina» betrachtet werden sollten, ist gerade bei historischen Betonbauwerken in jedem Einzelfall zu prüfen. Unter Umständen gefährden solche Veränderungen einer Oberfläche die Dauerhaftigkeit der Konstruktion und erfordern deswegen entsprechende Instandsetzungsmassnahmen.

Betonoberflächen können zudem durch eine Reihe von Mechanismen geschädigt werden, die auf chemische Reaktionen zwischen Komponenten des Betons und von aussen auf den Beton einwirkenden Substanzen, wie Säuren oder Salze, insbesondere Sulfate, zurückzuführen sind. Da sie meistens nur in speziellen Konstruktionen – beispielsweise Kläranlagen, Abwasserleitungen, Flüssigkeitsbehältern, Gründungen oder Bauwerken im Meerwasser – auftreten, werden sie hier nicht näher behandelt.[2]

Einwirkungen von Frost und Tausalzen

Ist das Porensystem des Zementsteins weitgehend wassergesättigt, kann Beton unter Frosteinwirkung geschädigt oder sogar zerstört werden, ähnlich wie eine wassergefüllte und verschlossene Flasche reisst, wenn das Wasser darin gefriert. Wird der Beton aber mit einem niedrigen Wasserzementwert und guter Nachbehandlung normengerecht hergestellt, so ist er auch gegen häufige Frost-Tau-Wechsel ausreichend widerstandsfähig. Darüber hinaus können durch spezielle betontechnologische Massnahmen Betone mit einem erhöhten Frostwiderstand hergestellt werden, zum Beispiel durch die Erzeugung eines Systems sehr feiner Luftporen im Zementstein mit Hilfe sogenannter Luftporenbildner als Betonzusatzmittel. In einem ungenügend zusammengesetzten und hergestellten Beton können häufige Frost-Tau-Wechsel entweder zu einem allmählichen Abtrag der Randzonen des Betons oder zu tief reichenden Rissen und einer völligen Zerrüttung des Betongefüges führen.

Eine besondere Gefahr bilden die in Tausalzen enthaltenen Chloride. Sie können nicht nur die Bewehrungsstähle schädigen, sondern sie verstärken auch die Wirkung von Frost-Tau-Wechseln auf Beton ganz erheblich. In diesem Fall ist die Verwendung von Luftporenbildnern. Andernfalls kann sich unter der Wirkung von Tausalzen eine weitgehende Zerstörung der Randzonen einer Betonoberfläche einstellen. Mit Schäden dieser Art ist im Allgemeinen jedoch nur an Verkehrsbauwerken zu rechnen; sie sind beispielsweise an Betonstrassen, Brücken oder Parkdecks vorzufinden.[3]

Alkali-Silika-Reaktion

In jüngerer Zeit sind in Mitteleuropa zum Teil erhebliche Schäden an Hoch- und Brückenbauwerken aus Beton und Stahlbeton aufgetreten, die auf die «Alkali-Silika-Reaktion» zurückzuführen sind. Ursache solcher Schäden sind alkaliempfindliche Bestandteile im Betonzuschlag. Dabei handelt es sich zumeist um Gesteine aus amorphen oder schwachkristallinen Silikaten, wie Opale und Chalcedon sowie einige Flinte und Grauwacken, die bei Vorhandensein ausreichender Feuchte mit den in den meisten Zementen enthaltenen Alkalien reagieren. Die dabei entstehenden Substanzen haben eine gallertartige Struktur. Bei ausreichendem Angebot an Wasser nehmen sie dieses begierig auf und vergrössern dabei ihr Volumen erheblich. Diese Treiberscheinung führt zu hohen inneren Spannungen im Betongefüge und zur Ausbildung von breiten Rissen. Bei vorgespannten Konstruktionen können die Risse in Richtung der Vorspannung orientiert sein. Schäden dieser Art sind teilweise erst Jahrzehnte nach der Errichtung eines Bauwerkes ersichtlich geworden.[4]

2 Flugzeughalle der Fliegerstation Berlin-Friedrichsfelde, 1917. Entwurf und Ausführung durch die Firma Gebrüder Rank, München. Zustand nach Teilzerstörung 1945

3 Anschluss der Kuppelschale über der Flugzeughalle an den Stahlbetonrahmen. Schäden durch rostende Bewehrungsstähle

Erhöhte Temperaturen und Brand

Stahlbetonkonstruktionen können erhöhten Temperaturen, insbesondere durch eine Brandeinwirkung, ausgesetzt sein. Solange die Temperatur, die auf den Beton einwirkt, circa 200 °C nicht überschreitet, ist mit keiner wesentlichen Schädigung des Betons zu rechnen. Selbst bei Temperaturen bis zu 300 °C sind die Schädigungen noch gering. Bei Temperaturen bis zu ungefähr 500 °C, wie sie schon während eines Schwelbrandes auftreten können, ist aber mit einem deutlichen Abfall der Druckfestigkeit des Betons auf Werte bis zu 60 % seiner Festigkeit bei Normaltemperatur zu rechnen. Die hohen Temperaturbeanspruchungen führen neben dem Abfall von Druck- und Zugfestigkeit sowie Elastizitätsmodul auch zu sehr hohen bleibenden Verformungen, einer umfangreichen Mikrorissbildung im Betongefüge, einem Abplatzen der Betondeckung der Bewehrung und als Folge des während eines Brandes auftretenden Zwanges einzelner Elemente der Konstruktion auch zu durchgehenden Trennrissen. Das Ausmass der Schädigung durch eine Brandbeanspruchung hängt neben der Höhe und Dauer der auf den Beton einwirkenden Temperatur natürlich auch wesentlich von der Betonzusammensetzung und besonders auch von der Art des verwendeten Betonzuschlags ab. Instandsetzungsmassnahmen einer durch Brand geschädigten historischen Stahlbetonkonstruktion bedürfen in jedem Fall der Mitwirkung eines Fachmannes auf dem Gebiet des Brandschutzes.

Risse und Fehlstellen im Beton

Wegen der geringen Zugfestigkeit von Beton sind in Stahlbetonkonstruktionen stets konstruktive Risse zu erwarten. Diese sind vor allem dann nicht als Schädigung zu betrachten, wenn sie von vorneherein geplant waren, also in Bereichen auftreten, in denen nach den Prinzipien des Stahlbetons die Zugspannungen von einer entsprechend angeordneten Stahlbewehrung aufgenommen werden sollen, und solange sie eine Breite von 0,3 mm nicht überschreiten. Bei breiteren Rissen, durch die Feuchte in den Beton eindringen kann, ist der Korrosionsschutz der Bewehrung nur noch mit Einschränkungen gewährleistet.

Nicht geplant hingegen sind «Trennrisse», die schon im jungen Beton entstehen und die bei Breiten bis zu mehreren Millimetern einen ganzen Querschnitt durchtrennen können. Die Ursachen solcher Trennrisse können sehr vielfältig sein. Dazu gehören unter anderem das «plastische Schwinden» als Folge eines Wasserverlustes im Beton während der ersten Stunden nach seiner Herstellung sowie die Behinderung von Temperaturverformungen, die aufgrund der Hydratationswärme während der ersten Tage nach der Herstellung eines Betons entstehen.

Breite Trennrisse können auch durch Bauwerkszwängungen hervorgerufen werden. Sie können auftreten, wenn beispielsweise zwei Wände, deren Belastung und Steifigkeit sehr unterschiedlich ist, miteinander starr verbunden sind. Die beiden Wände behindern sich gegenseitig in ihrer freien Verformung und schaffen sich Luft, so dass in der Verbindungsebene beider Wände ein meist breiter Riss entsteht. Dies ist jedoch durch die Anordnung einer Konstruktionsfuge zu vermeiden.

Neben Trennrissen treten ausserdem Oberflächenrisse auf, die eine Vielzahl von Ursachen haben. Häufig entstehen sie als Folge von Eigenspannungen, welche auf die Volumenabnahme des austrocknenden Betons, dem Schwinden, zurückzuführen sind. Auch plötzliche Temperaturänderungen können zu feinen Rissen führen; diese werden insbesondere nach einer Schlagregenbeanspruchung einer Betonoberfläche sichtbar. Inwieweit solche Risse die Dauerhaftigkeit einer Konstruktion beeinträchtigen, hängt in entscheidendem Masse von deren Ursachen ab, die daher stets zu klären sind.

Hohlraumreiche, kiesellastige Zonen mit wenig Feinanteilen in oberflächennahen Bereichen von Betonkonstruktionen, sogenannte Kiesnester, sind Herstellungsmängel. Sie entstehen an undichten Schalungen oder bei mangelhafter Verdichtung des Frischbetons. Soweit sie das Erscheinungsbild eines Sichtbetonelementes nicht entscheidend stören, sollte ihre spätere Beseitigung nur dann geschehen, wenn die Dauerhaftigkeit der Konstruktion gefährdet ist, zum Beispiel durch eine zu geringe Betonüberdeckung der Bewehrung.

Schäden an Beton- und Spannstählen

Betonstähle können durch Korrosion geschädigt werden, wenn die Alkalität des den Stahl umgebenden Betons durch dessen Karbonatisierung deutlich abgesenkt ist oder wenn stahlaggressive Stoffe, vor allem Chloride, im Beton bis zum Stahl vordringen. Die Karbonatisierung allein genügt jedoch noch nicht, eine Korrosion des Stahles in Gang zu setzen. Dazu sind zwei weitere Voraussetzungen erforderlich: Zum einen muss Sauerstoff aus der Luft in ausreichender Menge bis zum Stahl vordringen können, zum anderen muss der Feuchtegehalt des Betons genügend hoch sein. Die erste Bedingung ist, ausser bei ständig wassergesättigtem Beton, nahezu immer erfüllt. Um aber nennenswerte Korrosionsraten zu erreichen, ist im Beton über längere Zeiträume eine relative Luftfeuchte von 85 bis 90 % notwendig. Solche Feuchtegehalte werden nur dann erreicht, wenn eine Betonoberfläche wenigstens zeitweise der direkten Einwirkung von Wasser, beispielsweise Schlagregen oder Regenwasser aus undichten Fallrohren, ausgesetzt ist. Insgesamt folgt daraus, dass einerseits in sehr trockenem Beton wegen der fehlenden Feuchte und andererseits in sehr feuchtem Beton wegen des behinderten Sauerstoffzutritts nur mit geringen Korrosionsraten der Bewehrung zu rechnen ist. Diese Aspekte können bei der Planung von Instandsetzungsmassnahmen an historischen Betonbauwerken von beträchtlicher Bedeutung sein.

Der Korrosionsabtrag von Stählen in karbonatisiertem Beton ist in der Regel grossflächig und führt in fortgeschrittenem Stadium zu dem schon beschriebenen Abplatzen der Betonüberdeckung. Örtliche Korrosion kann sich im Bereich von zu breiten Rissen einstellen, an denen die Oberflächen der Rissflanken bis in tiefere Bereiche karbonatisiert sind.

Chloride können in eine Betonkonstruktion eindringen, wenn diese direkt mit Tausalzen, mit chloridhaltigem Spritzwasser oder mit Sprühnebel beaufschlagt wird. Brandgase oder Löschwasser können nach einem Brand durch feuergeschädigtes PVC ebenfalls chloridhaltig sein. Auch bei ausreichend hoher Alkalität des Betons können Chloride eine Korrosion des Bewehrungsstahles auslösen, da sie die schützende Passivschicht auf einer Stahloberfläche punktuell zerstören und so eine örtlich begrenzte Korrosion, den «Lochfrass», auslösen. Diese Korrosionsform ist besonders gefährlich, da sie von aussen häufig erst in fortgeschrittenem Stadium erkennbar ist und weil die örtliche Korrosion zur Ausbildung von Kerben führt, was gerade bei hochfesten Stählen zu einem Sprödbruch führen kann. Durch Chloride ausgelöste Schäden sind ausserordentlich schwierig in Stand zu setzen, zumal sie häufig das vollständige Entfernen des chloridhaltigen Betons erfordern.

Bei erhöhten Temperaturen wie sie beispielsweise während eines Brandes auftreten, nehmen

4 Zerstörung des Stahlbetons durch rostende Bewehrungsstähle

die Streckgrenze und die Zugfestigkeit von Betonstählen ab. Dieser Abfall ist aber bei Temperaturen bis zu circa 400 °C vernachlässigbar gering. Erst bei höheren Temperaturen kann sich, in Abhängigkeit von der Herstellungsart des Betonstahls, ein mehr oder weniger deutlicher Abfall von Streckgrenze, Zugfestigkeit und Elastizitätsmodul bei gleichzeitigem Anstieg der Bruchdehnung des Betonstahls einstellen. Auf die Notwendigkeit, bei der Instandsetzung brandgeschädigter Stahlbetonkonstruktionen einen Fachmann auf dem Gebiet des Brandschutzes heranzuziehen, wurde bereits hingewiesen.

Spannstähle sind meist «hochgezüchtete» Werkstoffe, die zur Erzielung der geforderten hohen Zugfestigkeiten mit energiereichen Verfahren hergestellt werden. Infolgedessen sind sie meist spröder und deutlich anfälliger für Korrosion als normale Betonstähle. Neben den schon bei Betonstählen beschriebenen Korrosionsvorgängen wurden an Spannstählen weitere Mechanismen beobachtet, zu denen hauptsächlich die «Spannungs-Riss-Korrosion» gehört. Da solche Vorgänge ohne Vorankündigung zu einem schlagartigen, örtlichen Sprödbruch führen, sind sie speziell gefährlich. Eine Instandsetzung ist in solchen Fällen nur durch den Ersatz der Spannglieder nach vollständigem Entfernen der Korrosionsursachen möglich.[5]

Schäden erkennen, beurteilen und dokumentieren

Zwingende Voraussetzung für die erfolgreiche und behutsame Instandsetzung eines Baudenkmals aus Beton oder Stahlbeton sind detaillierte Voruntersuchungen sowohl an den geschädigten als auch an den äusserlich noch ungeschädigten Bereichen des Bauwerks. Der erste Schritt ist in der Regel die Beschaffung von Planunterlagen, die Aufschluss über die Geschichte des Bauwerks, über seine Erstellung, die verwendeten Werkstoffe sowie über statisch-konstruktive Aspekte geben. Wesentlich für die Prognose der verbliebenen Nutzungsdauer sind zudem Angaben über die Nutzung und äussere Einwirkungen auf das Bauwerk im Lauf seiner Geschichte. Zu den Untersuchungen am Bauwerk gehört eine sorgfältige Bestandsdokumentation mit der Erfassung von:
– Art, Umfang und Lage der äusserlich erkennbaren Schäden
– Umfang und Lage der äusserlich schadensfreien Bereiche
– Korrosionszustand und verbliebener Korrosionsschutz der Bewehrung in geschädigten und ungeschädigten Bereichen
– Abwitterungszustand und besondere Strukturmerkmale der Betonoberflächen
– Eigenschaften, Struktur und Zusammensetzung des Betons
– Beanspruchung verschiedener Bereiche eines Bauwerks, zum Beispiel durch Schlagregen, Sonneneinstrahlung und durch sich daraus ergebende Unterschiede im Mikroklima.

Neben den visuellen Feststellungen der Schäden am Bauwerk sind weitere experimentelle Untersuchungen erforderlich, in erster Linie:
– die Messung von Betondeckung und Durchmesser der Betonstähle
– die Überprüfung von Art und Umfang einer Korrosion der Betonstähle
– die Feststellung der Lage der Karbonatisierungsfront des Betons, die sogenannte Karbonatisierungstiefe
– je nach Schadensart chemische, physikalische oder mineralogische Untersuchungen des Betons, so beispielsweise die Ermittlung des Chloridgehalts oder anderer Schadstoffe, der Festigkeits- und Verformungseigenschaften oder der Feinstruktur des Betons und
– die Erfassung der Lage, Breite und Tiefe von Rissen im Beton.

1 Jochen Stark und Bernd Wicht, *Dauerhaftigkeit von Beton. Der Baustoff als Werkstoff*, hg. von F. A. Finger-Institut für Baustoffkunde der Bauhaus-Universität Weimar, Basel u. a. 2001.

2 Siehe dazu insbesondere Karl Kordina und C. Meyer-Ottens unter Mitarbeit von E. Richter, *Beton Brandschutz Handbuch*, Düsseldorf 1999.

3 Siehe dazu Stark/Wicht 2001 (wie Anm. 1).

4 Siehe dazu Stark/Wicht 2001 (wie Anm. 1)

5 Dieter Rußwurm und Horst Martin Betonstähle für den Stahlbetonbau. Eigenschaften und Verwendung, Wiesbaden/Berlin 1993.

5 Zerstörung des Stahlbetons durch rostende Bewehrungsstähle

1 Ausstellungsstand der Firma Dyckerhoff & Widmann, Karlsruhe, auf der Gewerbeausstellung der Niederlande und der Niederländischen Kolonien in Arnheim 1879

Hartwig Schmidt

Betonwerkstein
Künstliche Steine aus Stampfbeton

Waren die mit Maschendraht bewehrten Blumenkübel des Pariser Hofgärtners Joseph Monier, die er 1867 zum Patent anmeldete, und die kleinen Boote des südfranzösischen Landwirts Joseph-Louis Lambot (1848, Patent 1851) Vorstufen für die Entwicklung des Stahlbetonbaus, so sind die im Jahr 1840 im Ulmer Münster verlegten Fussbodenfliesen, die 1845 von Adolf Kroher in Staudach am Chiemsee hergestellten Betondachsteine und die im gleichen Jahr in Berlin von Carl Ludwig Schüttler gegossenen Treppenstufen aus Zement die Anfänge eines heute kaum noch bekannten Baumaterials: des Betonwerksteins oder, wie er früher genannt wurde, des «Zementkunststeins».[1] Den Höhepunkt erreichte die Verwendung dieses Materials in den letzten Jahrzehnten des 19. Jahrhunderts, im Historismus und Jugendstil, es wurde aber nach wie vor häufig in den 1920er und 1930er Jahren im Wohnungsbau verwendet.[2] Selbst in der Nachkriegszeit, in den 1950er Jahren, fand das Material für Fassadenfertigteile, als Marmorimitation für Fussbodenplatten und Treppenstufen noch vielfältige Anwendung.[3] Nicht nur wegen der geringen Kosten und den vielfachen Möglichkeiten farbiger Oberflächengestaltung, sondern auch als «Antimaterial» zu den in monumentaler Weise verwendeten Natursteinen in den 1930er Jahren war der Betonwerkstein so erfolgreich. Später, mit dem Wirtschaftswunder, verloren die Architekten das Interesse an diesem Material. Die Hochhäuser bekamen nach amerikanischem Vorbild Fassaden aus Stahl und Aluminium. Kräftige Fenster- und Türgewände galten, ebenso wie die elegant geschwungenen Wendeltreppen, als nicht mehr modern. Die Architekturmode war auf die rauen Sichtbetonfassaden ausgerichtet, den «béton brut» nach dem Vorbild der Bauten Le Corbusiers. In dieser Zeit begann zudem das Bauen mit grossformatigen Betonfertigteilen.

Die Vorteile einer billigen und einfachen Herstellung, der hohen Festigkeit, Feuersicherheit, Wetter- und Frostbeständigkeit liessen bereits im 19. Jahrhundert den Betonwerkstein zum Ersatz für den teuren Naturstein werden. Die grossen Vorzüge des neuen Materials und die Vervollkommnung seiner Herstellung führten dazu, dass es um die Jahrhundertwende wohl kaum ein Gebiet gab, in dem er nicht eingesetzt wurde. 'Künstlerische' Architekturteile wie Brunnenanlagen, Denkmäler, Ornamente und Figuren wurden aus Betonwerkstein hergestellt, aber auch Mauerziegel, Fussbodenfliesen, Gehwegplatten, Treppenstufen, Zaunpfosten, Dachsteine, Abwasserrohre und vieles andere mehr.

Die technische Entwicklung des Betonwerksteins ging einher mit der Einführung des Portlandzements, der den Romanzement ersetzte.[4] Die ersten Dachsteine und Fliesen wurden in Süddeutschland noch aus heimischem Romanzement hergestellt, da Portlandzement aus England importiert werden musste und sehr teuer war. Doch nachdem 1855 bei Stettin das erste deutsche Portlandzementwerk entstanden und 1869 die genaue Zusammensetzung des Portlandzements bekannt geworden war,[5] wurde ab den 1860er Jahren eine grosse Anzahl Zementwerke neu gegründet. 1877 zählte man in Deutschland bereits deren dreissig, die die Zementkunststeinhersteller mit ihren Produkten belieferten. Doch in vielen Fällen stellten die Zementhersteller selbst «Cementwaren» her. Zu den bekanntesten Firmen, die sich mit deren Produktion beschäftigten, zählten:
– Cementwarenfabrik Dyckerhoff & Widmann, Karlsruhe und Biebrich[6] (heute Wiesbaden-Biebrich)
– Gesellschaft für Cement-Stein-Fabrikation Hüser & Co., Oberkassel bei Bonn
– Wayss & Freytag AG, Neustadt an der Haardt
– Kunststein und Betonwerk Gebrüder Leube, Ulm

- Cementwerke Eduard Schwenk, Ulm
- Brenzinger & Cie, Freiburg im Breisgau
- Leipziger Cementwarenfabrik J. C. Weber & Co., Leipzig
- Gebrüder Rank, München
- B. Liebold & Co., Holzminden an der Weser.

Einzelne dieser Firmen entwickelten sich zu grossen Bauunternehmen und existieren teilweise heute noch. Begonnen haben sie in den 1860er und 1870er Jahren fast alle mit der Herstellung von «Cementwaren» und Stampfbeton.

Im Jahr 1913, auf dem Höhepunkt der Betonwerksteinverwendung, schrieb Wilhelm Petry, Direktor des Deutschen Beton-Vereins: «Richtig hergestellter Betonwerkstein kann heute als ein vollkommenes Baumaterial angesehen werden. Die heutigen Erzeugnisse sind ebenso fest, ebenso schön, billiger, feuersicherer und wetterbeständiger, also widerstandsfähiger, dauerhafter und damit wirtschaftlicher als die gleichen Zwecken dienenden Natursteine. Im Laufe der Zeit und nach mannigfaltigen, mühseligen und kostspieligen Versuchen ist es gelungen, Betonwerksteine herzustellen, die bezüglich Farbe und Bearbeitung selbst Sachverständige und Kenner von Naturstein nur außerordentlich schwer unterscheiden können; der Laie aber ist hierzu schlechterdings nicht imstande. Wenn also die Abneigung gegen die 'Zementkunststeine' damit begründet wird, daß man ihnen nachsagt, sie kämen hinsichtlich ihres Aussehens und ihrer Schönheit doch nicht den natürlichen Steinen gleich, so muss dieser Beweggrund heute als ein überwundener Standpunkt bezeichnet werden.»[7]

Heute, fast ein Jahrhundert später, existiert weiterhin der Standpunkt, dass Betonwerkstein nur ein billiges Ersatzmaterial für Naturstein sei. Auch die Änderung der Bezeichnung von «Zementkunststein» zu «Betonwerkstein», die dem Begriff «Naturwerkstein» nachempfunden ist, hat kaum eine Wandlung dieser Vorstellung bewirken können. Betonwerkstein wird immer noch als Surrogatmaterial angesehen, als künstliches Material gegenüber den natürlichen und damit scheinbar wertvolleren Materialien wie Naturstein oder Baukeramik. Dass dieses Vorurteil absatzschmälernd wirken kann, mussten in den letzten Jahrzehnten die Hersteller von Betondachziegeln schmerzlich erleben. Konnten sie in der Nachkriegszeit einen unge-

2 Titelblatt der Festschrift zum 50-jährigen Jubiläum der «Cementwerke der Firma E. Schwenk in Ulm» mit der Darstellung der einzelnen Produktionsstandorte

3 Wilhelm Petry, *Betonwerkstein und künstlerische Behandlung des Betons. Entwicklung von den ersten Anfängen der deutschen Kunststein-Industrie bis zur werksteinmäßigen Bearbeitung des Betons*, hg. i. A. des Deutschen Beton-Vereins, München 1913.

wöhnlichen Produktionszuwachs verzeichnen, so gelang es der Tonziegelindustrie in den letzten Jahrzehnten, sie weitgehend vom Markt der Stadtsanierung und Altbauerhaltung zu verdrängen – und dies hauptsächlich mit Hilfe von Ortssatzungen, die «historische» Dachdeckungsmaterialien forderten. Selbst die Anpassung der Formen und Farben der Betondachsteine an historische Ziegelformen hat wenig dazu beitragen können, dem Material mehr Anerkennung zu verschaffen.

Vom Romanzement zum Portlandzement

Die frühesten deutschen Kunststeinprodukte waren aus «Romanzement» hergestellt, einem nicht bis zur Sinterung gebrannten Kalkmergel, der zu einem schnell abbindenden, hochhydraulischen Bindemittel verarbeitet werden konnte, und wegen seiner zementähnlichen Eigenschaften fälschlicherweise als Roman*zement* bezeichnet wurde. Bereits 1829 hatte Johann Nepomuk Fuchs (1774–1856), Professor für Chemie und Mineralogie in München, darauf hingewiesen, dass sich die oberbayerischen Kalkmergel des Voralpengebiets mit einem Tongehalt von circa 30 % sehr gut für die Herstellung des in England erfundenen Romanzements (James Parkers «Roman cement») eignen würden.[8] Hatte man früher nur möglichst reine Kalksteine gebrannt und tonigen Mergel aus-

gesondert, so wurde fortan letzterer dazu benutzt, um daraus «Cement» herzustellen. Er wurde auch weiterhin in Kalköfen (Schachtöfen) gebrannt, jedoch anschliessend fein gemahlen und wasserdicht in Holzfässern verpackt verschickt. Bereits 1835 entstanden in der Nähe von München mehrere Zementbrennereien, für die sich aber erst in den 1860er Jahren, infolge des Eisenbahnbaus, grössere Absatzmöglichkeiten ergaben.

Ein weiteres Zentrum der Romanzementproduktion war der Donauraum um Ulm. Die Versuche, aus dem Kalkmergel des Blautals nach englischem Vorbild ein hydraulisches Bindemittel herzustellen, begannen schon 1834. Um 1838 eröffneten die Gebrüder Leube aus Ulm in Ehrenstein das erste Romanzementwerk, 1847 begann Eduard Schwenk zunächst in Söflingen Zement zu produzieren. Die grössten Abnehmer für dieses Material waren zu dieser Zeit die Baustellen der 1842 begonnenen und 1859 fertiggestellten Bundesfestung Ulm und der Eisenbahnbau, bei dem das Material für den Tunnel- und Brückenbau eingesetzt wurde.[9]

Bis in die Mitte des 19. Jahrhunderts beherrschten die aus England importierten Portlandzemente den deutschen Markt. Sie wurden von London aus in hölzernen Fässern auf Segelschiffen nach Hamburg gebracht und von dort weitertransportiert. Der Verkauf erfolgte durch Baustoffhändler, die von den englischen Lieferfirmen eine Lizenz dafür erhalten hatten. So hatte das Kölner Handelshaus S. Simonis die Alleinvertretung der Zemente der Firma Aspdin & Goodwin für die preussischen Provinzen Rheinland und Westfalen, für das Herzogtum Nassau, die Grossherzogtümer Hessen-Darmstadt und Baden, ferner für Rheinbayern (heute die linksrheinische Pfalz) und das Gebiet um Frankfurt am Main.

1855 eröffnete Hermann Bleibtreu (1824–1881) die erste deutsche Portlandzementfabrik in Züllchow bei Stettin, kehrte aber nach Bonn zurück, wo er 1856 in Oberkassel mit der Herstellung von Portlandzement begann. Neben dem Oberkasseler Zementwerk gründete Hartwig Hüser (1834–1899) die Gesellschaft für Cement-Stein-Fabrikation Hüser & Co., die ausser architektonischen Dekorationselementen auch ganz triviale Bauteile wie Kanalisationsrohre herstellte,[10] denn zusätzlich zu den 'künstlerischen' Arbeiten bestand im Allgemeinen die Masse der hergestellten Produkte überwiegend aus einfachen Betonwaren. Mauersteine, Zementdielen, Betonröhren in verschiedenen Grössen für die beginnende Kanalisation der Städte, Gehweg- und Fussbodenplatten, Dachpfannen, Treppenstufen, Futtertröge, Brunnentröge, Badewannen und andere Behälter wurden aus dem stabilen und billigen Material angefertigt. Die zeitgenössischen Kataloge geben einen Überblick über das vielfältige Angebot und enthalten die Preise pro Stück, Meter oder Kilo.[11]

Ausstellungen

Das 19. Jahrhundert hat die Weltausstellung erfunden und alles, was gut und teuer war, wurde auf den grossen Industrie-, Gewerbe- und Kunstausstellungen vorgeführt. Hier waren selbstverständlich auch die Kunststeinhersteller mit ihren Produkten vertreten. So waren beispielsweise am Stand der Karlsruher Firma Dyckerhoff & Widmann auf der Weltausstellung 1873 in Wien neben den 'künstlerischen' Architekturdekorationen auch die alltäglichen Kanalisationsröhren ausgestellt – Kunst und Alltag lagen eng beieinander.

Auf der Gewerbe- und Kunstausstellung von 1880 in Düsseldorf errichteten Dyckerhoff & Widmann eine viel bewunderte Stampfbetonbrücke mit einem Tempelchen obenauf, reich dekoriert, wie es der Zeitgeschmack verlangte. Die Firma Hüser & Co. aus Oberkassel hatte unweit davon ein Tempelchen in Renaissanceformen errichtet, das mit Betondachsteinen eingedeckt war. Das Innere des Bauwerks diente der Präsentation verschiedenfarbiger Fussbodenplatten, vor dem Gebäude lagen Röhren, Abwasserrinnen und Betonbausteine.

Zur Weltausstellung in Chicago im Jahr 1893 fertigte die Freiburger Firma Brenzinger & Cie für die Heidelberger Portland-Cement-Werke ein besonders dekoratives Ausstellungsobjekt an, einen architektonischen Aufbau mit Karyatiden und reichhaltigem Figurenschmuck. Die helle Farbe hatte man mit einem Vorsatzbeton aus Kalksteinsplitt erzielt, der nach der Erhärtung mit Salzsäure abgewaschen worden war.

Ein besonderer Höhepunkt war die Industrie- und Gewerbeausstellung für Rheinland und Westfalen in Düsseldorf 1902, die der Zurschaustellung der Leistungsfähigkeit der Zementindustrie, der Betonbaufirmen und der Kunststeinhersteller diente. Zwischen zwei hohen Säulen mit vergoldeten Figuren, flankiert von prächtigen Säulenhallen, war von der Ulmer Firma Eduard Schwenk eine kolossale Brunnenschale errichtet worden mit einer Figurengruppe, die den Kampf der Kentauren gegen die Seeschlangen darstellte. Die 7 m hohe Gruppe war als Gipsmodell vom Künstler im Atelier modelliert worden. Die einzelnen Teile wurden anschliessend an Ort und Stelle in einem hellgelben, sandsteinartigen Vorsatzbeton hergestellt, zusammengesetzt und steinmetzmässig überarbeitet.

4 Düsseldorfer Gewerbe- und Kunstausstellung 1880. Eine der ersten Stampfbetonbrücken in Deutschland, errichtet von der Firma Dyckerhoff & Widmann mit einer Spannweite von 12 m und einem viersäuligen Pavillon, bekrönt von einer Victoria

Grossplastiken aus Kunststein

Zu den frühen Grossplastiken aus Kunststein gehört ein Karlsruher Brunnen, der seit 1954 und für die Allgemeinheit unzugänglich im Garten des Bundesgerichtshofes steht. Brunnen und Plastik waren 1871/72 von der Karlsruher Zementwarenfabrik Dyckerhoff & Widmann hergestellt worden, um auf die hervorragenden Eigenschaften des neuen Materials hinzuweisen. Der Brunnen schmückte die Promenade im Karlsruher Stadtgarten und diente dort der Verschönerung des Sallenwäldchens. Dargestellt ist ein Thema der antiken Mythologie: eine junge Frau, die eine Muschel als Brunnenschale auf dem Kopf balanciert und auf einem Fabelwesen – halb Triton, halb Kentaur – reitet. Geht man auf die Suche nach dem Vorbild, das der für Dyckerhoff & Widmann tätige Künstler Friedrich Moest (1838–1923) benutzte, so findet man es in einem Fresko Raphaels in der Villa Farnesina in Rom mit dem Titel *Der Triumph der Galatea* (um 1515). Die Nereide Galatea entwindet sich den Zudringlichkeiten des Kyklopen Polyphemos und ist umgeben von ähnlichen Meergeschöpfen. Im Volksmund hiess der Brunnen

5 Ausstellungspavillon der Firma Brenzinger & Cie, Freiburg i. Br. auf der Oberbadischen Gewerbeausstellung in Freiburg 1887

6 Ausstellungsobjekt der Heidelberger Portland-Cement-Werke auf der Weltausstellung in Chicago 1893, angefertigt durch die Firma Brenzinger & Cie

7 Kentaurenbrunnen auf der Düsseldorfer Gewerbe- und Kunstausstellung 1902. Hergestellt aus Betonwerkstein von der Ulmer Firma E. Schwenk nach einem Entwurf von Prof. Karl Jansen, Düsseldorf

Die schöne Galatea und war eine der prachtvollsten Karlsruher Brunnenanlagen. Um die Kosten für die aufwendige Schalung niedrig zu halten und den Vorteil der beliebigen Reproduzierbarkeit auszunutzen, stellte die Firma mehrere identische Brunnen her. Sie präsentierte die Figurengruppe auf der Wiener Weltausstellung 1873 und der Internationalen Elektrotechnischen Ausstellung in Frankfurt am Main 1891. Im Jahr 1900 schenkte Eugen Dyckerhoff (1844–1924) seiner Heimatstadt Biebrich einen Galateabrunnen, der zuvor auf dem Biebricher Betriebsgelände stand. Heute findet man ihn – noch immer funktionstüchtig – in der Robert-Krekel-Anlage, Teil der ehemaligen Kaiserstraße, die 1900 als repräsentativer Boulevard angelegt wurde und vom Herzogsplatz zum Rhein führte.[12]

Die Bedeutung des Karlsruher Brunnens liegt darin, dass er in die Geschichte des Stahlbetonbaus eingegangen ist. Aufgrund der ständigen Durchfeuchtung durch das überlaufende Brunnenwasser zeigten sich bereits nach einiger Zeit Schäden. Die eingelegten Bewehrungseisen begannen zu rosten, es entstanden Risse. Eugen Dyckerhoff nahm diesen Befund zum Anlass, 1901 auf der 4. Hauptversammlung des Deutschen Beton-Vereins auf die Gefahr des Rostens der Eiseneinlagen im Beton hinzuweisen und vor der Verwendung von bewehrtem Beton zu warnen: «Auf etwas möchte ich noch aufmerksam machen: daß Zement mit Eisen, welche ja bei richtiger Verwendung und richtiger Konstruktion ungemein großen Vorteil bieten, doch eine Schattenseite hat: Das ist das Rosten des Eisens. Ich habe vielseitig die Beobachtung gemacht an unseren eigenen älteren Fabrikaten, Ornamenten u. dgl., die dünnwandig waren und reich verziert, bei welchen unser Formmeister dünne Eisenstäbe eingelegt hat, daß nach einer langen Reihe von Jahren das Rosten an vielen Stellen eingetreten ist, und es war dann immer nur eine Frage der Zeit, bis der Zementkörper dadurch zerstört wurde [...].»[13] Er berichtete dann von seiner Parisreise und dem Besuch bei Dubos, dem Nachfolger von Edmond Coignet, der ihm den Rat mit auf den Weg gegeben habe: «Wenn Sie ruhig schlafen wollen, lassen Sie das Eisen aus dem Zement heraus.» Dies wollten die Vertreter des Eisenbetonbaus, die Lizenznehmer Moniers, natürlich nicht hören und es gelang ihnen schliesslich, auch Eugen Dyckerhoff von den Vorteilen und der Unschädlichkeit des bewehrten Betons zu überzeugen.

Die Firma Dyckerhoff & Widmann stellte in erster Linie Bodenplatten, Dachpfannen, Treppenstufen und Rohre her, Futtertröge, Brunnentröge, Badewannen und andere Behälter für Flüssigkeiten, die sich durch ihre völlige Wasserdichtigkeit und porenfreie Oberfläche auszeichneten. Die «künstlerisch ausgeführten Artikel» – Architekturteile zur Dekoration der Hausfassaden – zählten zu den Sonderartikeln, für die nach dem Entwurf des Architekten oder eines Bildhauers extra Formen angefertigt wurden. Das besondere Verdienst Eugen Dyckerhoffs ist die Entwicklung des «Stampfbetons» mit geringem Wassergehalt, der im Gegensatz zu dem flüssigen Gussbeton eine

8 *Der Triumph der Galatea*. Brunnenanlage nach einem Entwurf des Bildhauers Friedrich Moest von der Firma Dyckerhoff & Widmann, Karlsruhe hergestellt und 1872 im dortigen Stadtgarten aufgestellt (jetzt im Garten des Bundesgerichtshofs). Foto um 1900

9 Die Kopie des Karlsruher Galatea-Brunnens. 1900 in der Robert-Krekel-Anlage in Wiesbaden-Biebrich aufgestellt als Geschenk Eugen Dyckerhoffs an seine Heimatstadt

erheblich bessere Qualität lieferte, die schliesslich dazu führte, dass sich aus dem Zementwarengeschäft ein Baugeschäft entwickelte, das überwiegend mit Stampfbeton arbeitete.[14]

Neben einem ausgewogenen Wasserzementwert war es hauptsächlich die Zusammensetzung der Zuschläge und deren innige Mischung mit dem Portlandzement, welche die Qualität der Kunststeinteile beeinflusste. Schon früh wurden deshalb Mischmaschinen entwickelt, bei denen die Menge des zugeführten Wassers an einem Wasserstandsanzeiger genau abgelesen werden konnte. War die Mischung genügend durchgearbeitet, wurde ein Teil des Bodens aufgeklappt und die fertige Betonmasse fiel in den darunterstehenden eisernen Mörtelkasten. Für die Herstellung kleinerer Betonmengen verwendete man Trommelmischer mit Handbetrieb, für grössere Mengen Mischmaschinen, die direkt von einer stationären Kraftmaschine (Dampfmaschine) oder über Transmissionsriemen angetrieben wurden.

Mauersteine, Dachsteine, Gehwegplatten

Neben den 'künstlerischen' Baugliedern, die besonders gern auf den Ausstellungen gezeigt wurden, waren es vorwiegend Massenprodukte für den Hausbau, die von den Kunststeinwerken hergestellt wurden: Mauersteine, Dachsteine und Fussbodenfliesen. Diese wurden fast ausschliesslich im Handbetrieb auf «Schlagtischen» hergestellt. Dabei wurde der erdfeuchte Zementmörtel von Hand in die Form eingebracht und gestampft, dann die senkrecht stehenden Steinhalter niedergeklappt, die verhinderten, dass die Ecken und Kanten der Steine beim Abziehen der Form beschädigt wurden. Die Oberfläche wurde mit dem Profileisen abgezogen und mit einem Farbsieb die trockene Farbmasse (mineralische Farbpigmente) aufgesiebt. Durch die Bewegung des Fusshebels wurden Form und Steine hochgehoben, mit dem Unterlagsblech abgenommen und zum Trocknen transportiert. Bei der Zementsteinmaschine der Firma Arena aus Radebeul wurde das Stampfen nicht mehr von Hand, sondern von der Maschine übernommen. Gestampft wurde zweimal, zuerst um die Masse zusammenzudrücken, ein zweites Mal nach weiterem Nachfüllen von Mörtelmasse oder eines besonderen Vorsatzmörtels, um eine glatte Oberfläche zu erzielen.

Ende des Jahrhunderts wurden Dachsteine in verschiedenen Farben und in fast allen Formen hergestellt – als rautenförmige flache Platten, Biberschwänze oder Falzziegel –, um sich den traditionellen Formen der gebrannten Tondachziegeln anzupassen. Doch von den Vertretern der Denkmalpflege und des Heimatschutzes wurden sie als minderwertiger «Ersatzbaustoff» aus ästhetischen Gründen abgelehnt und in einigen Gegenden sogar verboten.

10 Blick in eine Dachsteinfabrik. Die Schlagtische sind am Fenster aufgestellt, die fertigen Dachsteine werden auf sog. fliegenden Gerüsten abgelegt und zum Trocknen transportiert.

Zu den erfolgreichsten Massenprodukten aus Betonwerkstein gehörten die Fussbodenplatten – grau, farbig, mit und ohne Muster. Hergestellt wurden sie mit einfachen Kniehebelpressen, die auch von Fabriken mit nur wenigen Arbeitern eingesetzt werden konnten. Von den gebrannten Tonfliesen, zum Beispiel den bekannten «Mettlacher Fliesen»[15], sind sie oft nur schwer zu unterscheiden, da sie ebenfalls eine glatte Oberfläche aufweisen. Zumeist erkennt man sie an ihren matten Farben, denn die Einfärbung des grauen Portlandzements war ein nicht leicht zu lösendes Problem. Nur wenige Erdfarben konnten zugesetzt werden und diese auch nur in geringen Mengen, um die Festigkeit und Dauerhaftigkeit der Platten nicht zu beeinträchtigen. Kräftigere Farben erzielte man mit Mineralfarben, hauptsächlich den chemisch hergestellten Eisenoxydfarben. Helle Farben wurden durch Zusatz von weissem Sand, Marmormehl oder Kalk erzeugt, später durch die Verwendung eines weissen Zements. Die bekanntesten Produktenamen auf dem Markt waren der «Sternzement» und die amerikanischen Marken «Atlas» und «Medusa».[16] Hingegen war Ultramarinblau (schwefelhaltiges Natrium-Aluminium-Silikat) eine Farbe, die sich zur Einfärbung von Zement besonders gut eignete und man kann, wenn man blaue Fussbodenplatten sieht, davon ausgehen, dass man es mit Zementfliesen zu tun hat. Die wichtigsten Farben für die Kunststeinindustrie waren Schwarz, Weiss, Rot, Blau, Gelb, Grün und Braun.

Treppenstufen aus Betonstein finden wir heute noch in vielen öffentlichen Gebäuden, denn sie galten im Gegensatz zu Naturstein als feuerbeständig. Wir finden sie aber auch in Privathäusern, denn sie waren billig, konnten bewehrt oder unbewehrt hergestellt werden, mit einfachen oder Naturstein imitierenden Oberflächen. Die gelungene Herstellung polierter Steinoberflächen macht es heute oft schwer, Kunststeinteile als solche zu erkennen. Erst bei genauem Hinsehen erkennt man die typische, terrazzoartige Oberfläche, die durch das Schleifen entstanden ist. Ein weiteres Indiz für Kunststein sind feine Haarrisse.

Herstellung

Während die Betonwaren hauptsächlich in eisernen Formen hergestellt wurden, um exakte Kanten sicherzustellen, wurden plastische Bauteile in Holz-, Gips- oder Leimformen eingestampft. Farbe und Aussehen erreichte man weniger durch den Zusatz von Farbpigmenten, als durch einen Vorsatzmörtel, bei dem der Sand aus dem zerkleinerten Material der Steinsorte bestand, die der Betonwerkstein imitieren sollte. Fast alle Natursteine – Sandstein, Kalkstein, Muschelkalk, Marmor, Basalt, Granit – konnten auf diese Weise mit Portlandzement zu Betonwerkstein verarbeitet werden. Der 2 bis 3 cm dicke Vorsatzbeton wurde entweder mit der Hand in die Form eingebracht und das Innere sogleich mit Grobbeton aufgefüllt oder es wurde ein dünnes Eisenblech als Trennung zwischen Vorsatzbeton und Kern eingebaut, das nach Einbringen des Betons herausgezogen wurde. Das Füllen der Form geschah in Lagen von 15 bis 20 cm. Verdichtet wurde der Beton mit hölzernen Stösseln, später mit Hilfe kleiner Pressluthämmer. Bereits nach kurzer Zeit konnten die Stücke ausgeschalt werden, wurden im Sandbett gelagert und als Nachbehandlung während der Abbindezeit von sieben bis zehn Tagen ausreichend feucht gehalten.

Für die weitere Oberflächenbehandlung standen unterschiedliche Verfahren zur Verfügung;

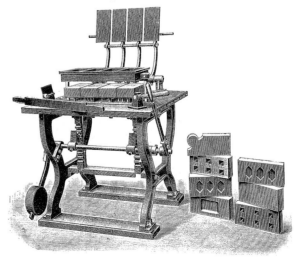

das einfachste Vorgehen war das Abwaschen oder Abbürsten des noch nicht ganz erhärteten Werkstücks, was eine granitähnliche, raue Oberfläche ergab. Einen ähnlichen Effekt konnte man durch eine Behandlung mit verdünnter Salzsäure erreichen, später benutzte man Sandstrahlgebläse. Waschbetonoberflächen wurden durch Abbürsten und Säubern mit dem Wasserstrahl noch im frischen Zustand erzeugt. Ein sehr schönes Beispiel hierfür sind die Oberflächen der aussen liegenden Binder der ehemaligen Garnisonskirche (heute Pauluskirche) in Ulm von Theodor Fischer, die in den Jahren 1908 bis 1910 errichtet wurde. Für Oberflächen, die steinmetzmässig bearbeiteten Natursteinen gleichen sollten, wurden die Stücke nach dem Abbinden vom Steinmetz mit dem Scharriereisen überarbeitet. Polierte Oberflächen wurden vorher mehrfach geschliffen und gespachtelt. Während das Schleifen in der Regel mittels Schleifmaschinen geschah, polierte man von Hand mit einem in Fluat getauchten Filzballen, auf dessen Reibfläche Zinnasche, feinste Bleispäne oder Schwefelblüte gestreut wurde.

Kopien und Abgüsse

In den 1880er Jahren begann unter den Denkmalpflegern eine heftige Diskussion um die Ursachen für die immer deutlicher werdende Zerstörung der Natursteine. Man erkannte, dass der Grund hierfür die schwefligen Abgase waren, die durch das Verbrennen von Steinkohle erzeugt wurden. Als Konservierungsmittel zur Festigung der Natursteine wurden Wasserglas und Fluate vorgeschlagen, mit denen jedoch kein dauerhafter Erfolg zu erzielen war. Heute wissen wir, dass sie nicht nur erfolglos waren, sondern langfristig zu erheblichen Schäden geführt haben.[17] Waren die Bauglieder aus Naturstein bereits dermassen stark zerstört, dass als einzige Möglichkeit nur noch die Herstellung einer Kopie blieb, so bot sich hierfür als Material neben Naturstein auch der Betonwerkstein an, hatte er sich doch als äusserst haltbares Material erwiesen. Ausserdem war er billiger als eine steinmetzmässige Kopie, doch waren nur wenige Dombauhütten bereit, diesen 'Ersatzbaustoff' zu verwenden, obwohl mit diesem ein massenhaftes Produzieren der immer gleichen Dekorationsteile in Gussformen möglich gewesen wäre.

Im Gegensatz zu dieser allgemeinen Ansicht verwendete die Regensburger Dombauhütte schon in den 1890er Jahren Betonwerksteine als Ersatz zerstörter Sandsteinquader des aufgehenden Mauerwerks, ebenso für die Instandsetzung der erst von 1859 bis 1869 errichteten Masswerke der beiden Domtürme, da der benutzte Grünsandstein bereits erhebliche Schäden aufwies. Auch bei der Instandsetzung des Konstanzer Münsters wurde Betonwerkstein verwendet, da der bisher benutzte Sandstein aus der Schweiz nach 1933 nicht mehr zur Verfügung stand. So wurde das schadhafte Masswerk des Turmes aus Schlaitdorfer Sandstein in den Jahren 1932 bis 1938 vollständig durch Betonwerksteinteile ersetzt. Erhalten blieben nur die originalen Turmrippen. Teile des Masswerks, schadhafte Stellen am Mauerwerk und Abplatzungen der Natursteinoberflächen wurden mit Zementmörtel ausgebessert. Bis heute haben sich die unbewehrten Kunststeinteile weitgehend schadlos erhalten. Nur die bewehrten Bauteile sind teilweise durch Rostsprengungen zerstört worden. Bei den Instandsetzungsmassnahmen des Turmhelmes in den Jahren 1997 bis 2000 wurden alle Kunststeinteile gegen Naturstein ausgewechselt.

Am Stuttgarter Schloss, damals noch Residenz des württembergischen Königs, wurden ab 1911 die verwitterten Sandsteinfiguren auf der Attika durch Abgüsse aus Betonwerkstein ersetzt, die von der bekannten Ulmer Firma Eduard Schwenk hergestellt wurden. Die Figuren wurden abgenommen und mit der Bahn in die Werkstatt nach Ulm gebracht. Dort wurden die fehlenden Teile mit Gips ergänzt und anschliessend abgeformt. Als Form benutzte man eine Leimform, stabilisiert durch einen Gipsmantel. Als Material für die Abgüsse wählte man Beton mit einem muschelkalkartigen Vorsatzmörtel. Füsse und Arme der Figuren wurden mit kräftigen Eisenstäben armiert und der Guss wurde nach dem Ausschalen vom Steinmetz überarbeitet.[18] Doch bereits nach zwanzig Jahren zeigten sich Risse, deren Ursache die rostenden Eiseneinlagen waren, die zu dicht an der Oberfläche lagen oder sich beim Stampfen bis dicht an die Oberfläche verschoben hatten.

Dass man Betonwerkstein Ende des 19. Jahrhunderts für die Instandsetzung gotischer Bauten einsetzte, war nicht ungewöhnlich, da das Material sich bislang als sehr haltbar erwiesen hatte. Eine ganze Kirche vollständig aus

11 Zementmauersteinmaschine «Arena» von der gleichnamigen Firma in Radebeul bei Dresden, um 1905

12 Zementmauersteinmaschine (sog. Schlagtisch) der Firma Tietze in Guben, Schlesien, um 1905

Beton und Betonwerksteinteilen zu errichten, war hingegen ungewöhnlich und hatte seinen Grund darin, dass der Architekt und Ingenieur Guillaume Ritter (1835–1912), der mit Bauten für die Wasserversorgung beschäftigt gewesen war, mit dem Beton gute Erfahrung gemacht hatte.[19] Er entwarf die katholische Gemeindekirche im reformierten Neuenburg in der Westschweiz in Formen der Neogotik und liess 1900 bis 1905 die einzelnen Werkstücke aus rot gefärbtem Betonstein herstellen.

Die nicht nur positiven Erfahrungen mit Betonwerksteinabgüssen waren der Anlass, auf dem «Tag für Denkmalpflege und Heimatschutz» von 1928 in Würzburg und Nürnberg über dieses Thema ausführlich zu diskutieren. Erfahrung und Vorurteil standen sich konträr gegenüber. Doch die zumeist konservativ eingestellten Denkmalpfleger waren von den Vorteilen des «Steingusses» nicht überzeugt, was besonders das Referat von Prof. Nida-Rümelin aus Nürnberg zeigt. Nachdem er allgemein über den Streitpunkt Abguss oder Kopie gesprochen hatte, äusserte er sich über die Qualität von «Kunststein» als Abgussmaterial wie folgt: «Der Kunststein ist ein unedles Material ohne schönheitlich wertvollen Strukturcharakter. Der Kunststein wirkt neben dem schönen, edlen Natursteinmaterial unserer wertvollen Baudenkmäler tot und stumpf. Er bildet keine edle Patina. Das Mechanische, Fabrikmäßige und Uniformierte des Kunststeins steht zu dem Lebendigen und Beseelten der handwerklichen Steinmetzarbeiten im unvereinbaren Gegensatz. Eine von tüchtigen geschulten Leuten nach sorgfältigem Studium der Vorbilder hergestellte Steinmetzarbeit ist dem mechanisch gestampften Kunststein durchaus vorzuziehen. Dies liegt auch im Interesse der gerade heute so notwendigen Pflege der Steinmetzkunst.»[20]

Die Frage, auf welche Weise stark beschädigte Steinskulpturen zu ersetzen sind, wird auch heute noch eifrig von Denkmalpflegern diskutiert: durch eine handwerkliche Kopie oder einen Abguss, aus Naturstein, aus Kunststein oder einem kunstharzgebundenen Material, als Rekonstruktion oder nach zeitgenössischem Entwurf. Dieses Problem wird die Denkmalpflege auch in Zukunft begleiten. Doch wie der Betondachstein hat auch der zementgebundene Kunststein heutzutage seine Bedeutung in der Denkmalpflege als Ersatzmaterial und in der Architektur als Baumaterial vollständig verloren.

13 Austausch der Attikafiguren aus Sandstein gegen solche aus Betonstein auf dem Kgl. Residenzschloss in Stuttgart durch die Firma E. Schwenk, 1906–1912. Zustand vor der Instandsetzung

14 Ergänzung der fehlenden Teile der nach Ulm transportierten, 3 m hohen Figuren mit Gips. Über die ergänzten Figuren wurde die Form gebaut, die aus einer Leimform mit einem Gipsmantel bestand.

15 Die Figuren wurden in Stampfbeton hergestellt mit einer genau eingepassten Eiseneinlage. Nach Erhärtung wurde die Form gelöst, entfernt und die Figur durch einen Bildhauer nachbearbeitet.

16 Die fertige Betonsteinfigur. Im Hintergrund die originale Sandsteinfigur

1 Der im 19. Jahrhundert übliche Begriff «Kunststein» oder «Zementkunststein» wurde um die Jahrhundertwende durch den Begriff «Betonwerkstein» ersetzt. Dieser unterschied «Betonstein» (Betonfertigteile ohne besonders bearbeitete Oberfläche), «Betonwerkstein» (Betonsteine mit einer geschliffenen, polierten oder steinmetzmässig bearbeiteten Oberfläche aus Vorsatzbeton), «Kunststein» (steinmetzmässig bearbeitete Betonsteine), «Terrazzo» (geschliffener, fugenloser Zementestrich mit Zuschlägen aus Naturstein) und «künstliche Steine» (Steinholz, Gipsstein, Kunstmarmor, Schwemmstein, Schlackenstein, Kalksandstein und Asbestzementschiefer).

2 Helmut Burchard, *Betonfertigteile im Wohnungsbau*, Berlin 1941.

3 Hellmuth Friesen, *Betonwerkstein als Werkstoff und Bauelement im neuzeitlichen Bauschaffen*, Mainz 1956.

4 Edmund Heusinger von Waldegg, *Die Kalkbrennerei und Cementfabrikation mit Anhang über die Fabrikation der Kalksandsteine*, Leipzig 1903, S. 123.

5 Wilhelm Michaëlis, *Die hydraulischen Mörtel, insbesondere der Portland-Cement, in chemisch-technischer Beziehung für Fabrikanten, Bautechniker, Ingenieure und Chemiker*, Leipzig 1869.

6 Wilhelm Gustav Dyckerhoff (1805–1894) gründete mit seinen Söhnen 1864 in Amöneburg bei Wiesbaden-Biebrich die «Portland-Cement-Fabrik Dyckerhoff und Söhne» und 1865 zusammen mit H. Lang in Karlsruhe die «Cementwarenfabrik Lang & Cie», aus der mit dem Eintritt von Gottlieb Widmann die Firma «Dyckerhoff & Widmann» wurde. Diese entwickelte sich seit den 1880er Jahren zu einem Baugeschäft mit dem Schwerpunkt auf Stampfbeton.

7 Wilhelm Petry, *Betonwerkstein und künstlerische Behandlung des Betons. Entwicklung von den ersten Anfängen der deutschen Kunststein-Industrie bis zur werksteinmäßigen Bearbeitung des Betons*, München 1913, S. 2.

8 Johann Nepomuk Fuchs, «Über die Eigenschaften, Bestandtheile und chemischen Verbindungen der hydraulischen Mörtel», in: *Dinglers Polytechnisches Journal* (1833), Nr. 49, S. 241ff.

9 Zur Geschichte der Zementwaren und Kunststeinindustrie: Günter Huberti (Hg.), *Vom Caementum zum Spannbeton. Beiträge zur Geschichte des Betons*, Bd. 1, Teil A: Gustav Haegermann, *Vom Caementum zum Zement*; ebd., Teil B: Günter Huberti, *Die erneuerte Bauweise*; ebd., Bd. 3: Adolf Leonhardt, *Von der Cementware zum konstruktiven Stahlbetonfertigteil*; Wiesbaden/Berlin 1964, Feodor Ast, *Der Beton und seine Anwendung*, Berlin 1907.

10 Petry 1913 (wie Anm. 7), Abb. 2–6.

11 Cement-Steinwerk E. Schwenk Ulm a. d. Donau. Hauptkatalog, Berlin 1906.

12 Heinz Schmitt (Hg.), *Denkmäler, Brunnen und Freiplastiken in Karlsruhe 1715–1945*, Karlsruhe 1987, S. 293–297.

13 Gert von Klass, *Weit spannt sich der Bogen. 1865–1965. Die Geschichte der Bauunternehmung Dyckerhoff & Widmann* Wiesbaden/Berlin 1965, S. 25. Günter Huberti, *Die erneuerte Bauweise*, in: Günter Huberti (Hg.) *Vom Caementum zum Spannbeton. Beiträge zur Geschichte des Betons*, Wiesbaden/Berlin 1964, Teil B, S. 69 (Auszug aus den Sitzungsberichten des Deutschen Beton-Vereins)

14 1882 erhielten Dyckerhoff & Widmann einen ersten Auftrag für eine Eisenbahnbrücke in Stampfbeton. Von 1904 bis 1906 erfolgte der Bau der Illerbrücken bei Kempten mit einer Spannweite von 64 m. Dirk Bühler, «Die Illerbrücken in Kempten: Beton in der Bautechnik um 1903», in: *Circa 1903, Artefakte in der Gründungsgeschichte des Deutschen Museums*, hg. von Deutsches Museum München, München 2003, S. 475–498.

15 Die Entwicklung von Zementfliesen als Ersatz für Tonfliesen spiegelt sich auch in der Entwicklung der Firma Dyckerhoff wider, die von 1835 bis 1850 in Mannheim Fliesen der Firma Villeroy & Boch aus Mettlach verkaufte und anschliessend in die Produktion von Zement und «Cementwaren» umstieg (siehe Anm. 6).

16 Weisszement ist ein eisenoxidarmer Portlandzement, der aus besonderen Rohstoffen und mit speziellen Verfahren hergestellt wird. Er ergibt einen hellen Beton, lässt sich gut einfärben und in der Oberfläche gut bearbeiten. Die bekannteste Marke heute ist «Dyckerhoff Weiss».

17 Anke Christ, «Der Einsatz von Wasserglas in der Konservierung von Wandmalereien. Untersuchungen an ausgesuchten Beispielen des Rheinlandes», in: *Zeitschrift für Kunsttechnologie und Konservierung* 8 (1994), S. 25–77.

18 Petry 1913 (wie Anm. 7), S. 157–164.

19 Martin Fröhlich, «Gotische Werkstücke aus Beton. Der Bauplatz der roten Kirche in Neuenburg: ein Fotoalbum», in: *archithese* 12 (1983), H. 4, S. 25–31.

20 Tag für Denkmalpflege und Heimatschutz, Würzburg und Nürnberg 1928, Tagungsbericht mit Sonderbeiträgen zur Heimat- und Kunstgeschichte Frankens, Berlin 1929, S. 119–157.

1 Gartenanlagen im «Rocaille»-Stil in Neustadt an der Weinstraße, Rittergartenstrasse 11, Rheinland-Pfalz. Ausgeführt durch die dort bis 1923 ansässige Betonbaufirma Wayss & Freytag AG, um 1885

Hartwig Schmidt

Die Illusion des Natürlichen
Felsengärten, Brücken und Astwerkgeländer aus Eisenbeton

In Neustadt an der Weinstraße[1] (Rheinland-Pfalz) – der Stadt, in der 1875 die Baufirma Freytag & Heidschuch (seit 1893 Wayss & Freytag) gegründet wurde und dort bis April 1923 ihren Firmensitz hatte – gibt es in einigen Privatgärten kleine Brücken mit Astwerkgeländern aus Stahlbeton. Bedauerlicherweise befinden sie sich in einem sehr schlechten baulichen Zustand und müssten möglichst bald instand gesetzt werden, um sie vor einem mittelfristigen Zusammenbruch zu retten. Weil diese kleinen Bauwerke nicht im öffentlichen Raum stehen und deshalb weitgehend unzugänglich sind, werden sie von der Allgemeinheit nicht wahrgenommen. Auch wenn sie aus diesem Grund kaum bekannt sind, stellen sie als die frühesten Betonbrücken in Deutschland wichtige Dokumente der Geschichte dieses Baumaterials dar, für deren Erhaltung erhebliche Anstrengungen – technischer wie finanzieller Art – zu rechtfertigen wären. Doch wie kamen diese skurrilen Bauten nach Neustadt?

Voraussetzungen

Die Erfindung des Zements Ende des 18. Jahrhunderts in England und seine qualitative Verbesserung bis zur Mitte des 19. Jahrhunderts – ob Romanzement oder Portlandzement – revolutionierte die Bautechnik. Dank diesem Bindemittel war es erstmals seit römischer Zeit wieder möglich, schnell und unter Wasser abbindende Mörtel von grosser Festigkeit herzustellen. Mit Hilfe eines Drahtgeflechts liessen sich darüber hinaus mit diesen Mörteln flächige Konstruktionen herstellen: zuerst dünnwandige Kübel, dann auch Schiffe, Wasserreservoirs, Fussböden und Decken und zum Schluss flache Brückenbogen mit immer grösseren Spannweiten. Der Franzose Joseph Monier (1823–1906) wird in Deutschland als Erfinder dieser Bautechnik angesehen; doch es war Joseph-Louis Lambot (1814–1887), ein Gutsbesitzer in Südfrankreich, der bereits 1855 ein Patent für diese Erfindung erwirkte und mit diesem Material, das er «ferciment» nannte, zwei Ruderboote für seinen Parkteich baute. Eines davon kann man heute noch im Heimatmuseum von Brignoles, einer Kleinstadt im französischen Departement Var, ungefähr 55 km östlich von Aix-en-Provence, bewundern. Da der Schiffsboden im Lauf der Zeit zerfiel, lassen sich deutlich die dickeren Trageisen und das damit verbundene dünne Eisengeflecht erkennen – so, wie es die Zeichnung des Lambot'schen Patentantrages zeigt. Die Dicke der Betonhaut beträgt nur wenige Zentimeter. Der Bordrand, der auch kräftige Stösse aushalten musste, besteht aus einem Winkeleisen. Auf der Pariser Weltausstellung im Jahr 1855 stellte Lambot eines seiner beiden Boote aus. Das andere versank allmählich im Parkteich seines Landgutes und wurde erst 1955 geborgen.[2]

Ob Joseph Monier die erste Pariser Weltausstellung besucht und das Boot Lambots aus «ferciment» gesehen hatte, ist nicht nachgewiesen. Ebenso wenig weiss man, ob er Zeichnungen und Text des Lambot'schen Patents kannte. Möglich wäre es, denn überraschend ist die Übereinstimmung der beiden Verfahren. So lautete die Patentschrift Lambots: «Meine Erfindung hat ein neues Erzeugnis zum Gegenstand, das dazu dient, das Holz im Schiffsbau und überall dort zu ersetzen, wo es feuchtigkeitsgefährdet ist, wie bei Holzfußböden, Wasserbehältern, Pflanzkübeln etc. Der neue Austauschstoff besteht aus einem metallischen Netz aus Drähten oder Stäben, die miteinander verbunden oder zu einem Geflecht beliebiger Art geformt sind.»[3]

Monier erhielt sein Patent erst zwölf Jahre später, am 16. Juli 1867, als die zweite Pariser Weltausstellung stattfand und das Betonboot Lambots bereits in Vergessenheit geraten war. Die Beschreibung für sein neues System zur Herstellung «beweglicher Kübel und Behälter aus Eisen und Zement für den Gartenbau» lautete: «Die Kübel und Behälter können von jeder Größe und Art sein, viereckig, rund, oval, etc., mit Öffnungen oder nicht; die Herstellungsweise ist stets die gleiche. Zu ihrer Herstellung bilde ich mittels runder oder eckiger Eisenstäbe und -drähte ein ihrer Form entsprechendes Gitterwerk (grillage) gemäß den Zeichnungen 1–3 und verstreiche es mit einem beliebigen Zement wie Portland, Vassy etc. in einer Dicke von 1–4 cm, je nach der Größe des betreffenden Gegenstandes.»[4] Einen Namen erhielt seine Erfindung nicht.

Joseph Monier

Joseph Monier wurde am 8. November 1823 in Saint-Quentin-la-Poterie, einem kleinen Dorf im südfranzösischen Departement Gard, etwa 25 km von Nîmes und unweit des Landgutes von Joseph-Louis Lambot, als sechstes Kind einer Landarbeiterfamilie geboren.[5] Er starb, völlig verarmt, 85jährig am 13. März 1906 in Paris. Als Jugendlicher arbeitete Joseph zusammen mit seinem Vater und seinen Brüdern auf den Gütern des Herzogs von Uzès; auf den Besuch einer Schule musste er verzichten. 1842 wurde der Herzog auf den geschickten Knaben aufmerksam und schickte ihn nach Paris, wo er als Gärtner im Park des fürstlichen Hôtels tätig war. Doch bereits nach vier Jahren quittierte Monier den Dienst und nahm eine Stelle als Gärtner in der Orangerie der Tuileriengärten an. 1849 verliess er auch diese Stelle und machte sich als *horticulteur paysagiste*, als Landschaftsgärtner, selbständig. Er beschäftigte sich fortan mit der Anlage von Gärten, die zu jener Zeit wildromantisch gestaltet wurden, mit Wasserfällen und kleinen Seen, künstlichen Felsen und aufgeschütteten Hügeln. Bei dieser Arbeit kam er mit hydraulischem Kalk und dem neu erfundenen Material Zement in Berührung, denn die künstlichen Felsen, Treppen, Geländer und kleinen Brücken wurden aus Mauerwerk und Zementmörtel gestaltet. Solche 'Felsengärten' aus der zweiten Hälfte des 19. Jahrhunderts findet man als Villengärten auch heute noch in Frankreich. Bei genauer Betrachtung der 'Felsen', dort, wo der Zementüberzug abgefallen ist, erkennt man deren Bautechnik. Der Grundaufbau war aus Mauerwerk, der Zementmörtel diente allein der Imitation der Felslandschaft.

Seit 1860 beschäftigte sich Monier mit der Herstellung von Pflanzkübeln aus Zementmörtel als Ersatz für die schnell verrottenden Holzkübel, in denen die in Mode gekommenen exotischen Pflanzen im Winter in die Orangerien gebracht werden mussten. Die lediglich aus Zementmörtel hergestellten Kübel wurden jedoch zu dick und schwer und waren kein geeigneter Ersatz für die hölzernen Pflanzkübel. Wann Monier die Idee hatte, zur Stabilisierung ein eisernes Netz in den Mörtel einzulegen, ist nicht bekannt. Ein leider

2 Ruderboot von Joseph-Louis Lambot, heute im Heimatmuseum von Brignoles, Var. Das 1855 erbaute Boot aus «ferciment» ist beschädigt und lässt die Bewehrung aus sich kreuzenden Rundeisen und Maschendraht deutlich erkennen.

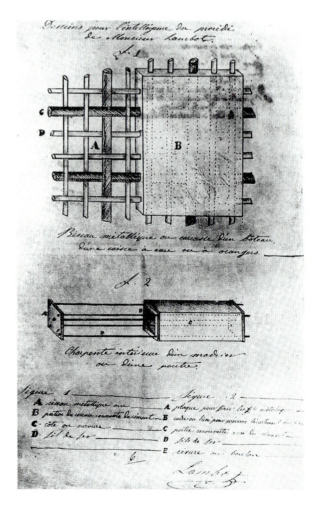

3 Joseph-Louis Lambots Patentschrift von 1855 für bewehrte Platten und Balken aus Beton

unscharfes Foto aus dem Jahr 1863 zeigt ihn als 40-jährigen Unternehmer mit der Maurerkelle in der Hand. Vor ihm stehen ein fertiger Kübel und daneben ein weiterer, der die Herstellungsmethode erkennen lässt.[6] Man erkennt das Drahtgeflecht und eine äussere Brettschalung und kann sich gut vorstellen, wie Monier den Zementmörtel mit der Kelle durch das Drahtgeflecht drückte und zum Schluss das Innere glatt strich. Die immer bessere Beherrschung dieser Technik ermöglichte es ihm im Lauf der Zeit, statt der bewehrten Blumenkübel auch grössere Behälter herzustellen.

Industrialisierung und Stadterweiterung, der Bau städtischer Gas- und Wasserwerke und die Erweiterung des Eisenbahnsystems verlangten grosse, stabile und haltbare Wasserbehälter, die Monier mit seinem Verfahren herstellen konnte. Hatten die ersten Wasserbehälter, die er 1868 bis 1870 in Fontenailles (Seine-et-Marne) errichtete, nur ein Fassungsvermögen von 25 m³, so waren die Reservoirs von 1872 für die *Compagnie des Eaux de la Ville de Paris* in Bougival mit 130 m³ und von 1869/70 in Fontenay-sous-Bois (Val-de-Marne) sowie am Bahnhof von Alençon (Orne) für die West-Eisenbahngesellschaft mit 200 m³ Fassungsvermögen schon bedeutende Bauwerke. Im Jahr 1880 errichtete er sogar zwei Behälter mit über 1000 m³ Fassungsvermögen für die Pariser Wasserwerke in Sèvres. Auf dem Foto in der «Monier-Broschüre»[7] sind der bereits fertige Behälter und daneben das Stahlgerippe für den zweiten Behälter abgebildet.

Moniers Patente

Doch mit dem Bau von Blumenkübeln, Felsengärten und Wasserbehältern gab sich Monier nicht zufrieden. Betrachtet man seine Patentanmeldungen, so hat man den Eindruck, dass er ständig Ausschau hielt nach neuen Anwendungsgebieten für seine Bauweise. So beantragte und erhielt er ein Jahr nach seinem ersten Patent von 1867 ein Zusatzpatent für bewehrte Röhren und ortsfeste Behälter, 1869 eines für die Herstellung ebener Platten, 1873 eines für den Bau von gewölbten Brücken, Stegen und Gewölben und 1875 eines für Treppen aus bewehrtem Zementmörtel. 1876 liess Monier seine Patente jedoch durch Nichtzahlung der Gebühren verfallen, um stattdessen 1877 einen neuen Patentantrag zu stellen, der sich zunächst nur auf Eisenbahnschwellen erstreckte.[8] Erst zwei Zusatzpatente von 1878 schlossen alle Formen der Umhüllung von Eisen mit Zementmörtel ein. Sie bildeten die Grundlage für das eigentliche «Monier-Patent» und die Verwertung der Monier'schen Erfindung auch ausserhalb von Frankreich, in Deutschland, Österreich, England und Belgien.

4 Hölzerner Pflanzkübel und dessen Transportwagen, um 1860

5 Joseph Monier neben einem seiner Pflanzkübel aus Beton, 1863. Das Foto zeigt deutlich die handwerkliche Herstellung des mit einem Gitternetz bewehrten und in einer Brettschalung hergestellten Gefässes.

Der Erfindungsgeist Moniers war damit nicht befriedigt. 1880 beantragte er wiederum zwei Zusatzpatente, welche die Verbesserung seiner Konstruktionen und neue Anwendungsgebiete (Pferdetränken, Futterkrippen) umfassten. 1881 reichte er ein weiteres Zusatzpatent für gerade oder gewölbte Fussböden zwischen eisernen Trägern ein, 1885 eines für Rohre aus Zement und Eisen und 1886 ein neues Patent für ein Konstruktionssystem für Wohnhäuser, die transportabel, hygienisch und ökonomisch sein sollten. Mit diesem System erbaute er 1887 in Nizza die von ihm als erdbebensicher deklarierten Häuser aus einer monolithischen Stahlbetonkonstruktion.[9] Das letzte Patent Moniers vom 24. April 1891 bezog sich auf Kabelkanäle für Telefonleitungen und elektrische Leitungen.[10]

Moniers Werke

Die Brücke im Park von Chazelet

Durch seine verschiedenen Baumassnahmen wurde Joseph Monier bekannt und erhielt Aufträge in ganz Frankreich. Von den einzelnen Arbeiten sind nur wenige bekannt, und es ist ungewiss, wie umfangreich der Bestand nach über 120 Jahren noch ist. Viele der technischen Bauten wurden entweder zerstört oder waren so unspektakulär, dass sie nicht Monier zugeschrieben wurden. Einzelne Bauwerke sind in der «Monier-Broschüre» abgebildet, darunter die Brücke über den Schlossgraben im Park von Chazelet, die er 1875 realisierte.[11]

6 Brücke im Schlosspark von Chazelet, Mittelfrankreich, 1875. Heute ist sie in der Mitte durch eine eiserne Hilfskonstruktion unterstützt. Im Hintergrund das Wasserschloss aus dem 15. Jahrhundert

7 Blick auf die leicht gewölbte Brückenplatte und die seitlichen Astwerkgeländer

8 Heutiger Zustand der Astwerkgeländer

Das Wasserschloss aus dem 15. Jahrhundert inmitten des Dörfchens Chazelet, bei Saint-Benoît-du-Sault an der Indre (Mittelfrankreich), war damals im Besitz des Pariser Bankiers Marquis Taupinart de Tilière, der neben der alten Steinbrücke zugleich mit der Neugestaltung der Gartenanlage einen zweiten Eingang in das Schloss wünschte. Hierfür musste der breite Schlossgraben auf der Westseite überbrückt werden. Der mit dem Umbau beschäftigte Architekt, Alfred Dauvergne, entwarf eine eiserne Brücke, die den Vorstellungen des Eigentümers nicht entsprach. Wünschenswert schien diesem ein 'natürlich' aussehender Holzsteg. Da aber die Dauerhaftigkeit einer Holzkonstruktion bekanntermassen nicht sehr gross ist, erhielt schliesslich Monier den Auftrag, die Brücke in Zement herzustellen. Er konstruierte einen 16,40 m langen und 4 m breiten, leicht gewölbten Bogen, bestehend aus einer circa 10 cm dicken Platte, die durch vier Unterzüge unterstützt wird – eine Plattenbalkenkonstruktion. Die beiden Aussenkanten, auf denen das Geländer steht, bilden einen 40 cm breiten und etwa 25 cm erhöhten Seitenstreifen. Da die äusseren Brückenträger nicht an der Brückenaussenkante liegen, sondern circa 30 cm nach innen verschoben sind, wirkt die Brücke leicht und grazil. Besonders auffällig ist das Geländer aus miteinander verflochtenen 'Ästen' aus bewehrtem Beton. Zur Stabilisierung ist es an mehreren Punkten zur Unterkante der Brückenträger hin abgestützt. Um den Anschein der 'Naturholzkonstruktion' zu wahren, schlängeln sich auch über die Oberfläche der Brückenträger 'Wurzelstränge' und vermitteln so den perfekten Eindruck einer rustikalen Holzkonstruktion. Wahrscheinlich war die neue Brücke holzfarben gestrichen und wirkte so für den Betrachter 'natürlich', wie man sich die Gartenbauten damals wünschte. Beliebt waren ausserdem Gartenmöbel in der Form geflochtener Äste, aber da diese aus Holz waren und später als geschmacklos empfunden wurden, haben sich nur wenige erhalten.[12] Nach wie vor vorhanden sind dagegen die Astwerkmöbel und Konstruktionen dieser Zeit aus Gusseisen, wie beispielsweise die Fussgängerbrücke aus der zweiten Hälfte des 19. Jahrhunderts im Park von Schloss Babelsberg bei Potsdam.

Betrachtet man Moniers Konstruktion genauer, so besteht die Brücke im Park von Chazelet aus vier parallelen Trägern mit einer darauf liegenden Fahrbahn und hätte auch aus Holz gebaut werden können – was deutlich macht, dass Monier eigentlich immer die Substitution von Holz im Sinn hatte. Seine Konstruktionsideen sind – bis zu seinem Lebensende – weit entfernt von einer statisch sinnvollen konstruktiven Zuordnung von Beton und Eisen. Vielmehr diente ihm das Eisen hauptsächlich zur Herstellung der äusseren Form und als Mörtelträger. Zement hält länger als Holz und fault nicht, doch auch Moniers Brückenträger aus Zement und Eisen waren langfristig nur bedingt tragfähig. Heute wird die Brücke durch eine eiserne Hilfskonstruktion unterstützt und das Geländer ist in einem Verfallszustand, der deutlich die Konstruktion aus gebündeltem Drähten als Bewehrung erkennen lässt.

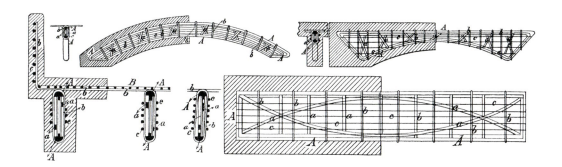

9 Die Wilhelmsbrücke im Park des Schlosses Babelsberg bei Potsdam. Erbaut an der Glienicker Lake während der Erweiterung von Schloss und Parkanlage 1850 durch Martin Gottgetreu. Die gusseisernen Astwerkgeländer wurden 1996/97 restauriert, die Brücke 1998 wieder aufgestellt.

10 Zeichnung aus dem Zusatzpatent Joseph Moniers von 1878. Links ein Querschnitt durch eine Brückenkonstruktion, die der Brücke im Park von Chazelet entspricht

Zwei Jahre vor dem Bau der Brücke im Park von Chazelet, am 13. August 1873, hatte Monier ein Zusatzpatent für die Konstruktion von Brücken und Fussgängerstegen erhalten, doch erst die Patentzeichnung des Zusatzpatents vom 14. August 1878, wiederum für Brückenträger und Fussgängerbrücken, zeigt eine Plattenbalkenkonstruktion wie jene in Chazelet. Es ist daher anzunehmen, dass Monier nicht nur die Brücke in Chazelet, sondern bereits vorher mehrere Brücken dieser Art gebaut hatte und dabei Erfahrungen sammelte, die die Anmeldung eines neuen Patents notwenig machten. Fritz von Emperger berichtete über vier von Monier erbaute Brücken, «die von den Garten-Architekten Noel und Feydeau herrühren».[13]

In Chazelet, an der Grenze des zum Schloss gehörenden Gutshofs, befindet sich noch ein zweites Werk Moniers: ein überdeckter Wasserbehälter von 50 m³ mit einem Durchmesser von 6,50 m, einer Höhe von 2 m und einer Wandstärke von nur wenigen Zentimetern. Der Behälter ist etwas in den Boden eingelassen und heute noch in gutem Zustand.

Das Wasserreservoir in Pontorson

Zugleich mit der Brücke in Chazelet baute Monier im Jahr 1875 im kleinen Städtchen Pontorson an der Küste der Normandie, nur 9 km vom Mont Saint-Michel entfernt, einige Wasserbehälter von jeweils 60 m³ für das dortige Hospital. Genau zwanzig Jahre später, 1895, errichtete er dort für Monsieur Pivert, Direktor einer Polderfirma, welche die weiten Wiesen an der Küste nutzte, einen eindrucksvollen Wasserturm zur Bewässerung des Gartens und zur Speisung einer Fontaine. Der Wasserturm liegt auf der Westseite der Pivert'schen Villa, dicht an der Grundstücksgrenze und nahe den Wirtschaftsgebäuden. Die obere Plattform, auf der der Behälter steht, ist von der Villa über einen Steg und eine Treppe zugänglich. Der Turm ist insgesamt circa 10 m hoch; oberhalb von 5 m befindet sich der runde Wasserbehälter, umschlossen von einer Galerie mit einem Geländer aus 'Astwerk'. Sechs Stützen in Form von Baumstämmen tragen den Behälter, die Äste stützen die Galerie. Der Behälter wird von einem pagodenförmigen Dach bekrönt, dessen hohe Wetterfahne leider nicht mehr vorhanden ist. Direkt unterhalb des Reservoirs befindet sich ein kleines Becken mit einem Springbrunnen.[14] Am Behälter selbst gibt es eine heute nicht mehr vollständig lesbare Inschrift aus angesetzten Buchstaben in Zementmörtel. Deutlich erkennbar ist nur noch «J. MONIER / CIMENTIER / ROCAILLEUR / 191 R». Das fehlende Ende ist nicht zu entziffern, doch handelt es sich wahrscheinlich um Moniers Pariser Adresse «R[UE DE LA POMPE / Paris]».

Monier, «Rocailleur en Ciment» für Parkanlagen

Der Begriff «Rocaille» hat im Französischen mehrere Bedeutungen: Er steht für Geröll, Steingarten, aber auch für Muschelwerk. Mit Rocaille bezeichnete man seit dem 16. Jahrhundert die Oberflächen der Grotten und Nymphäen von Schlossanlagen, die meist in bizarren Formen gestaltet und mit aussergewöhnlichen Steinen oder Muscheln ausgekleidet wurden. Teilweise mit kleinen Springbrunnen versehen, boten sie im Sommer durch das von den Wänden herabrieselnde Wasser Kühle und damit eine angenehme Umgebung für die höfische Gesellschaft. Von den muschelförmigen Ornamenten, die in den Jahren 1735 bis 1770 in Mode waren, leitet sich auch der Begriff «Rokoko» *(style rocaille)* ab.

Gärten, in denen 'natürliche' Felsen eine Rolle spielten, entstanden nach dem Ende der strengen französischen Parkanlagen der Zeit Ludwigs XIV. und der Übernahme des Ideals des malerischen englischen Landschaftsgartens Mitte des 18. Jahrhunderts. 1761 hatte Jean-

11 Wasserreservoir in Pontorson, Normandie, von Joseph Monier, 1895. Blick auf Garten, Nebengebäude, Wasserreservoir und die Villa Pivert

Jacques Rousseau den Roman *Julie oder Die neue Heloise* veröffentlicht, in dem die junge Protagonistin Julie als neues Gartenideal eine ständig sich verändernde Szenerie fordert, die unablässig für neue Gefühle sorgen soll. Die neuen Szenerien sollten beim Betrachter die Illusion des Natürlichen hervorrufen, weshalb nun Grotten, Kaskaden, sich schlängelnde Bäche, Teiche und Tempel zur Ausstattung der Gärten gehörten. Das eindrucksvollste Beispiel hierfür sind die Gärten des Petit Trianon in Versailles, die Marie-Antoinette von 1777 bis 1782 durch den Maler Hubert Robert, den Chefarchitekten des Königs Richard Mique und den Grafen de Caraman anlegen liess. Hier findet man zuerst die sich im See spiegelnden Felsen, Grotten, Kaskaden und die zierliche Tempel und Brücken mit den 'natürlichen' Geländern.[15]

Doch woher nahm Joseph Monier die Vorbilder für seine Rocaille-Arbeiten, für seine Felsengärten? Anzunehmen ist, dass ihn weniger die Rokoko-Gärten in Versailles dazu inspirierten als vielmehr die zeitgemässen Pariser Parkanlagen, die im Zuge der Haussmann'schen Umgestaltung der Stadt in den Jahren 1860 bis 1867 neu angelegt wurden: der Park des Buttes-Chaumont im Norden und der Park Montsouris im Süden der Stadt. Ursache für diese neuen öffentlichen Gartenräume war die Idee Napoleons III., die Stadt mit einem Netz von Grünflächen zu überziehen, wie er es im Londoner Exil kennen gelernt hatte. Federführend für dieses Projekt war der Ingenieur Jean-Charles Alphand (1817–1891), Stadtplaner und Gartengestalter.[16]

1860 war Belleville, einer der nordöstlichen Vororte von Paris, eingemeindet worden. Aus dem dortigen grossen Kalksteinbruch, der Paris über Jahrhunderte hinweg mit Bausteinen versorgt hatte, sollte ein Park entstehen. Alphand 'modellierte' durch den Einsatz von Dynamit aus dem grossen Loch ein aufregendes Relief, erweiterte die unterirdischen Grotten, führte ein Flüsschen durch das Gelände und legte einen See an, liess einen Wasserfall in eine hohe Grotte sprudeln und terrassierte das Gelände, das anschliessend dicht bepflanzt wurde. Der höchste Punkt wurde durch Aufmauern weiter erhöht und auf seiner Spitze ein kleiner Rundtempel in antiken Formen errichtet. Eine eiserne Hängebrücke führt die Besucher über den See, und eine Betonbrücke – in der Art, wie man sie von Chazelet kennt – führte auf halber Höhe des Berges zur anderen Seite des Kalkfelsens. Die Gestaltung des 1867 eröffneten Parks war charakteristisch für die Parkanlagen der damaligen Zeit und ist immer noch ein beliebtes Ausflugsziel der Pariser.

Freytag & Heidschuch, Neustadt an der Haardt

Nach dem Deutsch-Französischen Krieg in den Jahren 1870/71 und der Gründung des Deutschen Reiches hatte in Deutschland ein wirtschaftlicher Aufschwung eingesetzt, der sich auch im Baugewerbe bemerkbar machte. Dies war sicherlich mit der Anlass für die Gründung eines Geschäfts für Baustoffhandel und Betonarbeiten am 15. Juni 1875 durch Conrad Freytag (1846–1921) und dessen Schwager Carl Heidschuch in Neustadt an der Haardt in

12 Das Wasserreservoir ist in der Form einer Holzkonstruktion mit sechs Stützen und Astwerk-Geländer errichtet. Die Höhe beträgt ca. 10 m.

der damals bayerischen Pfalz. Der Geschäftsbereich der Firma Freytag & Heidschuch umfasste den Bau von Fundamenten, Behältern, Brunnen, Kelleranlagen, Kanalisationsleitungen und Decken aus Stampfbeton zwischen Eisenträgern. 1884 sah Conrad Freytag in Trier, wie von einem einheimischen Ingenieur neuartige Konstruktionen in bewehrtem Beton ausgeführt wurden, so ein Wasserbehälter und eine Geschossdecke, die im Auftrag Joseph Moniers zu Ausstellungszwecken hergestellt wurden, um dessen Bauweise in Deutschland bekannt zu machen. Freytag erkannte sofort die Bedeutung der neuen Technik. Drei Wochen später, im September 1884, reiste er mit seinem Freund Philipp Josseaux, dem Inhaber der Baufirma Martenstein & Josseaux in Offenbach bei Frankfurt am Main, nach Paris zum Erfinder und Patentinhaber Joseph Monier. Sie besichtigten einige ausgeführte Bauten und es kam zum Vertragsabschluss mit Monier über die Übernahme der Patentrechte für Deutschland. Vermutlich fuhren sie nicht nach Chazelet, um die Brücke zu besichtigen, doch besuchten sie sicherlich die Wasserbehälter in der Umgebung von Paris, sahen vielleicht auch einige Felsengärten Moniers und wahrscheinlich die neuen Pariser Parkanlagen mit ihren Brücken, Treppen und Geländern aus Beton im Astwerkstil. Die beiden deutschen Bauunternehmer waren begeistert von der sparsamen, aber tragfähigen Bauweise. Die Firma Freytag & Heidschuch erwarb das Patentrecht für Süddeutschland und ein Vorkaufsrecht für Norddeutschland, Martenstein & Josseaux für das Gebiet Frankfurt und 30 km im Umkreis.

Das erste Bauwerk, das in Neustadt nach dem neuen Verfahren entstand, war eine Hundehütte auf dem Werkhof der Firma Freytag & Heidschuch an der Talstrasse 11, dekoriert in Rocaille-Manier und mit dem Erbauungsdatum 1884 versehen. Dieses ungewöhnliche Beispiel der ersten Anwendung des Monierverfahrens in Deutschland befindet sich heute im Deutschen Museum in München.

13 Park des Buttes Chaumont in Paris. Der 1867 eröffnete Park mit seinen malerischen, pittoresken Elementen (Tempel, Grotte, Wasserfall) ist charakteristisch für die Parkanlagen Jean-Charles Alphands.

14 Astwerkgeländer im Park Montsouris in Paris, um 1860

Felsengärten in Neustadt an der Haardt

Aus den Anfangsjahren der Übernahme des Monierpatents haben sich in Neustadt noch drei Gartenanlagen im Rocaille-Stil mit Kaskaden, sich schlängelnden Bächen, Teichen und kleinen Brücken mit Geländern aus 'Astwerk' erhalten. Verloren gegangen ist die Brücke im kleinen Park hinter dem Neustädter Saalbau. Heute finden wir zwar noch das von 1871 bis 1873 in Neorenaissanceformen errichtete Gebäude, der Park hingegen musste einem Parkplatz weichen. Das ursprüngliche Aussehen der Anlage ist mit einem Foto dokumentiert, das in der Festschrift zum 50-jährigen Bestehen der Firma Wayss & Freytag abgebildet ist.[17]

Unweit vom Saalbau, zum Haardtrand hin, findet sich neben einer stattlichen Villa an der Rittergartenstrasse 11 ein etwas zugewachsener Felsengarten mit Kaskade, Bächlein und Teich. Der Weg durch den Garten führt über zwei kleine Brücken, wie wir sie schon aus dem Saalbaugarten kennen. Auch hier lassen die – nun zwischen Autos stehenden – exotischen Bäume vermuten, dass der kleine Garten einmal Teil einer grösseren Parkanlage war. Die im Jahr 1835 erstellte Villa wurde in der zweiten Hälfte des 19. Jahrhunderts umgebaut und erweitert. Aus dieser Zeit stammen wohl auch Park und Brücken.

Ganz im Westen der Stadt, auf der Nordseite des Speyerbachtals, an der Quellenstrasse 32, steht – noch in der ganzen Schönheit der alten, weiträumigen Parkanlage – die für den Papierfabrikanten Knöckel errichtete Villa aus dem Jahr 1889. Zum Park gehören auch ein kleiner Felsengarten, ein See und ein Bach, über den zwei kleine Monier-Brückchen führen.

Die dritte (bekannte) Monier-Brücke liegt etwas ausserhalb des Stadtzentrums von Neustadt, am Mandelring 35 im Ortsbezirk Haardt, in einem teilweise zugewachsenen Park. Teil dieser Anlage auf einer Anhöhe der Haardt ist die Ruine der Burg Winzingen, deren Anfänge in das 10. Jahrhundert zurückgehen. Die ältesten erhaltenen Bauten sind die Nikolauskapelle und Reste der Ringmauer aus dem 11. Jahrhundert. Diese Relikte einer fernen Vergangenheit waren es, die den Neustädter Kaufmann Schuster im Jahr 1804 dazu veranlassten, das Gelände zu einem romantischen Park umzugestalten und in der Ruine eine Kelterhalle anzulegen. 1875 erwarb der Kommerzienrat Dr. August Ritter von Klemm, einer der Mitbegründer der BASF, den Grundbesitz und liess sich 1876 in der Nähe der Ruine eine schlossartige Villa errichten. Der grossartige Bau, von dessen Terrasse man einen unvergleichlichen Blick über die Pfälzer Weinberge und weit in die Rheinebene hat, wird nach wie vor «Haardter Schloss» genannt. Im ausgedehnten Parkgelände findet sich ein wenig abseits ein Felsengarten mit Kaskade und Bachlauf. Doch sprudelt heute über die Kaskade kein Wasser

15 Foto mit der Unterschrift «Monierbrückchen und Teich im Saalbaugarten in Neustadt an der Haardt» aus der Jubiläumsschrift der Firma Wayss & Freytag AG von 1925. Gartenanlage und Brücke mit Astwerkgeländer, um 1885

16 Betonbrücken mit Astwerkgeländern in der Gartenanlage an der Rittergartenstrasse 11 in Neustadt an der Weinstraße, ausgeführt durch die Baufirma Wayss & Freytag AG, um 1885

mehr und die Brücke führt nur noch über einen ausgetrockneten Bachlauf. Oberhalb der Kaskade ist ein Sitzplatz angelegt, dessen Geländer in der gleichen Form wie die Brückengeländer gestaltet ist.

Alle diese Brücken ähneln sich in Konstruktion und Aussehen. Sie bestehen aus einer geraden (so beim Haardter Schloss) oder gebogenen, ungefähr 6 cm dicken Betonplatte mit einer Breite von 1,25 bis 1,50 m. Seitlich an die Platte sind halbe 'Baumstämme' angesetzt, in die im Abstand von circa 50 cm dünnere 'Äste' eingefügt sind; sie stützen das durchlaufende und an den Seiten überstehende Geländer. Zur Aussteifung der einzelnen Felder dienen gleichdicke Äste, die in der Form von Andreaskreuzen zusammengefügt sind. Dort, wo sie zerstört sind, erkennt man die bündelförmige Bewehrung aus Rundeisen. Charakteristisch ist die stark geriffelte Oberfläche der Äste, die raue Borke suggerieren soll, um die Illusion von der Natürlichkeit der Konstruktion aufrecht zu erhalten. Der Beton selbst ist nicht eingefärbt. Nur die Brückengeländer im Haardter Schlosspark haben zusätzlich einen wenige Millimeter dicken Überzug aus dunkelrotbraun eingefärbtem Zementmörtel erhalten.

Der Zustand der einzelnen Brücken ist mehr oder weniger schadhaft. Alle sind noch tragfähig, aber reparaturbedürftig. Den schlechtesten Erhaltungszustand zeigen die Brückengeländer im Park des Haardter Schlosses, da sie neben der Witterung zusätzlich dem Vandalismus ausgesetzt sind. Die Brücke ist derzeit mit einer Hilfskonstruktion vor Einsturz und weiterer Zerstörung gesichert. Anlass hierfür gab die Diplomarbeit von Christian Ackermann,[18] der die Brücke 2003 untersuchte, um Grundlagen für ihre Instandsetzung zu erarbeiten.[19]

Im letzten Jahrzehnt des 19. Jahrhunderts, mit dem Ende des Historismus, ging das Interesse an den skurrilen Felsengärten verloren. Nach englischem Vorbild wurden die neuen Gärten wieder streng regelmässig, formal und geometrisch angelegt.[20] Damit endete die Zeit der kleinen Gartenbrücken in Rocaille-Manier, die, wenn sie schadhaft wurden, sicherlich ohne grosse Bedenken abgebrochen wurden. Erhalten haben sich auch in Neustadt nur jene in den privaten Gärten – Zeugnisse eines vergangenen Gartenideals und Dokumente der Anfänge des Eisenbetonbaus.[21] Es wäre schade, wenn nicht alles unternommen würde, sie zu erhalten, nachdem sie 125 Jahre überdauert haben.

17 Eine Monier'sche Gartenanlage mit typischen Dekorationselementen. Rechts oben eine Brücke mit Astwerkgeländern

18 Gartenanlage in Nizza im Stil Joseph Moniers, Ende 19. Jahrhundert. Die Terrassenmauern sind aus Ziegelmauerwerk, die Oberflächen mit Zementmörtel «natürlich» gestaltet. Den Abschluss der Terrassen bildet ein Astwerkgeländer.

1 Die Stadt hiess zur Zeit Conrad Freytags «Neustadt an der Haardt», wurde 1936 nach der Anlage der «Deutschen Weinstraße» entlang des Pfälzer Waldes umbenannt in «Neustadt an der Weinstraße», hiess ab 1945 wieder «Neustadt an der Haardt» und heisst seit 1952 wieder «Neustadt an der Weinstraße».

2 Günter Huberti (Hg.), *Vom Caementum zum Spannbeton. Beiträge zur Geschichte des Betons*, Bd. 1, Teil B: ders., *Die erneuerte Bauweise*, Wiesbaden/Berlin 1964, hier S. 32–35.

3 Ebd., S. 32.

4 Ebd., S. 66.

5 Die bisher umfangreichste Arbeit über Joseph Monier ist diejenige von Jean-Louis Bosc u. a., *Joseph Monier et la naissance du ciment armé*, Paris 2001, der viele Hinweise auf Leben und Werk Moniers entnommen wurden. Darstellungen in älteren Literatur sind zu finden in: Fritz von Emperger, «Zur Geschichte des Verbundes von Beton und Eisen», in: *Beton und Eisen* 2 (1903), H. 1, S. 12–15; Max Foerster u. a., *Entwicklungsgeschichte und Theorie des Eisenbetons: Die Grundzüge der geschichtlichen Entwicklung des Eisenbetons. Theorie und Versuche*, Berlin (2)1912 (= Handbuch für Betonbau 1), S. 12–19; Huberti 1964 (wie Anm. 2), hier S. 64–71; Alfred Pauser, *Eisenbeton 1850–1950: Idee, Versuch, Bemessung, Realisierung. Unter Berücksichtigung des Hochbaus in Österreich*, Wien 1994.

6 Huberti 1964 (wie Anm. 2), S. 66, Abb. 179.

7 Gustav Adolf Wayss (Hg.), *Das System Monier (Eisengerippe mit Cementumhüllung) in seiner Anwendung auf das gesammte Bauwesen*, Berlin 1887, S. 124ff.

8 Fritz von Emperger vermutete, dass Monier damit eine Verlängerung der Laufzeit seiner Patente um weitere 15 Jahre erreichen wollte.

9 Bosc u. a. 2001 (wie Anm. 5), S. 120–126.

10 Eine Aufstellung der Monier'schen Patente findet sich ebd., S. 163.

11 Die Brücke in Chazelet, ebenso wie den Wasserbehälter in Pontorson, hat Klaus Stiglat, aus Karlsruhe, «wiederentdeckt» und bekannt gemacht und sie 1997 in seinem Reiseführer veröffentlicht: Klaus Stiglat, *Brücken am Weg: frühe Brücken aus Eisen und Beton in Deutschland und Frankreich*, Berlin 1997. Eine alte Abbildung der Brücke findet sich bei Wayss 1887 (wie Anm. 7), S. 128.

12 Graham Dry, «Astwerkmöbel gestern und heute aus Europa und Amerika», in: Peter Nickl (Hg.), *Bänke in Park und Garten*, Eurasburg 1998, S. 175–189.

13 Von Emperger 1903 (wie Anm. 5), S. 13.

14 Der Buchumschlag von Bosc u. a. 2001 (wie Anm. 5) zeigt den Wasserbehälter noch in seinem ursprünglichen Zustand mit Fontäne und Wetterfahne. Der bei Huberti 1964 (wie Anm. 2), S. 65, in Abb. 176 abgebildete Wasserbehälter in Nizza ist eindeutig derjenige in Pontorson. Alle Details stimmen, doch ist auf der Zeichnung der Springbrunnen vergessen worden.

15 Michel Saudan und Sylvia Saudan-Skira, *Zauber der Gartenwelt*, Köln 1997, S. 197–231.

16 Alphand liess seine Arbeiten in einem umfangreichen Werk mit vielen Zeichnungen drucken: Jean-Charles Alphand, *Les Promenades de Paris [...]*, Paris 1867–1873, Nachdr. Princeton 1984.

17 *Festschrift aus Anlaß des fünfzigjährigen Bestehens der Wayss & Freytag A. G. 1875–1925*, hg. von Wayss & Freytag A.G., Stuttgart 1925, S. 10.

18 Eingereicht an der Hochschule für Technik und Wirtschaft des Saarlandes, Fachbereich Bauingenieurwesen (Prof. Dr.-Ing. Günter Schmidt-Gönner).

19 Georg Peter Karn, «Prügel aus Beton. Die Monier-Brücke am Haardter Schloss in Neustadt an der Weinstraße», in: *Baudenkmäler in Rheinland-Pfalz 2004*, hg. von Landesamt für Denkmalpflege Rheinland-Pfalz, Abt. Bau- und Kunstdenkmäler sowie Burgen, Schlösser, Altertümer, Mainz 2005, S. 115f.

20 Hermann Muthesius, *Landhaus und Garten: Beispiele neuzeitlicher Landhäuser nebst Grundrissen, Innenräumen und Garten*, München 1907.

21 1894 erlosch das Monier-Patent in Deutschland. Der «Eisenbetonbau» hatte sich, hauptsächlich durch die Aktivitäten von Conrad Freytag und Gustav Adolf Wayss, in den Jahren nach der Übernahme des Patents weiterentwickelt und war auf dem Weg, den Ingenieurbau entscheidend umzugestalten. Die Firma Wayss & Freytag AG zog 1923 von Neustadt nach Frankfurt am Main. Im Neustadter Stadtarchiv befinden sich keine Unterlagen über die Monier-Brücken aus der Anfangsphase der Firma.

Für Hinweise auf diese Bauten danke ich Dr. Ulrich Kerkhoff und Dr. Georg Peter Karn vom Landesamt für Denkmalpflege in Mainz (heute Generaldirektion Kulturelles Erbe. Direktion Bau- und Kunstdenkmalpflege) und Rolf Schädler, Leiter des Neustadter Stadtarchivs. Dr. Michael Huyer hat mir grosszügig seine für die Denkmaltopographie Neustadt an der Weinstraße erarbeiteten Daten zur Verfügung gestellt. Den Eigentümern der Gärten und Parkanlagen bin ich für den gewährten Zugang zu Dank verpflichtet.

1 Pilgerhaus der Wallfahrtskirche Maria, Königin des Friedens in Neviges, 1971/72. Erbaut nach dem Entwurf von Gottfried Böhm. Schäden an der Sichtbetonfassade. Foto 2006

Hartwig Schmidt

Zwei Jahrzehnte denkmalgerechte Betoninstandsetzung
Ein Überblick über Verfahren und Methoden, Erfolge und Misserfolge

Nach den Jahren des Wiederaufbaus und der Instandsetzung kriegszerstörter Baudenkmale kam in Europa Anfang der 1970er Jahre auf die Denkmalpflege ein neues Problem zu: die rapide Verwitterung von Natursteinen.[1] Steinzerfall war zwar kein neues Phänomen, doch durch die steigende Belastung der Atmosphäre mit Rückständen aus der Verbrennung fossiler Rohstoffe und die erhebliche Steigerung des Autoverkehrs hatte die Geschwindigkeit, mit der die dem «sauren Regen» ausgesetzten Steine verwitterten, rapide zugenommen. Mit dem Niederschlagswasser drangen die Schadstoffe in den porösen Stein und zerstörten das natürliche Bindemittel. Hinzu kamen Schäden durch Frost-Tauwechsel und Mikroorganismen. In Deutschland wurden in einem vom Bundesminister für Forschung und Technologie geförderten interdisziplinären Forschungsprogramms «Steinzerfall – Steinkonservierung» die Grundlagen für eine wissenschaftliche Betrachtung der Schadensphänomene gelegt. In den entsprechenden Publikationen aus den Jahren 1991 bis 1998 kann man die unterschiedlichen Bemühungen, Forschungsergebnisse und Instandsetzungskonzepte nachlesen.[2]

Zur Konservierung der geschädigten Natursteine wurden vielfältige Massnahmen ersonnen:
– als radikalste Methode der Ersatz ganzer Fassadenflächen durch verwitterungsbeständigere Steinsorten (Beispielsweise wurden am Kölner Dom ab 1982 ganze Fassadenflächen neu in Lohndorfer Basalt ersetzt.)
– als geringerer Eingriff in die historische Substanz der steinmetzmässige Ersatz beschädigter Teile im gleichen Material wie das Original durch das Einsetzen von «Vierungen»
– die Erneuerung und der Erstaz beschädigter Teile durch zementgebundene Steinersatzmörtel
– die von der Firma Ibach Steinkonservierung entwickelte Acrylharzvolltränkung (bereits 1981 bei den barocken Seegittern im Park von Schloss Seehof bei Bamberg angewendet)
– die Steinfestigung mit chemischen Mitteln. Unüberschaubar wurde die Zahl der von der Bauchemie angebotenen Mittel aus Kieselsäureester, Epoxid-, Polyester-, Acryl- und Silicon-Harzen.
– die Behandlung mit wasserabweisenden Mitteln (Hydrophobierung).

Durch die verstärkten Anstrengungen zur Reinhaltung der Luft und natürlich auch infolge der vielen durchgeführten Restaurierungsmassnahmen verlor die Steinkonservierung als Problem im Lauf der Jahre an Aktualität. Dafür tauchte in den 1980er Jahren ein neues auf: Die Sichtbetonfassaden der Nachkriegsbauten zeigten zunehmend Schäden. Rostende Bewehrungseisen und abgesprengte Betonüberdeckungen liessen die mit ästhetischem Anspruch gestalteten Fassaden unansehnlich werden. Doch nicht nur Hochbauten waren von diesen Schädigungsmechanismen betroffen, sondern wegen der extensiven Verwendung von Tausalz im Strassenwinterdienst genauso Ingenieurbauten, darunter hauptsächlich Brücken und Autobahnfahrbahnen. Für die Beseitigung dieser Schäden ersann man eine Reihe von Methoden, Mitteln und Massnahmen, die ab 1990 in entsprechenden Regelwerken festgelegt wurden. Diese Verfahren liessen sich aber nicht auf die Instandsetzung von Baudenkmälern übertragen, da als abschliessende Massnahme normgerechter Betonsanierung die gesamte Oberfläche mit einem schadstoffdichten Anstrich zu versehen war. Für Baudenkmäler mit Sichtbetonflächen war dies allerdings nicht akzeptabel, denn eine denkmalgerechte Instandsetzung musste als Ziel – neben der Instandsetzung oder Ertüchtigung der Konstruktion – die Erhaltung der originalen Sichtbetonoberflächen als Teil des künstlerischen Ausdrucks der Architektur anstreben. Auf die Erfahrungen mit der Instandsetzung von Natursteinbauten rückblickend, wurden deshalb Versuche unternommen, die Methoden der Steinkonservierung in veränderter Form auf das andere Material – den Beton, der ja ein «künstlicher Stein» ist – zu übertragen. Jedoch zeigte sich bald, dass das Problem der Betoninstandsetzung nicht mit den gleichen Mitteln und Methoden zu lösen war. Hatte man beim Naturstein nur zwei Materialien zu berücksichtigen – Naturstein und Mörtelfuge –, so waren es beim Beton drei Komponenten: Zementstein, Zuschlagstoff und Bewehrungsstahl. Ausserdem waren die Schadensmechanismen andere.

Stahlbeton war das Baumaterial der Nachkriegszeit, verband man doch mit dem grauen Material, das sich in jede gewünschte Form giessen liess, Werte wie Einfachheit und Bescheidenheit. Aber es war auch das Material, das die gewünschte Industrialisierung der Baubranche, die Produktion grosser Stückzahlen, ermöglichte. «Stahlbeton», schrieb Pier Luigi Nervi, «ist der beste Baustoff, den der Mensch bisher erfunden hat. Die Tatsache, dass man aus ihm praktisch jede Form herstellen kann, und dass er jeder Beanspruchung standhält, grenzt ans Wunderbare. Durch ihn sind der schöpferischen Phantasie auf dem Gebiet des Bauens alle Grenzen genommen.»[3] Darüber hinaus liess sich die Oberfläche des Betons durch Profilierung, steinmetzmässige Bearbeitung, Waschen, Sandstrahlen oder durch eine bewusste Gestaltung der Schalung in vielfältiger Weise gestalten.[4]

Doch wie kam es zu den Schäden? Rückblickend lässt sich sagen, dass es zuerst das unzureichende Wissen über das Langzeitverhalten des der Witterung ausgesetzten Betons war. Später waren es die Nichtbeachtung der «anerkannten Regeln der Baukunst» bei der Herstellung des Betons, die nachlässige Art der Verlegung der Bewehrung mit häufig zu geringer Betonüberdeckung, die falsche Ausbildung konstruktiver Details, der fehlende Schutz des jungen Betons gegen eine frühe Austrocknung und eine ungenügende Bauüberwachung.[5] Dies alles waren Ursachen für die bereits nach wenigen Jahrzehnten auftretenden Schäden – Schäden, die nicht dem Beton als Baumaterial anzulasten sind, sondern der fehlerhaften Herstellung. Sorgfältig und nach den bekannten Regeln hergestellter Beton ist überaus dauerhaft und erfordert, vor allem wenn er lediglich der normalen Bewitterung ausgesetzt ist, keine zusätzlichen Schutzmassnahmen wie Anstriche oder Beschichtungen. Deutlich wird das an der grossen Anzahl an Sichtbetonbauten, die mit dem nötigen Problembewusstsein und hohen Qualitätsstandards seit den 1990er Jahren errichtet wurden und deren Oberflächen im Allgemeinen schadensfrei sind und gut altern. Die Eigentümer der schadhaften Betonbauten aus den 1950er bis 1980er Jahren sind hingegen heute vor die Frage gestellt, in welcher Form sie die notwendigen Instandsetzungsmassnahmen von Sichtbetonbauten durchführen lassen sollen, denn die ursprünglichen Gewährleistungsträgern (Architekt, Bauunternehmer, Handwerker) sind für die Mängelbeseitigung nicht mehr haftbar zu machen.

2 Kölner Dom. Verwitterungsschäden an der Südfassade

3 Kirche am Neumarkt in Dresden. Steinmetzmässige Reparatur durch Einsetzen von kopierten Werkstücken und «Vierungen»

Instandsetzungsmassnahmen

Bisher wurde nur eine relativ geringe Summe von Bauwerken aus Beton oder Stahlbeton wegen ihrer besonderen historischen Bedeutung als Baudenkmal klassifiziert. Doch im Lauf der Zeit, wenn die Bauten der Moderne immer mehr Denkmalcharakter bekommen werden, wird auch der Bestand zunehmen sowie die Bedeutung, die man ihnen zumisst. Gleichzeitig werden die Ansprüche an eine sorgfältige Instandsetzung der Originalsubstanz wachsen. Dazu gehören neben der statisch-konstruktiven Ertüchtigung selbstverständlich auch die Erhaltung des äusseren Erscheinungsbildes, nach Möglichkeit unter Einbeziehung von Patina und Alterungsspuren.[6] Diese Forderung bleibt allerdings unerfüllt, wenn nach der Sanierung die Struktur der originalen Betonoberfläche unter dem Anstrich oder der Beschichtung nur noch zu erahnen ist, wenn sowohl Schalungsabdrücke und gewollte Herstellungsungenauigkeiten als auch die originale Farbigkeit – das Grau des Zementkorns und die Eigenfarbe der Zuschlagsstoffe – vollständig verloren gegangen sind. Aber lassen sich Sichtbetonfassaden instand setzen ohne diese Verluste und unter Erhalt der originalen Oberflächen? Diese Frage lässt sich so generell nicht beantworten, denn der Erfolg einer denkmalgerechten Instandsetzung ist abhängig vom Umfang der Schäden, dem Geschick und der Erfahrung der ausführenden Firma, dem planenden Architekten und verantwortlichen Ingenieur und selbstverständlich auch von den Kosten, die der Eigentümer dafür zu tragen bereit ist.[7]

Für die Instandsetzung von Stahlbetonbauten stehen heute zwei grundsätzlich verschiedene Verfahren zur Verfügung: erstens konventionelle Verfahren auf der Grundlage der Verwendung mineralischer Materialien, die von einer kleinteiligen Reparatur bis zu einem grossflächigen Neuauftrag einer Mörtel- oder Betonschicht reichen, und zweitens scheinbar zerstörungsfrei arbeitenden elektrochemische Verfahren zur Realkalisierung des karbonatisierten Betons beziehungsweise Reduzierung des Chlorideintrags. Weitere, heute übliche Massnahmen sind die Verwendung von «Korrosionsinhibitoren»[8] als vorbeugender Schutz sowie die Hydrophobierung als unsichtbarer Oberflächenschutz. Doch welche Methode eignet sich am besten für die Instandsetzung von Baudenkmälern aus Beton- und Stahlbeton mit Sichtbetonfassaden unter denkmalpflegerischem Gesichtspunkt? Und welche Massnahme hat die längste Dauerhaftigkeit?

Bis zur Mitte der 1980er Jahre gab es in Deutschland keine allgemein verbindlichen Richtlinien und Regelwerke für die Instandsetzung von Betonbauwerken. Von 1990 bis 1992 erschien als erste offizielle Richtlinie vom Deutschen Ausschuss für Stahlbeton (DAfStb) die *Richtlinie für Schutz und Instandsetzung von Betonbauteilen (RiLi SIB)*,[9] in der die verschiedene Instandsetzungsprinzipien und -methoden für Bewehrung, Betonersatz und Oberflächenschutz aufgezeigt wurden.[10] Damit wurden allgemein verbindliche Grundlagen geschaffen, deren Kenntnis der Auftraggeber bei den ausführenden Firmen voraussetzen kann. Der Ablauf der Massnahmen ist im Grossen und Ganzen gleich und besteht aus folgenden Arbeitsschritten:
– Reinigen der Betonoberfläche von Anstrichen und Beschichtungen
– Abtragen der lockeren Betonteile; dabei sollen die Ränder der Reparaturkrater unter

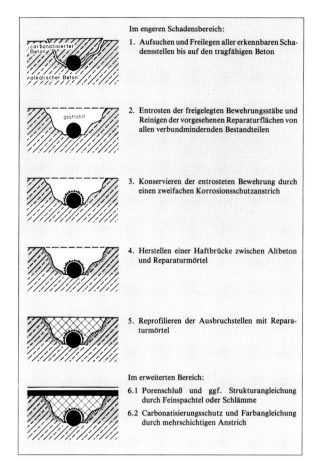

4 Die einzelnen Massnahmen einer konventionellen Betoninstandsetzung

einem Winkel von 45° abgeschrägt ausgestemmt werden.
- Freilegen und Entrosten der korrodierten Bewehrung circa 2 cm seitlich über den korrodierten Bereich hinaus
- Säubern des Untergrundes
- Aufbringen eines Korrosionsschutzanstriches auf Zement- oder Epoxidharzbasis
- Rissverfüllung mit Zementleim oder Epoxidharz beziehungsweise Polyurethan
- Auftragen einer zement- oder epoxidharzgebundenen Haftbrücke zur dauerhaften Verbindung von Altbeton und Instandsetzungsmörtel/-beton
- Einbringen des Instandsetzungsmörtels/-betons und Reprofilieren der Oberfläche. Hier werden in der Praxis drei Mörtelgruppen unterschieden:
  a) reine Zementmörtel
  b) kunstharzmodifizierte Zementmörtel und
  c) Reaktionsharzmörtel, überwiegend auf Epoxidharzbasis
- Aufbringen eines Oberflächenschutzes. Dazu gehört ein Feinspachtel zur Egalisierung der Oberfläche, auf den die Beschichtung aufgetragen wird. Diese kann bestehen aus einer Imprägnierung mit Silan, Siloxan oder Silikon (Hydrophobierung), einer Lasur mit Silikatfarbe oder aber einem deckenden Anstrich mit Kunstharzdispersion, Silikatfarbe, gelöstem Polymerisatharz oder Polyurethan.[11]

Eine Vielzahl von Bauchemiefirmen stellt heute Produkte für diesen Arbeitsbereich her. Die Universitäten haben durch umfangreiche Forschungsprojekte zu einer Verbesserung der Methoden und Materialien beigetragen. Eine grosse Anzahl von Baufirmen beschäftigt sich ausschliesslich mit der Instandsetzung von schadhaft gewordenen Stahlbetonbauten. Betoninstandsetzung ist zu einem nicht unerheblichen Arbeitsgebiet der Bauindustrie geworden. Da bei diesen richtliniengemässen Verfahren als Abschluss der Instandsetzung gefordert wird, die gesamte Betonoberfläche mit einer CO_2-dichten, Wasser und Gas undurchlässigen Beschichtung als Karbonatisierungs- und Korrosionsschutz zu versehen, sind anschliessend keine farblichen und optischen Unterschiede zwischen Reparaturstelle und altem Beton mehr zu erkennen. Wird allerdings auf einen Anstrich beziehungsweise eine Beschichtung verzichtet, so ist das Ergebnis oft unbefriedigend: Da der Reparaturmörtel sich farblich vom originalen Beton unterscheidet und die Ränder der Flickstellen unregelmässig sind, verliert das Bauwerk viel von seiner ehemaligen ästhetischen Qualität. Doch beides, der grossflächige Anstrich wie der kleinteilige 'Flickenteppich', widerspricht dem Wunsch der Denkmalpflege nach der Bewahrung des ursprüngliche Erscheinungsbildes in einem technisch wie ästhetisch befriedigenden Zustand. Es wurden deshalb in der Vergangenheit Methoden gesucht, die eine langfristige Instandsetzung mit einem historischen Erscheinungsbild verbinden.

In den Fachzeitschriften und an wissenschaftlichen Kolloquien wurde über einige richtungweisende denkmalgerechte Instandsetzungsmassnahmen berichtet, so über:
- die Instandsetzung der Betonkirchen der Nachkriegszeit im Kölner Erzbistum
- die Instandsetzung der Basler St. Antoniuskirche und des Dornacher Goetheanums
- die «behutsame» Betoninstandsetzung, entwickelt vom Karlsruher Büro für Baukonstruktionen, Wenzel, Frese, Haller, Pörtner zusammen mit dem Institut für Massivbau und Baustofftechnologie der Universität Karlsruhe (TH), geleitet von Prof. Dr. Hubert K. Hilsdorf
- den Einsatz von Spritzbeton für grossflächige Instandsetzungsmassnahmen mit anschliessen-

- der 'Rekonstruktion' der ursprünglichen Oberflächen
- die zerstörungsfreien elektrochemischen Verfahren der Firma Fosroc NCT zum Korrosionsschutz der Bewehrung, zur Realkalisierung und zum Chloridentzug des geschädigten Betons
- die Anwendung von Korrosionsinhibitoren als vorbeugenden Schutz gegen die weitere Korrosion des Bewehrungsstahls und
- verschiedene Formen eines unsichtbaren Oberflächenschutzes.

Es ist in diesem Rahmen nicht möglich, auf alle Versuche der letzten Jahrzehnte zu einer denkmalgerechten Instandsetzung von Baudenkmalen aus Beton einzugehen, doch sollen an einigen Beispielen die unterschiedlichen Methoden vorgestellt werden.[12]

Betonrestaurierung durch den Restaurator

Kirchenbauten der Nachkriegszeit im Rheinland

In den 1920er und 1930er Jahren wurden im Rheinland einzelne Kirchen aus schalungsrauem Sichtbeton errichtet, die damals grosse Aufmerksamkeit erregten.[13] So schreibt der Kölner Dombaumeister Willy Weyres in seiner Zusammenstellung der Kirchenbauten im Erzbistum Köln von 1920 bis 1931: «Die Eisenbetonbauweise, die den Architekten die mannigfaltigsten Möglichkeiten bietet und, wenn es auch nicht den Vorzug hat, sehr billig zu sein, doch an Kürze der Bauzeit und Feuersicherheit nicht übertroffen wird, hat sich in den letzten Jahren überall durchgesetzt.»[14] Das entsprach nicht der Wirklichkeit, denn durchgesetzt hat sich die Betonbauweise erst in der Nachkriegszeit, als die Architekten dieses Material mit Vorliebe für die neuen Kirchen verwendeten, die in den Neubaugebieten der Vorstädte mit ihren jungen Pfarrgemeinden entstanden. Wurden die meisten Kirchen seit dem 19. Jahrhundert in historischen Stilen (Neogotik, Neoromanik) entworfen und mit den traditionellen, heimischen Baumaterialien Naturstein oder Ziegel errichtet, so war die Entscheidung der Architekten für Sichtbeton zugleich auch eine dezidierte Entscheidung für die Moderne und gegen den Historismus. Die neue, offenere Haltung der Kirche gegenüber der Moderne nach 1945 erklärt auch die überraschend einhellige Akzeptanz des neuen Materials. Dazu kam die allgemeine Experimentierfreudigkeit der Architekten mit Formen und Materialien. Das wichtigste Vorbild hierfür war Le Corbusiers Wallfahrtskapelle Notre-Dame du Haut in Ronchamp, die 1955 eingeweiht wurde. Obwohl sie kein Betonbau ist, machte der Entwurf doch deutlich, dass neben den rechtwinkligen Baustrukturen auch das freie Formenspiel möglich ist und sich damit ganz neue Raumformen gestalten lassen. Das Material, das sich hierfür anbot, war der Stahlbeton, der sich vielfältig einsetzen liess, vom Betonstützenraster bis zu leichten Flächentragwerken (Kuppeln,

5 Abtragen der lockeren Betonteile bis auf die Bewehrungslage mit dem Presslufthammer

6 Schliessen der Fehlstellen mit einem Instandsetzungsmörtel nach dem Entrosten der Bewehrung, dem Auftragen eines Korrosionsschutzanstriches und einer Haftbrücke

7 Pilgerhaus der Wallfahrtskirche Maria, Königin des Friedens in Neviges. Instandsetzung der Schäden an der Sichtbetonfassade 2007

HP-Schalen, Faltdächer). «Bei keiner Bauaufgabe war die Libertinage so gross wie ausgerechnet im Kirchenbau», schreibt Wolfgang Pehnt im Katalog zur Ausstellung der Bauten von Rudolf Schwarz (1897–1961).[15] Vielbewunderte Sichtbetonbauten der 1960er Jahre im Rheinland waren die Kirchen des Kölner Architekten Gottfried Böhm (geb. 1920), so St. Gertrud in Köln (1963–1965) und St. Matthäus in Düsseldorf-Garath (1969/70), die Kirche des Kinderdorfs Bethanien in Bergisch Gladbach-Refrath bei Köln (1965–1968) und besonders die Wallfahrtskirche Maria, Königin des Friedens in Neviges bei Velbert (1966–1968).[16] Von den rund sechshundert nach 1945 errichteten Kirchen im Erzbistum Köln wurden annähernd zweihundert als reine Betonkonstruktionen beziehungsweise in überwiegender Betonbauausführung errichtet, in den 1950er Jahren als sichtbare Stahl- oder Stahlbetonskeletten mit Backsteinausfachung. In den beiden folgenden Jahrzehnten wurden auch die Wände aus Stahlbeton hergestellt und über die frei gestalteten, unregelmässigen Grundrisse leichte, schalenartige oder gefaltete Stahlbetondächer gespannt. Dekorative vorgefertigte Betonelemente fanden ebenso Verwendung wie in die Betonwände eingelassenen Glasrosetten.[17]

Schnell und wenig sorgfältig errichtet – hatte man doch die Vorstellung, dass Beton ewig halten würde – und unter Aufgabe traditioneller Baukonstruktionsdetails, wie Tropfkanten, Gesimsen und Dachüberständen, wurden schon nach zehn bis fünfzehn Jahren die ersten Schäden sichtbar: Die Armierungseisen begannen zu korrodieren und sprengten die Oberflächen ab, im Inneren traten bauphysikalischen Probleme auf (Tauwasser- und Schimmelbildung) und im Äusseren führten Verschmutzungen zu einer optischen Beeinträchtigung, die sich mit dem Begriff «Patina» nicht mehr ästhetisch verklären liess. Unterschiedliche Wärmeausdehnungskoeffizienten und Undichtigkeiten waren die Ursache für Schäden an den grossformatigen Glasrosetten. Doch diese Bauten zeichnen sich nicht nur durch ihre Schäden aus, sondern auch durch die von den Architekten mit grosser Liebe gestalteten Betonoberflächen, die in der Zwischenzeit «die Schönheit und Würde des Alters erlangt haben». Dies, so Karl Josef Bollenbeck, sollte bei Instandsetzungsmassnahmen nicht zerstört werden. «Es gilt, den Werdeprozeß einer Sichtbetonoberfläche nicht zu vernichten, indem man ihn überdeckt, sondern zu retten und zu erhalten, indem man ihn durch die enge Eingrenzung der Behandlungen auf die akute Schadensstelle geradezu fortsetzt, d. h. die Schadensbewältigung dem Werdeprozeß einfügt und eben auch ablesbar bleiben lässt», schreibt er in seinem Bericht über die Sichtbetonsanierung an Kirchen des Erzbistums Köln – eine Bilanz der von ihm initiierten Massnahmen in den Jahren 1980 bis 2000.[18] Was er auf keinen Fall wollte, war, die originalen Oberflächen mit all ihren Herstellungs- und Alterungsspuren nach der Instandsetzung grossflächig mit einem Anstrich, einer Beschichtung oder einer Schlämme zu überziehen. Doch nur schwer liess sich das Problem der farblichen Angleichung der Reparaturstellen an die originale Oberfläche lösen. Ist es schon kaum möglich, im Innenraum eine gealterte, einheitlich farbig gestrichene Oberfläche so instand zu setzen, dass man die neu gestrichenen Flächen nicht erkennt, so bietet eine gealterte Betonoberfläche weitaus grössere Probleme. Auch sorgfältig zusammengestellte Materialmischungen verändern ihre Farbigkeit während des Abbindeprozesses und im Lauf der Zeit; Kunstharzzusätze verbessern wohl die Qualität des Reparaturmörtels, verhalten sich

8 Kinderdorf Bethanien in Bergisch Gladbach-Refrath mit der Kirche im Zentrum der Anlage, 1965–1968. Entwurf von Gottfried Böhm. Sichtbetonfassaden

jedoch anders als die originalen Flächen durch ihre geringere Wasseraufnahmefähigkeit. Oft bleibt deshalb nur als letzte Möglichkeit ein farbausgleichender mineralischer Anstrich, um ein einheitliches Erscheinungsbild der Oberflächen zu erhalten.

Wallfahrtskirche Maria, Königin des Friedens in Neviges

Am Pilgerhaus der 1968 fertiggestellten Wallfahrtskirche Maria, Königin des Friedens in Neviges wurden im Lauf der Jahre verschiedene Versuche mit unterschiedlichen Instandsetzungsverfahren unternommen. Das in den Jahren 1971/72 nach dem Entwurf Gottfried Böhms errichtete Gebäude mit seinen halbrunden Vorbauten zeigte schon Ende der 1980er Jahre Abplatzungen durch Rostsprengungen. Wahrscheinlich haben sich die gebogenen Baustahlgewebematten während des Einbaus, beziehungsweise des Betonierens, nach aussen gedrückt, so dass in kritischen Bereichen nur wenige Millimeter Überdeckung vorhanden sind. Aber auch die Qualität des Betons ist schlecht: grobporig, mit Lunkern, Löchern und Kiesnestern versehen. Die einzelnen Betonierabschnitte sind deutlich zu erkennen. Nach verschiedenen unbefriedigenden Instandsetzungsmassnahmen, die ein unschönes Äusseres hinterliessen, wurde der Versuch unternommen, die losen Schalen abzunehmen, um sie, nach der Rostbehandlung der Bewehrung und der Vertiefung der Ausbruchstelle um circa 2 cm, wieder an ihrem ursprünglichen Ort anzubringen. Sie wurden vom Restaurator mit einem mineralischen Klebemörtel in ihre ursprüngliche Lage gebracht und anschliessend die Ränder und sonstigen Fehlstellen mit einem farblich angepassten, selbst gemischten mineralischen Deckmörtel geschlossen. Ein Musterfeld wurde 1996 angelegt, die Instandsetzungsarbeiten 1999 durchgeführt.[19] Das Ergebnis war zufriedenstellend, die fertiggestellten Flächen passten sich dem gealterten Betonflächen farblich gut an und haben auch gehalten. Doch in den folgenden Jahren traten neben den Reparaturflächen erneut Schäden auf, so dass weitere Instandsetzungsmassnahmen erforderlich wurden, die in eher traditioneller Weise 2007 ausgeführt wurden.

Vollflächige Instandsetzung

Geht der Umfang der zerstörten Betonoberflächen über einen bestimmten Prozentsatz (grösser als 20 %) der Gesamtfläche hinaus, so ist zu entscheiden, ob eine partielle Instandsetzung

9 Pfarrkirche St. Reinhold in Düsseldorf-Gerresheim, 1956–1958. Architekt: Josef Lehmbrock. Kleinteilige Instandsetzung von Giebelwand und Fensterrosette mit kunststoffvergütetem Reparaturmörtel 2003. Die Reparaturstellen sind bei Regen als helle Flecken erkennbar.

10 Pfarrkirche St. Reinhold in Düsseldorf-Gerresheim. Konventionelle Instandsetzung des Turmes mit anschliessendem Feinspachtelüberzug

technisch möglich und wirtschaftlich sinnvoll ist. Zu den bekanntesten Bauten, bei denen man sich aufgrund des Schadensbildes für eine vollflächige Erneuerung der Fassaden entschied, gehören die St. Antoniuskirche in Basel (1925–1927) von Karl Moser aus Zürich und das Goetheanum in Dornach bei Basel (1924–1928) von Rudolf Steiner.

St. Antoniuskirche in Basel

Die St. Antoniuskirche zeichnet sich dadurch aus, dass hier zum ersten Mal in der Schweiz schalungsrauer Sichtbeton bei einem Kirchenbau zur Anwendung kam. Das Vorbild für dieses ungewöhnliche Bauwerk war die Kirche Notre-Dame de la Consolation im Pariser Vorort Le Raincy, die nur wenige Jahre vorher, 1922/23, zur Erinnerung an die Gefallenen der Marne-Schlacht von 1914 errichtet wurde. Architekt war Auguste Perret, der Meister des französischen Betonbaus. Das Bauwerk ist eine reine Sichtbetonkonstruktion, deren Seitenflächen durch hohe Fenster aus farbigen Glasbausteinen in Betonrahmen geschlossen sind.[20]

Die St. Antoniuskirche unterscheidet sich sowohl in ihrer strengen kubischen Form von ihrem französischen Vorbild als auch in der Konstruktion, denn die Aussenwände zwischen den grossen Fensterflächen (jeweils 4,80 x 13,80 m) sind nicht massiv, sondern bestehen aus einer Sandwichkonstruktion mit 12,5 cm dünnen, armierten Betonschalen innen und aussen und einer 15 cm dicken Mittelschicht aus Tonhohlsteinen. Ein 62 m hoher Turm und eine monumentale Durchfahrt von der Strasse zum Hof, die gleichzeitig als Zugang zur Kirche dient, begrenzen den 22 m hohen Baukörper. Die Sichtbetonflächen wurden damals waagerecht mit rohen Kiefernbrettern geschalt, deren Stösse und sichtbare Holzmaserung zusammen mit den Unregelmässigkeiten des Betons (Kiesnester, Schütthorizonte) und dessen Farbigkeit das Erscheinungsbild von Kirche und Turm bestimmten.

Bereits nach zwei Jahrzehnten zeigte das Bauwerk erste Schäden durch Abplatzungen infolge rostender Armierung. 1950 wurde der Glockenstuhl im Spritzbetonverfahren saniert, 1962/63 wurden die Fassaden des Kirchenschiffs instand gesetzt. Lokale Abplatzungen wurden mit Zementmörtel ausgebessert und auf der Westfassade wurde eine Imprägnierung der Oberflächen vorgenommen, die aber bereits nach kurzer Zeit ihre Wirksamkeit verlor. 1973 fand eine weitere Sanierung des Turmes statt. Das im Jahr 1983 beauftragte Ingenieurbüro Eglin Ristic AG, Basel, führte Untersuchungen zu einer grundlegenden Sanierung des Bauwerks durch. Die erarbeiteten Vorschläge wurden 1985 auf einem vom Basler Amt für Denkmalpflege organisierten internationalen Kolloquium in Basel vorgestellt, diskutiert und gutgeheissen. Sanierungsbeginn war im Jahr 1985, die Instandsetzungsarbeiten wurden hauptsächlich in den Jahren 1988 bis 1991 durchgeführt.

Anlass für die Entscheidung zu einer ganzflächigen Erneuerung der Aussenfassaden waren die sehr umfangreichen Oberflächenschäden als Folge der Korrosion der Bewehrung. Eine kleinteilige Reparatur wurde – nach den vielen fehlgeschlagenen Versuchen – als wenig sinnvoll angesehen, und man entschied sich, die gesamte äussere Betonoberfläche durch eine neue Betonschicht zu ersetzen. Hiermit sollte nicht nur das alkalische Milieu im Altbeton wieder hergestellt werden, sondern der neue Beton sollte aufgrund seiner im Vergleich zum Altbeton deutlich besseren Qualität in Zukunft keine kritische Karbonatisierungstiefe mehr erreichen. Der Altbeton wurde in einer Dicke von 3 bis 5 cm (bis zur Bewehrung) abgetragen, die Bewehrung freigelegt, entrostet und anschliessend wurde eine

11 St. Antoniuskirche in Basel, 1925–1927. Architekt: Karl Moser. Erster Schweizer Kirchenbau in Sichtbeton. Zeitgenössisches Foto der Strassenfront

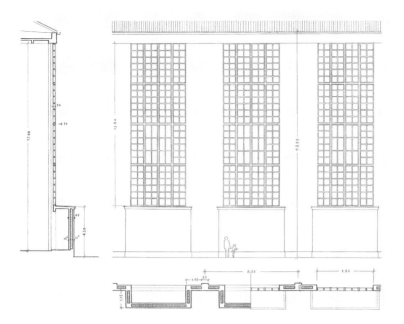

6 cm dicke Schicht vorbetoniert. Um eine dauerhafte Verbindung zum Altbeton herzustellen, wurde ein Armierungsnetz durch Klebeanker mit dem Altbeton verbunden. Eine Rekonstruktion der ursprünglichen Schalungsstruktur versuchte man mittels einzelner Kunststoffmatrizen zu erreichen, die von den originalen Oberflächen angefertigt und in die Schalung eingelegt wurden. Das Betonieren mit Fliessbeton geschah in 90 cm hohen Etappen.

Um vor einer zukünftigen Karbonatisierung der neuen Schicht sicher zu sein, wurde die Qualität des neuen Betons gegenüber dem alten entscheidend verbessert: Die Festigkeit wurde um 50 % erhöht, die Zementdosierung auf 350 kg/m³ angehoben und es wurde darauf geachtet, dass der Beton gleichbleibend von guten Qualität war. Hierdurch konnte die Gesamtporosität auf weniger als 10 % reduziert werden, was insgesamt den zukünftigen Karbonatisierungsfortschritt um das 8,4-fache gegenüber dem alten Beton vermindert. Auf einen Anstrich oder eine Imprägnierung der neuen Oberfläche wurde aufgrund der erreichten Betonqualität verzichtet. Die neue Betonschale liegt heute um 1 bis 2 cm vor der Fassadenflucht. Dadurch konnte eine Betondeckung der

12 St. Antoniuskirche in Basel.
Ansicht und Schnitte durch die strassenseitige Aussenwand

13 St. Antoniuskirche in Basel.
Hofseitige Fassade mit Durchfahrt
Zeitgenössisches Foto 1927

14. St. Antoniuskirche in Basel.
Zustand des Sockels auf der Strassenseite
vor der Instandsetzung 1985–1991

Armierung von mindestens 3 cm gewährleistet werden.[21] Der Unterschied zwischen dem alten Beton und der neuen Betonschicht besteht jedoch nicht nur in der neuen Qualität, sondern auch in der Farbe und der Oberflächenstruktur. Einen Vergleich ermöglichen die unbehandelten Oberflächen in der Durchfahrt und im Hof. Selbst an dem kleinen Ausschnitt, der um das Erbauungsdatum herum erhalten wurde, zeigt sich der gravierende Unterschied zwischen Neu und Alt.

Die Denkmalpflege stand aus ihrer alltäglichen Erfahrung mit angeblich 'originalgetreuen' Kopien dem Verfahren von Anfang an etwas skeptisch gegenüber, konnte jedoch keinen denkmalgerechten Instandsetzungsvorschlag machen, da eine «behutsame» Instandsetzung wegen der erheblichen Schäden schon aus Kostengründen nicht in Frage kam. «Es ist streng genommen ein reduzierter Denkmalwert, den wir hier überliefern», schreibt Alfred Wyss, denn «verloren geht die originale Oberfläche, die Patina, die alte kiesnesterbesetzte Unregelmäßigkeit des ursprünglichen Betons, die man aber im Inneren voll erleben kann. Aufgrund der sorgfältigen Vorversuche wird wenigstens die Erscheinung eines schalungsrauen Betons in durchaus ungekünstelter Technik zu erreichen sein.»[22]

Kritik an diesem Verfahren kam auch von den Baustofftechnologen. Sie wiesen darauf hin, dass die Härte und Dichte der neuen Betonschicht im Verhältnis zum porösen Altbeton mit geringer Festigkeit zu hoch sei und so keine monolithische Schicht entstehen würde. Ob die Massnahme als technisch gelungen angesehen werden kann, wird sich erst nach einem Jahrzehnt beurteilen lassen, doch der grosse Unterschied zwischen den neuen und alten Oberflächen zeigt, wie schwer es ist, eine 'originalgetreue' Oberfläche neu herzustellen.

Goetheanum in Dornach

Rudolf Steiners zweites Goetheanum in Dornach, zu gleicher Zeit wie die St. Antoniuskirche errichtet, ist einer der bedeutendsten Sichtbetonbauten nicht nur in der Schweiz.[23] In den 1980er Jahren zeigten sich erste Schäden. Die Karbonatisierungstiefe hatte an einigen Stellen den Bewehrungsstahl erreicht und um vorbeugend hiergegen vorzugehen, wurde von der Firma Fosroc, Norwegian Cocrete Technologie (NCT)[24] als neuartige und zerstörungsfreie Instandsetzungsmethode ein elektrochemisches Realkalisierungsverfahren vorgeschlagen. 1988 wurden auf der Nord- und Ostseite zwei zusammen circa 100 m² grosse Probeflächen

Vorbereitung der gesmaten Fassade

1 Äusserste Schicht (4–8 cm) abspitzen mit Handluftpresshammer

2 Klebeanker mit Epoxy versetzen, Beton und bestehende Armierung sandstrahlen, neue Armierung mit Netz und ev. Zugabeeisen anbringen

Lokale Behadlung
(an 10 Stellen gleichzeitig)

3 Betonfläche bewässern (24 h)

4 Gummimatrizen-Schalungen anbringen (Etappenhöhe 90 cm)

5 Fliessbeton einfüllen, verdichten, nachbehandeln (7 Tage wässern)

6 Überzähne der Einfülltrichter abspitzen, mit Kosmetikmörtel ausbessern

15 St. Antoniuskirche in Basel. Arbeitschritte bei der Instandsetzung

16 St. Antoniuskirche in Basel. Aussparung des Erbauungsdatums im Sanierungsbeton.

17 St. Antoniuskirche in Basel. Hauptfassade zur Strasse hin, nach der Instandsetzung 1985–1991

angelegt. Der Erfolg war nicht sehr gross, da einige Jahre zuvor ein Schutzanstrich auf Siliconharzbasis aufgetragen worden war, was die Saugfähigkeit des Betons einschränkte.[25] Deshalb entschloss man sich Anfang der 1990er Jahre, Instandsetzungsmassnahmen wie an der St. Antoniuskirche durchzuführen nach der Methode und unter Leitung des gleichen Basler Ingenieurbüros, der Eglin Ristic AG.

In den Jahren 1993 bis 1996 wurden die Fassaden des rückwärtigen Bühnentraktes (Nord-Ostseite, Ostseite und Süd-Ostseite) erneuert. Die senkrechten Flächen wurden bis zu einer Tiefe von 4 cm mit dem Höchstdruckwasserstrahlverfahren abgetragen und eine neue, 7 cm dicke Schale aus Fliessbeton vorbetoniert. Die neue Oberfläche wurde durch vorher abgenommene Silikonharzmatrizen der alten angeglichen. Hierfür wurden zehn unterschiedliche Matrizen mit einer Breite von circa 3,20 m und einer Höhe von 1,10 m hergestellt und in die Schalung eingelegt.[26] Doch das Ergebnis ist nicht überzeugend, denn heute zeichnen sich die Stösse der einzelnen Matrizen (respektive Schalungstafeln) deutlich auf der Fassade ab, so dass im Gegensatz zu den noch unberührten Flächen eine ganz neue, durch ein rechtwinkliges 'Fugennetz' unterteilte Oberfläche entstanden ist. Dies wurde als ästhetisch unbefriedigend empfunden, denn «mit dem Fortgang der Außenarbeiten [...] hatte eine Schärfung des Bewusstseins eingesetzt: Kritik richtete sich gegen die technisch perfekte, künstlerisch aber ungenügende Betonsanierung, bei welcher nach der Abtragung [des Betons] und Behandlung der Eisenarmierung eine neue, allerdings dickere Betonschicht wieder aufgetragen wurde. Die originale Verschalungsstruktur der Außenhaut wurde dann durch Verwendung von drei verschiedenen Silikonharzmatrizen mit abgeprägter Holzschalung musterartig zu imitieren versucht. Jetzt gibt es Widerstand dagegen, dieses Verfahren an dem plastisch-architektonischen Meisterwerk des Westbaues anzuwenden, um die 'Haut' des organisch und monumental aus der diffizilen Konstruktion der Schalungshölzer herausgewachsenen Baukörpers nicht zu zerstören.»[27]

Im Jahr 1996 wurden die Instandsetzungsmassnahmen unterbrochen, um weitere, auch kostengünstigere, Sanierungsverfahren auszuprobieren. Betrachtet man die Fotos aus der Erbauungszeit, die die überaus komplizierten räumlich gekrümmten Schalungen zeigen, so ist man gewiss, dass eine Kopie der Schalungsabdrücke unmöglich ist und nur eine kleinteilige, handwerkliche Instandsetzung schadhaft gewordener Bereiche die richtige Methode sein kann.

18 Goetheanum in Dornach bei Basel, 1925–1928. Der monumentale Theaterbau wurde als reiner Stahlbetonbau nach dem Entwurf von Rudolf Steiner errichtet. Hauptfassade nach der Sanierung. Foto 2008

19 Goetheanum in Dornach bei Basel. Fassade des rückwertigen Bühnentraktes nach der Sanierung 1993–1996

Instandsetzen mit Spritzbeton

Schwesternwohnheim des Universitätsspitals in Zürich

Grossflächige Erneuerungen von Sichtbetonflächen lassen sich bei entsprechenden Schadenbildern manchmal nicht vermeiden. Allerdings stellt sich die Frage, ob sie immer mit einem derart ambitionierten Verfahren, wie bei den beiden vorherigen Beispielen beschrieben, durchgeführt werden müssen. Eine Alternative wäre der vollflächige Auftrag von Spritzbeton, wie er 1993 am Schwesternwohnheim (heute Personalhochhaus genannt) des Universitätsspitals Zürich von der Firma E. Laich SA aus Avegno im Tessin erfolgreich durchgeführt wurde.[28] Bei dem 20-geschossigen Gebäude aus dem Jahr 1959 (Architekt: Jakob Zweifel) traten wegen der teilweise nicht ausreichenden Betonüberdeckung der Bewehrung – trotz relativ geringer Karbonatisierungstiefe von circa 10 mm – die bekannten Schäden auf, die auf korrodierte Bewehrungsstähle zurückzuführen sind. Für die Instandsetzung wurde der schadhafte Beton mit dem Wasserhöchstdruckverfahren (Wasserdruck grösser als 2000 bar) abgetragen, wobei die Reduktion von Lärmemission und die Entsorgung des hochalkalischen, Schmutz- und Schadstoffen enthaltenden Wassers zusätzlichen Aufwand erforderten. Nachdem die Bewehrung mit einem Korrosionsschutz beschichtet worden war, wurde auf den aufgerauten Altbeton grossflächig eine erste Lage (1 bis 2 cm) Spritzbeton aufgetragen; eine zweite Lage am nächsten Tag. Die Zusammensetzung des Spritzbetons war dem alten Beton angepasst und bestand aus einer Mischung von 300 kg Weisszement und 30 kg hydraulischem Kalk auf 1000 l Zuschlagsstoffe mit einem Maximalkorn von 8 mm. Um das ursprüngliche Erscheinungsbild soweit wie möglich wieder herzustellen, wurden die neuen Oberflächen unmittelbar nach dem Auftrag so bearbeitet, dass sie der ursprünglichen Struktur – senkrecht stehende Schalbretter von 12 bis 15 cm Breite und einer geschossweise waagerechten Unterteilung – wieder entsprachen.

«Behutsame» Betoninstandsetzung

Beethovensaal der Liederhalle in Stuttgart

Im Gegensatz zu den bisher beschriebenen Verfahren wurde die Instandsetzung der Fassade des Beethovensaals der Stuttgarter Liederhalle von 1991 bis 1993 als kleinteilige, auf die einzelnen Schadensstellen bezogene Reparaturmassnahme durchgeführt. Ziel war eine Instandsetzung, bei der so viel wie möglich von der originalen Oberfläche erhalten bleiben sollte. Ausgangspunkt der damals noch recht unkonventionellen Massnahme waren Überlegungen zur denkmalgerechten Erhaltung historischer Baukonstruktionen, die in den Jahren 1985 bis 2000 an der Universität Karlsruhe (TH) im Sonderforschungsbereich (SFB) 315 «Erhalten historisch bedeutsamer Bauwerke» entwickelt wurden.[29]

Die Stuttgarter Liederhalle wurde in den Jahren 1955/56 nach dem Entwurf der Architekten Rolf Gutbrod aus Stuttgart und Adolf Abel aus München als Mehrzweckbau mit drei unterschiedlich grossen Sälen errichtet, als Ersatz für den im Krieg zerstörten Vorgängerbau. Die einzelnen Baukörper differieren nicht nur in Form und Höhe, sondern ihre Fassaden unterscheiden sich auch durch unterschiedliche Materialien: Sichtbeton, Naturstein und Keramik. Der Beethovensaal, der grösste der drei Säle, besteht auf der Süd- und Westseite aus einer konvex gekrümmten Sichtbetonwand, die von einem Band aus Keramikplatten gekrönt wird, und auf der Nordostseite aus einer hohen,

20 Schwesternwohnheim des Universitätsspitals in Zürich, 1952–1959. Nach der Instandsetzung. Architekt: Jakob Zweifel

konkav gekrümmten Wand, die mit farbigen Keramikteilen verziert ist. Süd- und Westseite sind durch unterschiedlich breite Rechteckfelder gegliedert, die durch Nuten voneinander getrennt sind. Von weitem betrachtet gliedern Licht und Schatten die Fassade. Im Detail wird diese Struktur durch den Abdruck der Schalbretter, die Komposition der Brettstösse, die Beschaffenheit und Eigenfarbe des Betonkorns, die Farbe des Zements und durch die gespitzte, sehr raue Betonoberfläche bestimmt.

Den Auftrag für die im Zuge der Modernisierung der Liederhalle vorgesehene Fassadensanierung hatte das Karlsruher Büro für Baukonstruktionen Wenzel, Frese, Pörtner, Haller erhalten. Gemeinsam mit dem Institut für Massivbau und Baustofftechnologie der Universität Karlsruhe (TH), geleitet von Prof. Dr. Hubert K. Hilsdorf, entschloss man sich, auf eine grossflächige Betoninstandsetzung zu verzichten und, soweit technisch vertretbar, die nicht geschädigten originalen Bauwerksoberfläche des Bauwerks zu erhalten. Erhalten bleiben sollten die plastische Gliederung der Fassadenflächen, die Unregelmässigkeiten des originalen Betons und selbstverständlich auch die durch langjährige Bewitterung entstandenen Alterungsspuren und Veränderungen der Oberfläche. Die Idee, die man verfolgte, bestand darin, die traditionellen Methoden der Natursteininstandsetzung auf das Material Stahlbeton zu übertragen. Das bedeutete, dass, ähnlich wie bei der Herstellung von «Vierungen» durch den Steinmetz, auch hier die einzelnen Schadensstellen in Form von rechtwinkligen Ausbrüchen erneuert werden sollten. Und wie bei der Untersuchung eines steinernen Gebäudes begann man mit ausführlichen Voruntersuchungen zur Geschichte des Bauwerks, der Analyse der Schadensursachen und einer Prognose der Dauerhaftigkeit der bisher nicht geschädigten Bereiche. Um sich über den Umfang der einzelnen Schäden Klarheit zu verschaffen, wurden diese in Fotos und genauen zeichnerischen Bestandsaufnahmen festgehalten, ebenso das aktuelle Erscheinungsbild der Betonoberflächen, das heisst Struktur und Farbe.

21 Haupteingang der Liederhalle in Stuttgart, 1955/56. Architekten: Rolf Gutbrod und Adolf Abel. Rechts der Mozartsaal mit Natursteinplattenfassade, im Hintergrund der Beethovensaal mit Sichtbetonfassade

22 Beethovensaal der Liederhalle in Stuttgart. Betonschäden im Bereich der Nuten und der Attika auf der Westseite

23 Beethovensaal der Liederhalle in Stuttgart. Schadensaufnahme der Attika auf der Westseite. Zeichnung Dr. Rudolf Pörtner 1990

Als von zentraler Bedeutung für den Erfolg der Massnahme wurde die Eigenschaft des Instandsetzungsmörtels angesehen, dessen Zusammensetzung und materialtechnische Kennwerte weitestgehend denen des Originalbetons in Material, Festigkeit und Farbe entsprechen sollten, um Mörtelschäden und «Plombenbildungen» zu vermeiden. Hierzu wurden umfangreiche materialtechnologische Untersuchungen und Versuche durchgeführt, auch in Hinblick auf die spätere mechanische Bearbeitung der neuen Betonoberflächen durch den Steinmetz.

Nach der Festlegung der Instandsetzungsmassnahmen wurden, wie die Beteiligten berichten, «zunächst alle Betonoberflächen abgewaschen. Dann wurden die Instandsetzungsbereiche durch vertikale und horizontale Linien, die sich aus der architektonisch vorgegebenen Gliederung der Oberflächen ergaben, festgelegt und begrenzt. Der Beton wurde entlang dieser Linien eingeschnitten und abgetragen. Dabei wurde die Bewehrung soweit freigelegt, bis sie in nicht karbonatisierten Beton einmündete. War die freigelegte Bewehrung aus konstruktiven Gründen, beispielsweis als Schwindbewehrung, nicht mehr erforderlich, so wurde sie entfernt. Die Dicke des Ausbesserungsmörtels richtete sich im Allgemeinen nach dem Niveau der originalen Betonoberflächen, welche die Ausbesserungsschicht umgaben. In jenen Fällen, in denen sich dadurch in einem Instandsetzungsbereich eine zu geringe Betondeckung ergab, wurde die Bewehrung als Korrosionsschutzmaßnahme mit einer Beschichtung versehen. Zur Instandsetzung wurde die so vorbereitete Ausbruchsstelle vorgenässt, eine zementgebundene Haftbrücke aufgetragen und der Reparaturmörtel mit einer Kelle eingebracht. Der Instandsetzungsmörtel wurde mehrere Tage lang feucht nachbehandelt und dann steinmetzmäßig bearbeitet, um den reprofilierten Bereich an die ursprüngliche Oberflächenstruktur anzugleichen.

Herstellungsbedingte Kiesnester wurden nur dann bearbeitet, wenn dies aus Gründen des Korrosionsschutzes der Bewehrung erforderlich war. Risse, insbesondere Zwängungsrisse wurden nicht bearbeitet, da sie die Standsicherheit und die Dauerhaftigkeit des Bauwerks nicht beeinträchtigen.»[30]

Dass das für die Liederhalle gewählte Konzept einer «behutsamen» Instandsetzung richtig war, zeigt heute nicht nur der überzeugende Gesamteindruck des Gebäudes, sondern auch die Schadensfreiheit nach jetzt 16-jähriger Standzeit. Der Eindruck ist sogar im Lauf der Jahre noch besser geworden, denn die neuen Mörtelflächen, die gleich nach Fertigstellung etwas heller als die originalen Flächen waren, haben sich im Farbton diesen angeglichen, und es ist heute schon schwer, die Reparaturstellen mit blossem Auge zu erkennen.[31]

Doch ist diese Methode für alle schadhaften Betonoberflächen anzuwenden? Sicherlich nicht, denn in der Praxis bedarf es im Einzelfall

24 Beethovensaal der Liederhalle in Stuttgart. Instand gesetzte Sichtbetonfassade auf der Nordostseite

25 Beethovensaal der Liederhalle in Stuttgart. Instand gesetzte Sichtbetonfassade auf der Südseite

einer sorgfältigen Risikoabwägung beziehungsweise der sachkundigen Abschätzung des Ausmasses künftiger Korrosionsschäden, wenn trotz kritischer örtlicher Gegebenheiten nur geringfügige Eingriffe in die Bausubstanz angestrebt werden sollen. Um zu einer Beurteilung der unterschiedlichen Korrosionsbedingungen am Bauwerk zu kommen, sind deshalb sehr detaillierte Untersuchungen erforderlich. Dies ist von besonderer Wichtigkeit, da zwischen dem Karbonatisierungsfortschritt und dem Feuchtegehalt des Betons eine Wechselbeziehung besteht, die «je nach Lage eines Bauteils und den örtlichen Gegebenheiten am selben Bauwerk sehr unterschiedlich ausgeprägt sein kann. Gleichermaßen unterschiedlich ist dann das Ausmaß bzw. Risiko eines künftigen Korrosionsfortschritts. Zudem können an verschiedenen Bauteilen unterschiedliche Schädigungsprozesse, z. B. Bewehrungskorrosion, Frost- und Verwitterungsschäden, einzeln oder auch in Kombination auftreten. Eine realistische Lebensdauerprognose für ein Bauwerk muss diese 'heterogenen' Ausgangssituationen sowie das Zusammenwirken der einzelnen Bauteile berücksichtigen.»[32] Eine Bestandsaufnahme allein auf der Grundlage von Fotos mit der Digitalkamera ist völlig unzureichend. Erst wenn man den baulichen Zustand direkt und dicht an der Oberfläche untersucht, wird deutlich, welches Ausmass die Schäden haben.

Der Einwand, dass eine «behutsame» Instandsetzung wegen des hohen Arbeitsaufwandes den vertretbaren Kostenrahmen sprengt, konnte in der Praxis entkräftet werden. Da der Flächenanteil, der reprofiliert wird, wesentlich geringer ist als bei einer richtliniengemässen Instandsetzung mit ganzflächiger Beschichtung, liegen die Kosten – trotz höherer Kosten pro m² – unterhalb der Kosten einer konventionellen Instandsetzungsmassnahme. Ausserdem entfallen die Kosten für eine regelmässige Erneuerung der Beschichtung.[33]

Elektrochemische Instandsetzungsverfahren

Neben den konventionellen Instandsetzungsverfahren, bei denen Schäden durch das Beseitigen der geschädigten und das Aufbringen einer neuen Mörtel- oder Betonschicht beseitigt

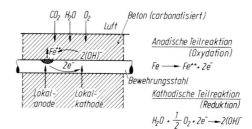

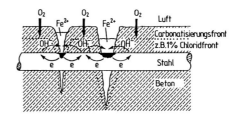

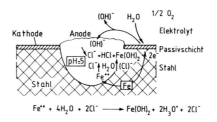

werden, werden immer wieder Verfahren auf elektrochemischer Grundlage als «denkmalgerecht» und «zerstörungsfrei» propagiert. Mit diesen Methoden sollen ohne zerstörende Eingriffe in die Oberfläche eine Realkalisierung beziehungsweise Chloridextraktion des geschädigten Betons und eine Wiederherstellung des Korrosionsschutzes der Bewehrung erzielt werden. Sie werden deshalb auch hier mitbehandelt.

Der Anlass für die Entwicklung dieser Methoden waren hauptsächlich Schäden an Fahrbahnen und Brücken aus Stahlbeton durch die Verwendung von Tausalz im Winterstrassendienst. Zur Beseitigung dieser Schäden wurde ein kostengünstiges, möglichst zerstörungsfreies Verfahren gesucht. Ausgangspunkt der Überlegungen war die Methode des «kathodischen Korrosionsschutzes», die als vorbeugende Korrosionsschutzmassnahme im Stahlbau für beschichtete Stahloberflächen und neue Stahlbetonkonstruktionen eingesetzt wird. Erste Versuche, dieses Verfahren auf die Instandsetzung geschädigter Betonbauwerke zu übertragen, wurden in den USA bereits in den 1970er Jahren unternommen. Eine Weiterentwicklung fand in Norwegen statt, wo das Verfahren 1986 von der Firma Noteby unter dem Namen «Norcure» zum Patent

26 Schematische Darstellung des Korrosionsprozesses der Bewehrung im karbonatisierten Beton

27 Schematische Darstellung des Korrosionsprozesses der Bewehrung bei Rissen im Beton

28 Schematische Darstellung des Korrosionsprozesses der Bewehrung im Beton nach der Depassivierung des Stahls durch Chloride (nach Hillemeier u. a. 1999)

angemeldet wurde. Die Patente werden heute von der Firma Fosroc, Norwegian Concrete Technology (NCT) genutzt, so dass die elektrochemischen Methoden des Chloridentzugs wie auch der elektrochemischen Realkalisierung oft als «NCT-Verfahren» bezeichnet werden. Da die elektrochemische Chloridextraktion hauptsächlich zur Beseitigung von Tausalzschäden an Ingenieurbauten eingesetzt wird, soll hier nur das Verfahren einer elektrochemischen Realkalisierung dargestellt werden.

Elektrochemische Realkalisierung

Die Hauptaufgabe dieses Repassivierungs- beziehungsweise Realkalisierungsverfahren besteht darin, das verlorengegangene alkalische Milieu in der Umgebung der Bewehrung wieder herzustellen, damit sich auf dem Stahl eine neue Passivschicht bilden kann. Dazu ist es notwendig, nicht nur individuelle Schadensbereiche zu behandeln, sondern das Verfahren ganzflächig anzuwenden. Ausserdem müssen vorher alle hohlliegenden Bereiche entfernt und instand gesetzt werden. Danach wird eine Elektrolytschicht aus Zellulosefasern auf die Betonoberfläche aufgespritzt, in die ein Metallnetz aus Stahl oder Titan eingelegt wird. Die Elektrolytschicht wird mit einer wässrigen Natriumkarbonat-Lösung getränkt. Der Minuspol eines Gleichrichters wird mit der Bewehrung, das Metallnetz mit dem Pluspol des Gleichrichters verbunden. Durch diese Schaltung fungiert die Bewehrung als Kathode und das Metallnetz als Anode. Ziel der Massnahme (Elektrolyse) ist die chemische Zersetzung des Porenwassers in Bewehrungsnähe führt. Nach Abschluss der Behandlung wird die Elektrolytschicht mit einem Hochdruckwasserstrahl wieder entfernt. «Die in das Porensystem eingebrachten Alkali-Metall-Ionen (Na^+) bilden mit Behandlungsende, direkt nach Abschalten des elektrischen Stroms, mit den Hydroxylionen (OH^-) Natriumhydroxid (NaOH). Durch den hohen pH-Wert (13,5) von Natriumhydroxid wird die Oxidhaut auf dem Bewehrungsstahl wieder hergestellt. Anschließend bilden sich durch verschiedene chemische Reaktionen Natriumbikarbonat ($NaHCO_3$) und Natriumkarbonat (Na_2CO_3). Durch den Zutritt von CO_2 bildet sich im Unterschied zu Calziumhydroxid ($Ca(OH)_2$), das wieder karbonatisieren kann, das stabile chemische Endprodukt Natriumkarbonat. Der pH-Wert sinkt mit der Karbonatisierung von NaOH auf minimal 10,5.[34] Ob die erreichte Realkalisierung dauerhaft und ob der pH-Wert von 10,5 den Korrosionsschutz langfristig gewährleisten kann, ist weitgehend ungeklärt, denn das Verfahren bedarf noch der langfristigen Erprobung.»

Mittels Laboruntersuchungen wurde nachgewiesen, dass bei einer elektrochemischen Realkalisierung – eine ausreichend hohe Stromdichte und zeitlichen Behandlungsdauer vorausgesetzt – eine stabile Passivierung des Stahls im karbonatisierten Beton möglich ist, doch nach Günter Rieche haben «weitere Untersuchungen gezeigt, daß durch diese Realkalisierung keine dauerhafte Repassivierung von bereits korrodiertem Bewehrungsstahl erzielt werden kann. Insbesondere kann eine stark korrodierte Stahloberfläche nicht repassiviert werden. Insofern kann diese Methode eine vorbeugende Maßnahme darstellen, aber als Instandsetzungsmethode bei bereits eingetretener Korrosion der Bewehrung ist sie nicht geeignet.»[35]

Doch welchen Erfolg haben Massnahmen zur elektrochemischen Realkalisierung in der Praxis

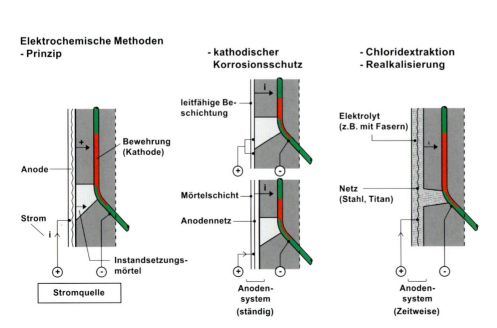

29 Schematische Darstellung der Wirkungsweise elektrochemischer Instandsetzungsverfahren (nach Raupach/Ortmanns 2001)

erbracht? Um ihre Dauerhaftigkeit zu überprüfen, wurden 1994/95 Nachuntersuchungen und Erfolgskontrollen an sechs mit diesem Verfahren behandelten Schweizer Bauten durchgeführt, deren Ergebnisse von Andreas Gerdes und Folker H. Wittmann publiziert wurden.[36] Die Autoren kamen selber zu einem ähnlichen Ergebnis: «Fasst man die Ergebnisse [unserer Untersuchungen] in wenigen Wörtern zusammen, so sind die hier untersuchten Realkalisierungsmethoden derzeit ganz allgemein für eine Instandsetzung nicht zu empfehlen. Unter bestimmten Umständen ist der Zustand eines Bauwerkes nach der Instandsetzung sogar schlechter als zuvor. Das bedeutet jedoch nicht, daß einzelne Elemente einer Realkalisierung in Ausnahmefällen und in Kombination mit weiteren Schritten sinnvoll sein können.»[37] Das Problem besteht anscheinend darin, dass unter bestimmten Umständen trotz theoretisch ausreichenden Alkaligehalts im Beton der pH-Wert grösser als 10 wieder auf die Werte des karbonatisierten Betons absinkt. Grund dafür ist nach Gerdes und Wittmann die Veränderung der Zusammensetzung der Porenlösung und dadurch auch des chemischen Gleichgewichts als Folge der Karbonatisierung und, damit verbunden, der Verlust der Voraussetzung für einen stabilen pH-Wert grösser als 10 trotz eines hohen Gehalts an Alkalikarbonat.[38]

Bei Überlegungen zur Anwendung des elektrochemischen Verfahrens ist auch zu bedenken, dass bei frühen Stahlbetonbauten die Menge des Bewehrungsstahls viel geringer ist als bei heutigen Betonbauwerken. Auch ist das Bewehrungsnetz nicht so dicht geknüpft, wodurch nicht gewährleistet ist, dass der zugeführte Strom alle Bewehrungsstähle erreicht. Ein weiteres Problem besteht darin, dass die historischen Oberflächen durch die Chemikalien stark verunreinigt, teilweise auch zerstört werden. Es kommt zu einer Veränderung des Aussehens. Ausserdem entsteht durch den Eintrag der Chemikalien ein problematischer Untergrund für eventuell vorgesehene Anstriche und Putze.

Realkalisierung des karbonatisierten Betons durch Diffusion

Die im Folgenden erläuterte Methode wird als Instandsetzungsmassnahme bei Bauten eingesetzt, bei denen kein Wert auf die Erhaltung der historischen Oberfläche gelegt werden muss. Der Effekt besteht darin, dass durch den Auftrag von Spritzbeton auf die alte Oberfläche eine Realkalisierung des karbonatisierten Betons erzielt werden kann, da der neue Mörtel mit einer ausreichenden Alkalireserve versehen ist. Durch Kapillarkräfte wird die Porenlösung aus dem feuchten Ausbesserungsmörtel in den karbonatisierten Altbeton gezogen, wobei der pH-Wert angehoben wird. Ob die Massnahme auf Dauer erfolgreich ist, wird von einigen Fachexperten bezweifelt.[39] Für die Instandsetzung einer erhaltenswerten Sichtbetonoberfläche käme sie auch nicht in Frage.

Korrosionsinhibitoren

Zu den 'neuen' Instandsetzungsmassnahmen gehört unter anderem die Anwendung von Korrosionsinhibitoren, die von der Bauchemie entwickelt wurden. Nach DIN EN ISO 8044:1999-11[40] sind Inhibitoren chemische Substanzen, wie Aminoalkohole, Natriummonofluorphosphat (Na_2FPO_3) oder eine Kombination von beiden, die die Korrosionsgeschwindigkeit mindern, wenn sie in ausreichender Konzentration im korrodierenden System vorhanden sind, ohne jedoch die Konzentration der vorhandenen korrosionsfördernden Stoffe deutlich zu verringern. Die Substanzen werden als wässrige Lösung auf die Betonfläche aufgetragen, um von dort durch kapillares Saugen bis zur Bewehrung transportiert zu werden. Bisher konnten noch keine Langzeituntersuchungen Erfolg oder Misserfolg dokumentieren und die Wirksamkeit der Anwendung wird derzeit unterschiedliche beurteilt.[41] Untersuchungen an Referenzobjekten beispielsweise durch Andreas Gerdes zeigten noch keine signifikanten Einflüsse auf Beton und Bewehrung durch diese Massnahme.[42] Der Grund hierfür wird darin gesehen, dass neben dem Transport auch die chemische Reaktivität der Porenlösung einen erheblichen Einfluss auf die Wirksamkeit und Beständigkeit dieses Verfahrens hat. Deshalb kommt Gerdes zu dem Schluss, dass zum derzeitigen Zeitpunkt ein allgemeiner Einsatz von Korrosionsinhibitoren beziehungsweise Realkalisierungsmethoden nicht zu empfehlen sei und bei der Entwicklung neuer Instandsetzungsverfahren die Zusammensetzung und chemische Reaktivität der Porenlösung mehr Beachtung finden müsse.

Oberflächenschutz

Abschliessend soll noch auf die verschiedenen Möglichkeiten eines Oberflächenschutzes hingewiesen werden, der für die Erhaltung der originalen Oberfläche ein bisher ungelöstes Problem ist. Grundsätzlich werden in der Praxis drei Schutzsystemen unterschieden:
- Imprägnierung (Hydrophobierung)
- Versiegelung
- Beschichtung.

Da durch die Versiegelung wie die Beschichtung eine neue, filmbildende Oberfläche aufgetragen wird, soll hier nur auf die – unsichtbare – Hydrophobierung eingegangen werden.[43]

Hydrophobierung

Als Mittel der Natursteinkonservierung ist die Hydrophobierung, die eine wasserabweisende Imprägnierung der Oberfläche ermöglicht, in den vergangenen Jahrzehnten vielfach eingesetzt worden. Nachuntersuchungen haben jedoch ergeben, dass der Erfolg dieser Massnahme sehr unterschiedlich ist und von den einzelnen Steinsorten, der Bewitterung (Sonneneinstrahlung) und dem Mauerwerk (unterschiedliche Saugfähigkeit von Fuge und Naturstein) abhängt. Es bestehen deshalb immer noch konträre Meinungen darüber, ob die Hydrophobierung als eine auf lange Zeit dauerhafte und damit empfehlenswerte Massnahme anzusehen ist.

Da die Verringerung der Wasseraufnahmefähigkeit auch für Sichtbetonoberflächen als positiv angesehen wird, um die Korrosionsvorgänge zu reduzieren, konnte es nicht ausbleiben, dass die Hydrophobierung auch für die Verwendung in der Betonkonservierung propagiert wurde.[44] Vorgeschlagen werden überwiegend Einkomponentensysteme auf Polyurethan-, Silan-, Siloxan-, Siliconharz- oder Kieselsäureester-Basis, die nach dem Verdunsten des Lösungsmittels in den Porenwandungen einen hauchdünnen, wasserabweisenden Film bilden sollen. Da das für die Karbonatisierung des Betons erforderliche CO_2 der Atmosphäre durch trockene Poren leichter in den Beton eindringen kann als durch mit Wasser gefüllte, ist die Massnahme nicht nur positiv zu bewerten, denn nach Günther Ruffert kann «durch die Hydrophobierung der Karbonatisierungsfortschritt beschleunigt werden, so daß bei nicht ausreichender Betondeckung der Bewehrungsstähle der alleinige Auftrag einer hydrophobierenden Imprägnierung als Schutzmaßnahmen nicht ausreicht, sondern eine zusätzliche Versiegelung gegen das Eindringen von CO_2 erforderlich ist.»[45]

Die Hydrophobierungsstoffe dringen je nach Betongüte und Porosität 5 bis 8 mm in den Betonuntergrund ein und führen zu einer Verminderung der Wasseraufnahme, wobei die Wasserdampfdiffusionsfähigkeit praktisch nicht behindert wird. Die Praxis hat gezeigt, dass eine Langzeitwirkung nur schwer nachzuweisen ist. Aus diesem Grund muss die Hydrophobierung als eine zeitlich begrenzte Schutzmassnahme angesehen werden, die in regelmässigen Abständen zu wiederholen ist. Ein weiteres Problem liegt in der unterschiedlichen Saugfähigkeit der einzelnen Bestandteile des Betons begründet – Kies, Splitt, Sand, Zementstein und Bewehrungsstahl –, die eine gleichmässige Materialaufnahme nicht zulassen und damit verhindern, dass sich ein einheitlich Film bilden kann. Entsteht eine undichte Stelle, wird hier das Wasser weiterhin und konzentriert in den Beton eindringen.

30 Sichtbetonfassade nach der Instandsetzung und anschliessender Beschichtung. Versuch einer Rekonstruktion der ursprünglichen Schalungsstruktur

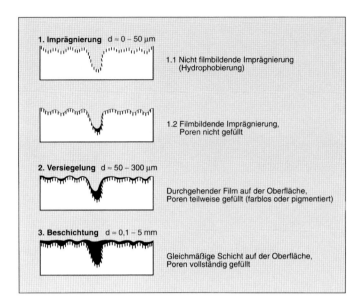
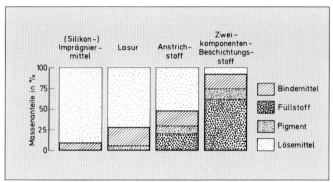

Fazit

Die normgerechten Instandsetzungsverfahren sind nicht geeignet, Sichtbetonflächen in ihrem originalen Zustand zu erhalten. Die vorgestellten Beispiele zeigen auf, dass die technischen Voraussetzungen für eine denkmalgerechte Instandsetzung von Bauten mit Sichtbetonfassaden vorhanden sind, aber der Erfolg von umfangreichen baustofftechnologischen Voruntersuchungen und einer sorgfältigen Ausführung und Überwachung abhängt. Entscheidend ist der Umfang des Schadens, der die Wahl der einzusetzenden Methoden begrenzt. Eine «behutsame» Instandsetzung einzelner Schadensstellen ist bei einem Schadensumfang bis zu 20 % finanziell zu vertreten; darüber hinaus wird man sich mit einer grossflächigen Erneuerung anfreunden müssen. Elektrochemische Realkalisierungsverfahren haben sich wegen der damit verbundenen Oberflächenveränderungen und der bisher nicht nachgewiesenen Dauerhaftigkeit als nicht empfehlenswert erwiesen. Die Verwendung von Korrosionsinhibitoren ist umstritten, da eine langfristige Wirkung bisher nicht ermittelt wurde.

Was ist deshalb zu tun, um eine denkmalgerechte Instandsetzungsmassnahme von Sichtbetonoberflächen zu veranlassen? Das Wichtigste ist sicherlich, ein Ingenieurbüro zu finden, das in der Lage und willens ist, eine «behutsame» Instandsetzung als erste Priorität zu planen und auszuführen und einen Bauherrn zu haben, der die damit verbundenen Risiken auf sich nimmt, da es sich um keine normgerechte Ausführung handelt. Die Instandsetzungsarbeiten sollten durch eine Steinmetz- oder Restauratorenfirma ausgeführt werden, die sich mit Betoninstandsetzung auskennt, und nicht von einer Baufirma, die mit anderen Geräten wie Presslufthammer oder Spritzkanone vertraut ist und diese auch gern einsetzt.

Was kann man selbst dazu beitragen? Als Hauptsache soll man sich mit dem Material Stahlbeton vertraut machen, denn dessen Instandsetzungsprobleme unterscheiden sich deutlich von denen der traditionellen Baumaterialien. Der Umfang der notwendigen baulichen und materialtechnologischen Voruntersuchungen ist in den entsprechenden Publikationen nachzulesen, doch die durch die Literatur bekannt gewordenen instand gesetzten Bauten sollten persönlich besichtigt werden, denn nur dadurch lassen sich Erfolg oder Misserfolg der verschiedenen Instandsetzungsmethoden auch nach längerer Standzeit beurteilen. Rückblickend auf fast zwanzig Jahre sind die Kenntnisse und Erfahrungen bei der Instandsetzung von Stahlbetonbauten und Sichtbetonoberflächen heute soweit fortgeschritten, dass es möglich sein sollte, die richtige Entscheidung bei der Auswahl der Verfahren und Methoden zu treffen.

31 Massnahmen zum Oberflächenschutz von der Hydrophobierung (o.) bis zur Beschichtung (u.). Schemazeichnung (nach Klopfer 1984)

32 Typische Mischungsverhältnisse von Imprägniermitteln, Lasuren, Anstrich- und Beschichtungsstoffen (nach Klopfer 1984)

1 Schon 1973 machte der Kölner Dombaumeisters Arnold Wolff in mehreren Zeitschriftenartikeln mit dem provokanten Titel «Der Kölner Dom zerfällt zu Gips» und den Fotos von stark verwitterten Plastiken auf die Situation der überhand nehmenden Steinschäden aufmerksam.

2 *Jahresberichte Steinzerfall und Steinkonservierung* (1989–1996), Bde. 1–6, hg. von Rolf Snethlage und Verbundforschungsprojekt Steinzerfall und Steinkonservierung, Berlin/Stuttgart 1991–1998.

3 Zit. nach: Max Bächer und Erwin Heinle, *Bauen in Sichtbeton*, Stuttgart 1966, S. 56.

4 Michael Ragon, *Ästhetik der zeitgenössischen Architektur*, Neuchâtel 1968.

5 Siehe dazu auch den Beitrag «Schäden an Beton und Bewehrung» von Hubert K. Hilsdorf, S. 67–74.

6 Massnahmen zur statisch-konstruktiven Instandsetzung und Ertüchtigung von historischen Stahlbetonbauwerken sollen hier nicht behandelt werden, da die einzelnen Massnahmen abhängig sind von den vorhandenen Schäden wie auch von den neuen Anforderungen an das Bauwerk.

7 Neben der hier vorgestellten Übersicht über die denkmalgerechten Massnahmen zur Instandsetzung von Sichtbetonbauwerken schildern die beiden folgenden Beiträge von Harald S. Müller und Martin Günter den heutigen Stand der Forschung und die Möglichkeiten einer «behutsamen» Ausführung: «Die 'behutsame' Betoninstandsetzung. Technisch-wissenschaftliche Grundlagen», S. 121–136 und «Die 'behutsame' Betoninstandsetzung. Durchführung, Kosten und Dauerhaftigkeit», S. 137–150.

8 Mit «Inhibitoren» werden Hemmstoffe – chemischer, biologischer oder physiologischer Natur – bezeichnet, die eine Reaktion dahingehend beeinflussen, dass sie verlangsamt wird. Sie werden in der Bautechnik zum Korrosionsschutz von Oberflächen eingesetzt, doch ist ihre Wirkung reversibel.

9 *DAfStb-Richtlinie für Schutz und Instandsetzung von Betonbauteilen (Instandsetzungs-Richtlinie)*, 4 Teile, hg. von Deutscher Ausschuss für Stahlbeton und Deutsches Institut für Normung e. V., Berlin/Köln 2001; hierzu besonders Gerd Motzke, «Regelwerke und ihre juristische Bedeutung: RiLi-SIB, ZTV-ING, VOB – Rechtliche Grundlagen, Folgen für die Vertragspartner», in: Manfred Schröder (Hg.), *Schutz und Instandsetzung von Stahlbeton. Anleitung zur sachkundigen Planung und Ausführung*, Renningen (3)2006, S. 1–61. Weitere Schriften zu Richtlinien sind in der ausgewählten Literatur aufgeführt.

10 Bernd Hillemeier u. a., «Instandsetzung und Erhaltung von Betonbauwerken», in: *Beton-Kalender 1999*, Teil 2, Berlin 1999, S. 662–696.

11 Eine gute Zusammenfassung einer normgerechten Betoninstandsetzung findet sich in: *Instandsetzen von Stahlbetonoberflächen. Ein Leitfaden für Auftraggeber*, hg. von Bundesverband der Deutschen Zementindustrie e. V., Köln 1997.

12 In der ausgewählten Literatur findet sich eine Zusammenstellung einzelner Berichte über denkmalgerechte Massnahmen zur Instandsetzung von Sichtbetonbauwerken.

13 Ferdinand Pfammatter, *Betonkirchen. Voraussetzung, Entwicklung, Gestaltung*, Einsiedeln u. a. 1948; Barbara Kahle, *Rheinische Kirchen des 20. Jahrhunderts. Ein Beitrag zum Kirchenbauschaffen zwischen Tradition und Moderne*, Köln 1985 (= Landeskonservator Rheinland 39).

14 Willy Weyres, «Der Kirchenbau im Erzbistum Köln 1920–1931», in: *Kunstgabe des Vereins für Christliche Kunst im Erzbistum Köln und Bistum Aachen*, Mönchengladbach 1932.

15 Wolfgang Pehnt und Hilde Strohl, *Rudolf Schwarz. Architekt einer anderen Moderne*, Köln 1997, S. 160.

16 Veronika Darius, *Der Architekt Gottfried Böhm. Bauten der sechziger Jahre*, Düsseldorf 1988.

17 Eine Übersicht über die Bauten bieten: Willy Weyres, *Neue Kirchen im Erzbistum Köln 1945–1956*, hg. von Verein für Christliche Kunst im Erzbistum Köln und Bistum Aachen, Düsseldorf 1957; Karl Josef Bollenbeck, *Neue Kirchen im Erzbistum Köln 1955–1995*, Bd. 1: *Pfarreien A–K*, Bd. 2: *Pfarreien Köln–Z*, Köln 1995; Kahle 1985 (wie Anm. 13).

18 Karl Josef Bollenbeck, «Sichtbetonsanierung an Kirchen des Erzbistums Köln», in: *Denkmalpflege im Rheinland* 14 (1997), H. 2, S. 80–90, hier S. 86.

19 Rochus Michnia, «Restaurierung von Sichtbetonobjekten», in: *Beton in der Denkmalpflege*, hg. von Institut für Steinkonservierung e. V., Mainz (2)2004 (= Bericht / Institut für Steinkonservierung e. V. 17), S. 65–69.

20 Die Kirche wurde 1992–1996 restauriert. Die Massnahmen sind dokumentiert in: «Seine Saint-Denis, Restauration de l'église Notre-Dame du Raincy», in: *Patrimoine restauré Île de France*, H. 2, 1996.

21 Urs Wanner und Vojislav Ristic, «Stahlbetonsanierung durch Vorbetonieren am Beispiel St. Antoniuskirche und Goetheanum», in: *Nachhaltige Instandsetzung*, hg. von Wissenschaftlich-Technische Arbeitsgemeinschaft für Bauwerkserhaltung und Denkmalpflege e. V., Freiburg 1999 (= WTA Schriftenreihe 20), S. 51–68.

22 Alfred Wyss, «…auf eine Kopie der Kiesnester wurde verzichtet. Zu den Problemen bei der Restaurierung von Betonbauten am Fall der St. Antoniskirche in Basel», in: *archithese* 2 (1986), S. 19.

23 Das erste Goetheanum, von Rudolf Steiner 1913–1915 erbaut, war ein Holzbau, der an Silvester 1922/23 abbrannte. Es ist nicht auszuschliessen, dass die Wahl des feuerfesten Baustoffs Beton eine Reaktion auf diese Katastrophe war. Hagen Biesantz und Arne Klingborg, *Das Goetheanum – Der Bauimpuls Rudolf Steiners*, Dornach 1978.

24 Die Firma Fosroc NCT ist eine international agierende Firma für Bauchemie mit Hauptsitz in Tamworth, Staffordshire, England.

25 Andreas Gerdes und Folker H. Wittmann, *Realkalisierung von Beton*, Freiburg 1998 (= Building Materials Report 9), S. 22–26.

26 Vojislav Ristic, «Das Goetheanum in Dornach, Schweiz. Zur Sanierung der Nordfassade», in: *Bausubstanz* 10 (1994), H. 11/12, S. 36–39.

27 Adam C. Oellers, «Farbe und Stuck für einen bröckelnden Tempel. Über die Schwierigkeit der Erben mit der Pflege der anthroposophischen Baukunst Rudolf Steiners», in: *Kunstchronik* 9/10 (1999), S. 470.

28 Jürg Kägi und Hans Gubler, «Erneuerung einer Betonfassade. Das Schwesternhochhaus des Universitätsspitals in Zürich als Beispiel», in: *Schweizer Ingenieur und Architekt* 26 (1995), S. 1008–1011.

29 Initiator und Sprecher des SFB 315 war Prof. Dr. Fritz Wenzel, Ordinarius des Instituts für Tragkonstruktionen der Universität Karlsruhe (TH). Die Forschungsergebnisse sind publiziert in den einzelnen Jahrbüchern des SFB 315 aus den Jahren 1986–1998.

30 Hubert K. Hilsdorf und Martin Günter, «Beton und Stahlbetonkonstruktionen. Möglichkeiten und Grenzen der Instandsetzung», in: *Konservierung der Moderne? Über den Umgang mit den Zeugnissen der Architekturgeschichte des 20. Jahrhunderts. Tagung des Deutschen Nationalkomitees von ICOMOS in Zusammenarbeit mit der «denkmal '96», Leipzig 31.10.–2.11.1996*, hg. von ICOMOS Nationalkomitee der Bundesrepublik Deutschland, München 1998 (= ICOMOS, Hefte des Deutschen Nationalkomitees 24), S. 108–112, hier S. 111f.

31 Im Gegensatz zu der hohen Nordostwand des Beethovensaals, an der keine Farbunterschiede zu erkennen sind, sind die Reparaturstellen am höheren Mittelteil auf der Westseite heute hell und deutlich zu erkennen.

32 Harald S. Müller, «Denkmalgerechte Betoninstandsetzung – Überblick und technisch-wissenschaftliche Grundlagen», in: *Beton in der Denkmalpflege*, hg. von Institut für Steinkonservierung e. V., Mainz (2)2004 (= Bericht / Institut für Steinkonservierung e. V. 17), S. 33–41, hier S. 38.

33 Siehe dazu die Verweise auf die beiden Beiträge in Anm. 7.

34 *Beton-Kalender 1999*, Teil 2, Berlin 1999, S. 698.

35 Günter Rieche, «Korrosionsschutz der Bewehrung», in: Manfred Schröder (Hg.), *Schutz und Instandsetzung von Stahlbeton*, Renningen (3)2006, S. 244.

36 Andreas Gerdes und Folker H. Wittmann, «Reaktionen in der Porenlösung während der Realkalisierung von Beton», in: Wolfgang Schwarz (Hg.), *Korrosion von Bewehrungsstahl in Beton*, München 1999 (= WTA-Schriftenreihe 19), S. 183–197.

37 Andreas Gerdes und Folker H. Wittmann, *Realkalisieren von Beton*, Freiburg 1998 (= Buildings Materials Reports 9), S. VI.

38 Gerdes/Wittmann 1999 (wie Anm. 36), S. 183–197.

39 *Beton-Kalender 1999* (wie Anm. 34), S. 699.

40 DIN EN ISO 8044:1999-11: Korrosion von Metallen und Legierungen – Grundbegriffe und Definitionen; ISO = International Standards Organisation.

41 Siehe dazu auch den Beitrag «Sanfte Instandsetzung von Sichtbeton mit Korrosionsinhibitoren und Tiefenimprägnierungen» von Eugen Brühwiler, S. 151–157.

42 Andreas Gerdes, «Korrosionsinhibitoren und elektrochemische Realkalisierung – neue Methoden zur Instandsetzung denkmalgeschützter Betonbauwerke?», in: *Beton in der Denkmalpflege*, hg. von Institut für Steinkonservierung e. V., Mainz (2)2004 (= Bericht / Institut für Steinkonservierung e. V. 17), S. 43–50, hier S. 50.

43 Anfängliche Glanzeffekte vergehen mit der Zeit, so dass man von einer unsichtbaren Schutzschicht sprechen kann.

44 Michael Raupach und Christoph Ortmanns, «Alte Fassaden schützen: Konservieren von Sichtbeton unter denkmalpflegerischem Aspekt. Steinschutzstoffe wirken auch auf Beton», in: *Bundesbaublatt* (2001), H. 4, S. 32ff.

45 Günther Ruffert, *Lexikon der Betoninstandsetzung*, Stuttgart 1999, S. 153.

1 Linachtalsperre bei Vöhrenbach, Südschwarzwald, 1922–1925. Erste in Stahlbeton hergestellte Gewölbereihen-Staumauer in Deutschland. In den Jahren 1925–1969 diente der Stausee zur Stromerzeugung, anschliessend wurde das Wasser abgelassen, um die Staumauer 2005–2007 instand zu setzen.

Harald S. Müller

Die «behutsame» Betoninstandsetzung
Technisch-wissenschaftliche Grundlagen

Die Erhaltung und Instandsetzung historisch bedeutsamer Betonbauwerke erfordert denkmalgerechte bauliche Massnahmen. Dies bedeutet, dass ein grösstmöglicher Erhalt der ursprünglichen Konstruktion beziehungsweise ihres Erscheinungsbildes zu gewährleisten ist. Dennoch muss auch den heutigen Nutzerwünschen Rechnung getragen werden. Soweit technisch vertretbar, ist eine örtliche, auf lokale Schäden konzentrierte Instandsetzung zu bevorzugen. Voraussetzung hierfür sind detaillierte Bauwerksuntersuchungen, die eine sichere Abschätzung der Tragfähigkeit und eine Prognose der Dauerhaftigkeit noch ungeschädigter Bauteile erlauben. Meist sind auf das Bauwerk abgestimmte Instandsetzungsmörtel oder Betone zu entwickeln, die neben einer optischen Angleichung an den Altbeton auch spezifische Anforderungen an die mechanischen Eigenschaften zu erfüllen haben. In diesem Beitrag werden die Grundlagen der genannten Methoden und die Vorgehensweisen bei der denkmalgerechten Instandsetzung behandelt. Zudem wird über Erfahrungen und den Kenntnisstand mit dieser Instandsetzungsart berichtet.

Wege der Instandsetzung

Seit dem 20. Jahrhundert ist Sichtbeton zu einem bedeutenden Gestaltungselement in der Architektur geworden. Das Aussehen zahlreicher Bauwerke wird hierdurch geprägt. Das dabei vom Architekten gewollte Erscheinungsbild geht jedoch verloren, wenn bei Massnahmen zur Verbesserung der Dauerhaftigkeit oder bei der Instandsetzung von Beton- und Stahlbetonbauwerken die in Richtlinien und Vorschriften festgelegten Grundsatzlösungen unmittelbar umgesetzt werden. Ziel muss es daher sein, behutsamere Wege der Betoninstandsetzung zu erschliessen, die dann, soweit technisch vertretbar, bei der Instandsetzung eingeschlagen werden können.

Vor nahezu zwanzig Jahren wurden vom Institut für Massivbau und Baustofftechnologie der Universität Karlsruhe (TH) gemeinsam mit Architekten und Denkmalpflegern erstmals modifizierte Wege der Betoninstandsetzung beschritten. Der dabei geprägte Begriff der «behutsamen» Betoninstandsetzung verdeutlicht die Zielsetzung dieser durch einen weitgehenden Substanzerhalt gekennzeichneten Art der Instandsetzung. Sie erfuhr in den vergangenen Jahren eine stetige Weiterentwicklung. Heute steht die «behutsame» Instandsetzung, ohne zu konkurrieren, neben der allgemein üblichen, durch grossflächige und irreversible Beschichtungsmassnahmen geprägten Art der Betoninstandsetzung, die bei hoch beanspruchten Ingenieurbauwerken oftmals unverzichtbar ist.

Betonschäden und ihre Ursachen

Betrachtet man Mängel und Schäden, die an Aussenfassaden, genauer an Sichtbetonoberflächen von Beton- und Stahlbetonbauwerken überwiegend vorzufinden sind, so lassen sich im Wesentlichen fünf charakteristische Schadensbilder voneinander unterscheiden:
- verwitterte und abgesandete Betonoberflächen
- flächige Beläge mineralischer oder organischer Natur
- hohlraumreiche Randzonen mit fehlender Feinmörtelmatrix
- Oberflächenrisse von unterschiedlicher Ausprägung
- abgeplatzte Betondeckung über korrodierter Bewehrung.

Hinzu kommen teilweise Risse in der Zugzone biegebeanspruchter Bauteile sowie durchgehende Risse als Folge von Zwängungen respektive Verformungsunverträglichkeiten.

Die aufgeführten Veränderungen beziehungsweise Schäden an Betonoberflächen sind an historischen Konstruktionen wie an gewöhnlichen Betonkonstruktionen oft gleichermassen zu beobachten. Entscheidend für die Bewertung solcher veränderter oder nicht typischer Betonoberflächen ist die Einstufung des Bauwerks, zum Beispiel als Baudenkmal. So wird man bei historischen Betonkonstruktionen einen Bewuchs oder eine verwitterte Oberfläche vielfach als Teil des gewachsenen und damit zu bewahrenden Erscheinungsbildes ansehen. Instandsetzungsmassnahmen sind in solchen Fällen nur dann vorzusehen, wenn die Veränderung der Betonoberfläche mit einer Beeinträchtigung der Dauerhaftigkeit, Gebrauchsfähigkeit oder Standsicherheit des Bauwerks einhergeht. Dies ist im Zuge einer gründlichen Bauwerksuntersuchung und Schadensanalyse zu klären.

Die Verwitterung von Betonoberflächen hat ihre Ursache im Wesentlichen in der Beanspruchung durch klimatische Einflüsse und Luftschadstoffe. Zu den massgeblichen Mechanismen gehören wechselnde Eigenspannungszustände durch Temperatur- und Feuchtigkeitswechsel, Frost-Tau-Wechselbeanspruchungen sowie Lösungs- und Auslaugungsprozesse (Abb. 2, 4). Beläge auf Betonoberflächen treten in Form von Ausblühungen, Verschmutzungen oder Bewuchs auf. Im Einzelnen können diese Erscheinungsformen auf komplexen Mechanismen beruhen, die teils physiochemischer und biochemischer Natur sind, bei denen stets das Vorhandensein respektive der Transport von Feuchtigkeit eine ursächliche Rolle spielt.

Hohlraumreiche Randzonen, sogenannte Kiesnester, beruhen auf einem Herstellungs- oder Verarbeitungsmangel des Betons und sind nur dann als Schaden einzustufen, wenn sie tiefreichend sind und wenn durch die fehlende Dichtheit dieser Bereiche die Dauerhaftigkeit der Konstruktion beziehungsweise der Korrosionsschutz der Bewehrung beeinträchtigt wird.

Die Oberflächenrissbildung ist meist die Folge von Eigenspannungen, die aus behinderter Schwind- oder Temperaturverformung der oberflächennahen Bereiche resultieren. In selteneren Fällen reichen die an der Oberfläche sichtbaren Risse tief in den Bauteilquerschnitt hinein, weil sie durch Zwang oder äussere Lasten hervorgerufen worden sind.

Das Abplatzen der Betondeckung über oberflächennaher, korrodierender Bewehrung infolge des Sprengdrucks, den die entstehenden Korrosionsprodukte bewirken, gehört zu den häufigsten, insbesondere jedoch zu den gravierendsten Oberflächenschäden an historischen Stahlbetonbauwerken, weil hierdurch immer die Dauerhaftigkeit und nicht selten auch unmittelbar die Tragfähigkeit und Standsicherheit der Konstruktion beeinträchtigt wird (Abb. 3). Der schadensauslösende Korrosionsvorgang am Bewehrungsstahl resultiert aus dem gleichzeitigen Ablauf eines anodischen, kathodischen und elektrolytischen Teilprozesses. Der anodische Teilprozess besteht in der Stahlauflösung an der Anode. Sie kann stattfinden, wenn die üblicherweise den Stahl schützende Passivschicht aus Eisenoxid durch die Anwesenheit von Chloriden oder die Karbonatisierung der Betondeckung zerstört wird. Der elektrolytische Teilprozess besteht in der Ionenleitung, die einen hinreichend hohen Wassergehalt des Betons erfordert. Der kathodische Teilprozess führt zur Oxidation des Eisens und erfordert dementsprechend ein ausreichendes Sauerstoffangebot am Stahl.

An der Betonoberfläche sichtbare Schäden, vor allem die Ausbildung von Rissen, können ihre Ursache auch in konstruktiven Mängeln oder aber einer erhöhten, nicht vorhergesehenen Beanspruchung haben. Für die Instandsetzung einer Betonoberfläche oder eines Betonbauwerks ist es in jedem Fall wichtig, die genaue Ursache eines Schadensbildes zu kennen, um künftigen Schädigungen nach der Instandsetzung wirksam begegnen zu können.[1]

2 Abgewitterte Betonoberflächen, Ausblühungen und Rissbildungen an der Staumauer der Linachtalsperre vor der Instandsetzung

Ziele und Merkmale der «behutsamen» Instandsetzung

Bei einer «behutsamen» Betoninstandsetzung müssen technische Erfordernisse mit den zusätzlichen Anforderungen der Denkmalpflege in Einklang gebracht werden (Abb. 5). Die Beseitigung von Schäden und Mängeln sowie die Wiederherstellung der Dauerhaftigkeit müssen im Rahmen nachstehender massgeblicher Randbedingungen erfolgen:
– Minimierung der Eingriffe in die Bausubstanz
– Erhaltung des architektonischen und optischen Erscheinungsbildes des Bauwerks beziehungsweise seiner Oberflächen in der ursprünglichen Art.

Somit kann, nach den Richtlinien des «Deutschen Ausschusses für Stahlbeton», lediglich das Instandsetzungsprinzip der örtlichen Ausbesserung (Prinzip R2), gegebenenfalls in Verbindung mit der Beschichtung der Bewehrung (Prinzip C), zur Anwendung kommen.[2] Dabei wird man Imperfektionen der Betonoberfläche wie Kiesnester oder Lunker, aber auch einen Bewuchs, soweit technisch vertretbar, unverändert belassen. Sinnvoll ist diese Vorgehensweise jedoch nur dann, wenn der vorgefundene Schadensumfang begrenzt ist und wenn eine Prognose der künftigen Schadensentwicklung eine hinreichende Dauerhaftigkeit sowohl der lokal instand gesetzten als auch insbesondere der nicht instand gesetzten Oberflächenbereiche erwarten lässt. Eine entsprechende Lebensdauerprognose ist also gleichermassen Merkmal wie unverzichtbarer Bestandteil einer denkmalgerechten Instandsetzung.

Die erforderliche Lebensdauerprognose verlangt eine detaillierte Bauwerksuntersuchung, die im Umfang deutlich über das übliche Mass an Voruntersuchungen bei konventionellen Betoninstandsetzungen hinausgeht. Da bei aller Sorgfalt jedoch nicht ausgeschlossen werden kann, dass im Lauf der prognostizierten Lebensdauer vereinzelt noch weitere Schäden auftreten, ist eine planmässige Bauwerksüberwachung wichtiger Bestandteil des Instandsetzungskonzeptes.

Die Ausführung einer «behutsamen» Instandsetzung weist verschiedene spezifische Merkmale auf. Hierzu gehören vor allem die Entwicklung speziell auf die Bauwerksoberfläche abgestimmter Instandsetzungsmörtel und deren Verarbeitung sowie die Oberflächenbearbeitung der reprofilierten Bereiche.

3 Wasserturm «Kavalier Dallwigk» in Ingolstadt, 1916/17. Zustand vor der Instandsetzung. Der Sichtbeton zeigt eine Vielzahl von Betonschäden, z. B. Rissbildungen und Abplatzungen über korrodierender Bewehrung.

4 Blick auf die Wasserseite der Linachtalsperre vor der Instandsetzung 2005–2007

5 Anforderungen und Merkmale einer denkmalgerechten Betoninstandsetzung

Vorbereitungen

Bauwerksuntersuchung

Die Bauwerksuntersuchung lässt sich in einen baugeschichtlichen, einen statisch-konstruktiven und einen materialtechnologischen Abschnitt gliedern. Die materialtechnologischen Untersuchungen müssen Ergebnisse in Bezug auf die im Folgenden genannten Punkte liefern, denen bei der üblichen Betoninstandsetzung meist nur sehr begrenzt nachgegangen wird. Hierdurch wird ein repräsentatives Eigenschaftsprofil des instand zu setzenden Bauwerksbetons gewonnen, was auch für die sachgerechte Wahl respektive die Entwicklung eines geeigneten Instandsetzungsmörtels von wesentlicher Bedeutung ist.

Wichtige Voruntersuchungen bei «behutsamen» Betoninstandsetzungen sind:
- Art, Umfang und Lage der Schäden
- Lage und Umfang von oberflächlich schadensfreien Bauwerksbereichen
- Korrosion und Korrosionsschutz der Bewehrung in den oberflächlich nicht oder nur wenig geschädigten Bauwerksbereichen
- Korrosionsfortschritt in den derzeit nicht oder nur wenig geschädigten Bauwerksbereichen
- Textur und Abwitterungszustand der Betonoberfläche
- Eigenschaften des Betons, unter anderem Druck- und Zugfestigkeit, E-Modul, Bindemittel und Mischungsverhältnis, Farbe der Mörtelmatrix, Art, Farbe und Sieblinie der Zuschlagstoffe.

Die Bauwerksuntersuchung muss sich auf alle für das Bauwerk repräsentativen Bereiche erstrecken. Weiterhin sind folgende Versuche beziehungsweise Untersuchungen am Bauwerk oder an aus dem Bauwerk entnommenen Proben erforderlich:
- Messung der Karbonatisierungstiefe
- Ermittlung der Schadstoffbelastung, beispielsweise Chloride
- Messung der Betondeckung der Bewehrung
- Ermittlung der Stabdurchmesser der Bewehrung
- Ermittlung der Bewehrungsführung und des Bewehrungsgrades
- Erkundung der Ursache statisch-konstruktiv bedingter Schäden
- Überprüfung von Art und Umfang der Bewehrungskorrosion
- Beurteilung des Gefüges der Betondeckungsschicht
- Beurteilung des Mikroklimas im Bauteilbereich
- Chemische/physikalische/mineralogische Analysen
- Prüfung der Festigkeits- und Verformungseigenschaften
- Erfassung des Erscheinungsbildes der Betonoberfläche.

Diese Untersuchungen, deren Methodik weitgehend von Hillemeier und anderen 1999 beschrieben wurde,[3] bilden die Grundlage für die Beurteilung der Dauerhaftigkeit bisher noch wenig geschädigter Bereiche und für die Festlegung der Instandsetzungsmassnahmen. Ein Teil der genannten Untersuchungen ist zudem für die statisch-konstruktive Beurteilung der Konstruktion unerlässlich. Diese Beurteilung erfordert auch das Studium alter Konstruktionspläne, soweit diese noch vorhanden sind, sowie weitergehende Untersuchungen, die Aufschluss über Lasten, angenommene Tragsysteme beziehungsweise lastbedingte Änderungen der Tragwirkungen und gegebenenfalls über die Möglichkeiten einer Verstärkung geben.

Gerade in Bezug auf die Beurteilung des Tragverhaltens historischer Konstruktionen oder im Hinblick auf die Erfassung vorliegender klimatischer Beanspruchungen und deren Auswirkung ist der Einsatz moderner numerischer Analysemethoden oftmals von grossem Nutzen. So lassen sich beispielsweise mit Hilfe der Finite-Elemente-Methode die Kraftflüsse in Konstruktionen, aber auch temperatur- und feuchtebedingte Verformungen und Spannungen wirklichkeitsnah erfassen (Abb. 6).

Die im Weiteren unabdingbare qualitative und quantitative Erfassung des Erscheinungsbildes der Betonoberflächen erlaubt deren Reproduktion in den nicht original zu erhaltenden Bereichen. Die dazu notwendigen Untersuchungen gliedern sich in drei Abschnitte:
- Das Aufmass der Oberflächentextur, die zum Beispiel durch strukturierte Schalungen oder durch eine steinmetzmässige Bearbeitung architektonisch wirkend hergestellt wurde.
- Das Aufmass der Abwitterungen, die im Verlauf der Alterung der Oberflächen eingetreten sind und nun ebenfalls zum Erscheinungsbild der Gesamtfläche beitragen.
- Die Analyse der Farbigkeit und Helligkeit der Betonoberfläche.

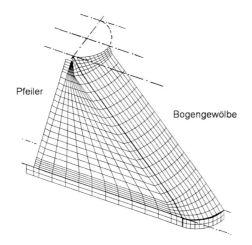

Die Analyse und Beschreibung der Farbigkeit und Helligkeit der Betonoberfläche ist mittels der bekannten Methoden und Gesetze der Farbmetrik durchzuführen. Untersuchungen am Institut für Massivbau und Baustofftechnologie der Universität Karlsruhe (TH) haben gezeigt, dass durch die Anwendung der Gesetze der Farbmetrik in Kombination mit den Möglichkeiten der modernen digitalen Bilderfassung Farbanalysen an Betonen schnell und mit der erforderlichen Genauigkeit möglich sind. Die entwickelte Messtechnik eignet sich insbesondere auch zur Reproduktion von Färbungen bei Instandsetzungsmörteln oder -betonen.[4]

Beurteilung der Standsicherheit

Die Beurteilung der Standsicherheit basiert auf den Ergebnissen der Bauwerksuntersuchungen und der Konzepte in einschlägigen Richtlinien (insbesondere DIN 1045). Die dort gegebenen Nachweisformate können oftmals aber nicht zielführend angewandt werden. In diesen Fällen sind weitergehende statische Überlegungen bis hin zu numerischen Untersuchungen (Abb. 6) und gegebenenfalls auch Belastungsversuche durchzuführen, um entweder die Tragfähigkeit beziehungsweise Standsicherheit nachweisen oder Verstärkungsmassnahmen planen zu können.

Je nach Bauwerk und örtlichen Gegebenheiten, zum Beispiel bei historischen Betonbrücken, sind auch sicherheitstheoretische respektive entsprechende probabilistische Analysen vorzunehmen. Bezogen auf historische Gebäude aus Beton oder Stahlbeton zeigen die gewonnenen Erfahrungen, dass in der Mehrzahl der Fälle eine ausreichende Tragfähigkeit vorhanden ist und auch langfristig sichergestellt werden kann, sofern der meist vorzufindende Korrosionsfortschritt an der Bewehrung unterbunden wird.[5] Nähere Angaben zur Beurteilung der Standsicherheit sind der einschlägigen Literatur zu entnehmen.

Beurteilung der Dauerhaftigkeit und Lebensdauerprognose

Beruht die allmähliche Zerstörung einer Betonoberfläche allein auf Verwitterungsprozessen, so kann eine hinreichend genaue Abschätzung des künftig zu erwartenden Oberflächenabtrags beziehungsweise Schadenszuwachses meist recht einfach unter Verwendung von Potenzgesetzen gewonnen werden.[6] Diese sind unter Berücksichtigung der am Bauwerk gegebenen Randbedingungen aufzustellen. Schwieriger ist die Prognose der Dauerhaftigkeit hinsichtlich der Korrosion der oberflächennahen Bewehrung. Dies gilt sowohl für Oberflächenbereiche, die im ursprünglichen Zustand belassen werden, als auch für jene, in denen eine örtliche Instandsetzung erfolgt, weil unter ungünstigen Umständen durch die Instandsetzungsmassnahmen korrosionsfördernde Bedingungen in den angrenzenden Bereichen geschaffen werden können (Makroelementkorrosion).

Bei den Korrosionsprozessen der oberflächennahen Bewehrung historischer Betonkonstruktionen liegt praktisch immer ein ausreichendes Sauerstoffangebot am Stahl vor. Die Zerstörung der Passivschicht wird bei diesen Bauten nur selten von lokal vorhandenen oder eingetretenen Chloriden verursacht, meistens ist sie auf die Karbonatisierung der Randzone infolge ungenügender Betondeckung und/oder geringer Betonqualität zurückzuführen. Daher beruht eine Abschätzung der künftig zu erwartenden Korrosion auf der Erfassung und Prognose des Karbonatisierungsfortschrittes in Verbindung mit dem Feuchtehaushalt beziehungsweise den Voraussetzungen für die Bewehrungskorrosion am betrachteten Bauteil. Entsprechend der schematischen Darstellung in Abbildung 7 kann aus Untersuchungen zur Karbonatisierung des Betons und zur Qualität der Betonrandzone unter Berücksichtigung des lokalen Mikroklimas der zeitliche Verlauf der Karbonatisierungstiefe anhand einfacher Beziehungen abgeschätzt und extrapoliert werden.[7] Unter

6 Ansicht des Finite-Elemente-Netzes eines Pfeilers/Bogengewölbes der Linachtalsperre. Die Finite-Elemente-Analyse wurde am Institut für Massivbau und Baustofftechnologie der Universität Karlsruhe (TH) zur Untersuchung der Tragwirkung bzw. Tragfähigkeit durchgeführt.

Verwendung der ebenfalls erfassten Werte der Betondeckung lässt sich aus dem vorhandenen Überschneidungsbereich der beiden Häufigkeitsverteilungen ein Mass für die Häufigkeit verlorengegangener Passivierung der oberflächennahen Bewehrung abschätzen. Das ermittelte Ergebnis ist mit dem in den Voruntersuchungen erfassten Umfang der Bewehrungskorrosion zu korrelieren beziehungsweise gemeinsam zu beurteilen und für die Dauerhaftigkeitsprognose zu bewerten.

Bei fehlender Passivierung des Bewehrungsstahls und vorhandenem Sauerstoffangebot wird einerseits eine Korrosion dann einsetzen, wenn der Feuchtegehalt im Beton hinreichend hoch ist. Andererseits kommt die Korrosion bei sehr hohen Feuchtegehalten zum Stillstand, weil dann der Sauerstoffnachschub zur Kathode unterbunden wird. Daher sind grössere Korrosionsraten nur dann zu erwarten, wenn eine relative Feuchtigkeit im Beton von mindestens 85 %, aber weniger als 100 % vorherrscht.[8] Besonders günstige Korrosionsbedingungen liegen vor, wenn Wasser periodisch auf den Beton einwirken kann, wie dies bei Schlagregen oder Kondensatbeaufschlagung der Fall ist.

Veränderliche Feuchtegehalte infolge der Bewitterung treten in Abhängigkeit von der Betonqualität und dem Feuchteangebot oftmals nur relativ nahe der Oberfläche auf (Abb. 8). In tieferen Bereichen kann der Feuchtegehalt unter den für die Stahlkorrosion erforderlichen Wert absinken. Daher ist auch in der Praxis an frei bewitterten Oberflächen häufig zu beobachten, dass trotz tiefgreifender Karbonatisierung nicht zwangsläufig eine Korrosion depassivierter Bewehrung vorhanden ist. Für die Prognose der Dauerhaftigkeit der Betonrandzone müssen folglich die einzelnen Einflussparameter Betondeckung, Karbonatisierungstiefe und relative Feuchtigkeit in Abhängigkeit von der Tiefe unter der bewitterten Betonoberfläche korreliert werden.

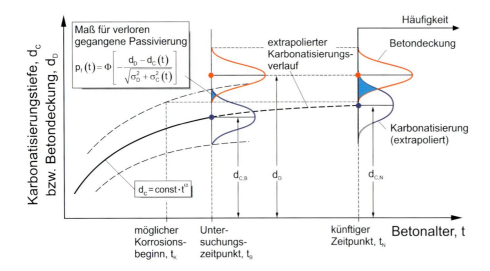

7 Schematische Darstellung der zeitlichen Entwicklung der Karbonatisierung des Betons — Mittelwerte und Streubereiche der Karbonatisierungstiefe d_C und der Betondeckung d_D. p_f = Versagenswahrscheinlichkeit; Φ = statistische Funktion; σ = Standardabweichung; t = Zeit; α = Konstante

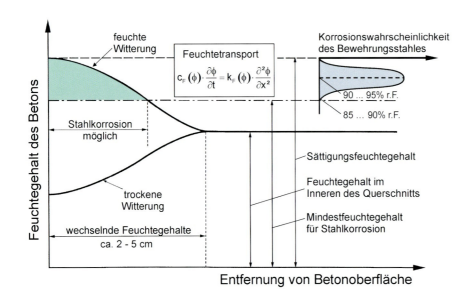

8 Schematische Darstellung des Feuchtegehalts von Beton in Abhängigkeit von der Entfernung von der Betonoberfläche bei einem frei bewitterten Betonbauteil. Schematische Darstellung der Korrosionswahrscheinlichkeit in Abhängigkeit vom Feuchtegehalt (re. o.). Φ = Feuchtepotenzial; c_F, k_F = Materialkennwerte; t = Zeit; x = Ortskoordinate (Entfernung von Betonoberfläche)

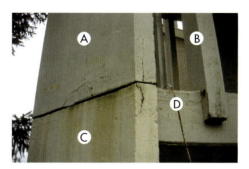

Schadensart	Bauteile
Bewehrungskorrosion	A, B, D
Frostschäden	C, D

▽

Ausfalleffektanalyse

Fehlerbaumanalyse

▽

Quantifizierung des (Kosten-) Risikos

Zusammenfassend gilt, dass eine Korrosionswahrscheinlichkeit für den Bewehrungsstahl erst dann gegeben ist, wenn am Stahl die Depassivierungswahrscheinlichkeit und die Wahrscheinlichkeit für einen korrosionsauslösenden Feuchtegehalt gemeinsam vorliegen.

Im Zuge der Abschätzung der Korrosionswahrscheinlichkeit und möglicherweise zukünftig auftretender Schäden sind noch einige weitere Aspekte zu berücksichtigen. So besteht zwischen dem Karbonatisierungsfortschritt und dem Feuchtegehalt des Betons eine Wechselbeziehung, die auch von der Zusammensetzung des Betons abhängt. Im Weiteren führen die Korrosion der Bewehrung und die mit den Korrosionsprodukten entstehenden Sprengdrücke nur dann zu Schäden an der Betonoberfläche, wenn gewisse geometrische und elektrochemische Voraussetzungen, wie beispielsweise das Unterschreiten eines Verhältniswertes aus Betondeckung zu Stabdurchmesser sowie eine begrenzte Mobilität der Korrosionsprodukte, gegeben sind.

Wie bereits oben dargelegt, kommt bei der «behutsamen» Instandsetzung vor allem das Prinzip R2 nach den DAfStb-Richtlinien zur Anwendung.[9] Sofern es geometrische und optische Gegebenheiten in der Praxis nicht erlauben, den Instandsetzungsmörtel in ausreichender Dicke aufzutragen, muss zur Gewährleistung einer langfristigen Dauerhaftigkeit zusätzlich ein stahlbaumässiger Korrosionsschutz entsprechend dem Prinzip C vorgesehen werden. Da man auf eine abschliessende Dünnbeschichtung der Oberflächen verzichten muss, ist unter den genannten Bedingungen einer möglichen Makroelementbildung am Bewehrungsstahl spezielle Aufmerksamkeit zu schenken. Ein solches Korrosionselement kann auftreten, wenn eine depassivierte Bewehrung bei der Instandsetzung nur bereichsweise durch alkalischen Mörtel passiviert oder durch eine Beschichtung korrosionsgeschützt wird. Bei korrosionsfördernden Bedingungen können hohe Korrosionsraten insbesondere dann entstehen, wenn das Flächenverhältnis von Kathode zu Anode gross ist.[10]

Aus den obigen Ausführungen wird deutlich, dass die Bewehrungskorrosion – sie ist die häufigste und oft massgebliche Schädigung bei historischen Betonkonstruktionen – je nach Lage eines Bauteils und der örtlichen Gegebenheiten am selben Bauwerk sehr unterschiedlich ausgeprägt sein kann. Gleichermassen unterschiedlich gross ist dann das Ausmass beziehungsweise Risiko eines künftigen Korrosionsfortschritts. Zudem können an verschiedenen Bauteilen verschiedenartige Schädigungsprozesse, zum Beispiel Bewehrungskorrosion,

9 Lebensdauerprognose bzw. (Kosten-) Risikoanalyse für einen Kirchturm mit verschiedenen Betonschäden. Systemanalyse bzw. Systemkomponenten (Bauteile) des Kirchturms (li. und u.). Schädigungsarten der einzelnen Bauteile (re. o.). Elemente einer (Kosten-) Risikoanalyse (re. Mi)

Frost- und Verwitterungsschäden, einzeln oder auch in Kombination auftreten (Abb. 9). Eine realistische Lebensdauerprognose für ein Bauwerk muss diese 'heterogene' Ausgangssituation sowie das Zusammenwirken der einzelnen Bauteile berücksichtigen.

Die Lebensdauerprognose für das Gesamtbauwerk, die ja hauptsächlich der Abschätzung eines künftigen Instandsetzungs- respektive Unterhaltsaufwands dient, erfordert bauteilbezogen vor allem:
- die Kenntnis der massgebenden Schädigungs-Zeit-Gesetze (Modelle) einschliesslich der Quantifizierung der Modellparameter (Bauwerks- und Laboruntersuchungen) und ihrer statistischen Eigenschaften
- die Festlegung der vorgesehenen Nutzungsdauer der Konstruktion beziehungsweise des Bauteils und der Grenzzustände in Abhängigkeit von den Schädigungsprozessen sowie die Festlegung der zulässigen Versagenswahrscheinlichkeit
- die Berechnung der vorhandenen Versagenswahrscheinlichkeit respektive der Restnutzungsdauer und im Weiteren, unter Betrachtung der Kombination der Bauteile, also des Gesamtbauwerks
- die Durchführung einer Systemanalyse mit Systembeschreibung, Ausfalleffektanalyse und Fehlerbaumanalyse
- die Quantifizierung des (Kosten-)Risikos aus der systemadäquaten Kombination der Versagenswahrscheinlichkeiten der einzelnen Systemelemente.

Dank der erheblichen wissenschaftlichen Fortschritte in jüngster Vergangenheit auf dem Gebiet der Modellierung von Schädigungsprozessen sowie der Verfügbarkeit der erforderlichen statistischen Softwarepakete können heute Lebensdauerprognosen zuverlässig aufgestellt werden.[11]

Instandsetzung

Instandsetzungsmörtel und -beton

Da der Instandsetzungsmörtel beziehungsweise -beton mit keiner Materialschicht überzogen wird, müssen seine Eigenschaften neben technologischen Anforderungen auch weitergehende Anforderungen erfüllen, die das Erscheinungsbild der Reprofilierungsstelle betreffen. Wichtige Anforderungen an den Instandsetzungsmörtel sind in Abbildung 10 links aufgelistet. Sie betreffen sowohl die Frischmörteleigenschaften (Verarbeitbarkeit, Modellierbarkeit) als auch jene des Festmörtels (mechanische Eigenschaften, Dauerhaftigkeit und optisches Erscheinungsbild). Die Eigenschaften des Instandsetzungsmörtels beziehungsweise -betons müssen auf die Eigenschaften des Bauwerkbetons abgestimmt sein. Grundsätzlich sollte die Zusammensetzung eines Instandsetzungsmörtels oder -betons weitestgehend jener des Bauwerksbetons entsprechen. Die Festlegung des spezifischen Anforderungsprofils für den zu verwendenden Instandsetzungsmörtel oder -beton respektive die darauf

Eigenschaften des Mörtels

- gute Verarbeitbarkeit, Modellierbarkeit
- angepasste Festigkeits-, Verbund- und Verformungseigenschaften
- angepasste Dauerhaftigkeit
- angepasstes optisches Erscheinungsbild; Parameter:
  - Farbe und Helligkeit
  - mechanische Bearbeitbarkeit
  - Bewitterungsverhalten
  - Alterungsverhalten

Beanspruchung des Mörtels

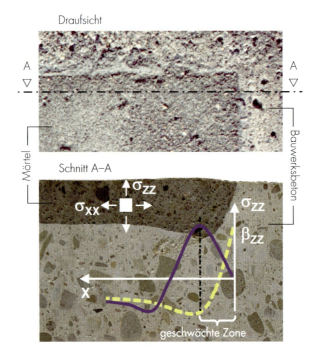

10 Zusammenfassung des Anforderungsprofils an Instandsetzungsmörtel. Geforderte Eigenschaften des Instandsetzungsmörtels (li.). Aufsicht auf eine mit Mörtel verschlossene Ausbruchstelle des Bauwerksbetons (re. o.). Schnitt durch Mörtelschicht und Bauwerksbeton (re. u.). Darstellung des Verlaufs der senkrecht zur Oberfläche wirkenden Ablösespannungen σ_{zz} unmittelbar vor dem Ablösen (gestrichelte Kurve) sowie nach der Ablösung im Randbereich (durchgezogene Linie)

aufbauende Entwicklung eines Mörtels oder Betons mit spezifischen Eigenschaften ist mit einer Bemessungsaufgabe vergleichbar.[12]

Zur Erzielung einer hohen Dauerhaftigkeit lokaler Instandsetzungsmassnahmen ist unter anderem der sogenannten Plombenbildung wirksam zu begegnen. Unter dieser versteht man das an freien Rändern oder am Rand von Reprofilierungsstellen beginnende, reissverschlussartige Ablösen des Reprofilierungsmörtels vom Bauwerksbeton. Die hierfür verantwortlichen Spannungszustände sind in Abbildung 10 rechts skizziert. Im oberen Bildteil ist eine Aufsicht auf eine Mörtelstelle, im unteren Bildteil der Schnitt durch diesen Bereich dargestellt. Das Schwinden des Reparaturmörtels bewirkt nicht nur oberflächenparallele Zugspannungen σ_{xx} im Mörtel und am Übergang von Mörtel zu Bauwerksbeton, sondern auch Ablösespannungen σ_{zz} senkrecht zur Oberfläche. Diese Ablösespannungen besitzen ein Maximum am Übergang zwischen Mörtel und Bauwerksbeton und fallen umso grösser aus, je stärker der Mörtel schwindet beziehungsweise je höher seine Zugfestigkeit ist. Um also Hohllagen des Mörtels zu vermeiden, muss die Verbundfestigkeit zwischen Reparaturmörtel und Bauwerksbeton umso höher sein, je höher die Zugfestigkeit des Mörtels ist. Eine feine Schwindrissbildung im Mörtel würde die Zugspannungen reduzieren, ohne die Dauerhaftigkeit zu beeinträchtigen. Wenn man nun den Zusammenhang zwischen der maximalen Zugspannung σ_{xx} und der maximalen Ablösespannung σ_{zz} kennt,[13] lässt sich für den Reparaturmörtel eine Obergrenze der zulässigen Zugfestigkeit angeben, so dass Hohllagen des Mörtels vermieden werden können. Hierbei kann vereinfachend angenommen werden, dass die maximal aufnehmbare Ablösespannung σ_{zz} (= Verbundfestigkeit) der Oberflächenzugfestigkeit des Bauwerksbeton entspricht.

Aus diesen Ausführungen wird deutlich, dass die Zugfestigkeit, aber auch andere Mörteleigenschaften gezielt eingestellt werden müssen. Die Einstellung der technologischen Eigenschaften der Reparaturmörtel und Reparaturbetone erfolgt insbesondere über den Wasserzementwert, das Bindemittel/Zuschlag-Verhältnis, die gezielte Einführung von Luftporen oder sogenannten Mikrohohlkugeln sowie über die Zugabe von wasserabweisenden Stoffen und von Kunststoffdispersionen.[14]

Die Steuerung der das Erscheinungsbild prägenden Eigenschaften erfolgt vorrangig mittels der Farbe des Zements und eventueller Zusatzstoffe sowie der Farbe der Feinstbestandteile des Zuschlags. Zur Angleichung an die Umgebung muss die Oberflächentextur der Reprofilierungsstelle entsprechend bearbeitet werden. Je intensiver diese Bearbeitung ausfällt, desto mehr erlangen aber auch Art, Farbe und Kornanteil gröberer Zuschlagstoffe für das Erscheinungsbild der Oberfläche an Bedeutung. Die gewünschte Farbe und Helligkeit des Mörtels erfolgt – wenn die originalen Betonausgangsstoffe nicht mehr zu beschaffen sind – zweckmässigerweise durch Verwendung eines Weisszements, geeigneter Zusatzstoffe, einer abgestimmten Mischung von Eisenoxidpigmenten und eines farblich und mineralogisch passenden Zuschlags.[15] Abbildung 11 zeigt exemplarisch zwei Details von instand gesetzten Betonoberflächen an einer Sichtbetonfassade und einer Fensterlaibung aus Beton. Durch Farbgebung des Mörtels, Modellierung der Oberfläche und

11 Detail einer instand gesetzten Betonoberfläche der Norishalle in Nürnberg (li.). Detail der instand gesetzten Laibung eines Fensters des Wasserturms «Kavalier Dallwigk» (re.). Die reprofilierten Bereiche sind jeweils durch eine weisse, gestrichelte Linie im Bild kenntlich gemacht.

steinmetzmässige Bearbeitung sind die Reprofilierungsstellen den originalen Betonoberflächen gut angeglichen.

Für den Instandsetzungsmörtel ist eine speziell auf ihn abgestimmte, zementgebundene Haftbrücke zu entwickeln, deren Eignung anhand entsprechender Prüfungen in Anlehnung an einschlägige Vorschriften vor dem Einsatz am Bauwerk nachzuweisen ist.

Instandsetzungsarbeiten

Art und Umfang der Instandsetzungsarbeiten sowie ihre Ausführung hängen von spezifischen Gegebenheiten ab und sind auf der Grundlage der Ergebnisse der Bauwerksuntersuchungen beziehungsweise der Prognose des Korrosionsfortschritts festzulegen. Wesentliche Arbeitsschritte bei der Instandsetzung von Betonoberflächen sind:
– Reinigen der Bauwerksoberflächen ohne nennenswerten Oberflächenabtrag in den nicht geschädigten Bereichen
– Festlegen der Grenzen der zu bearbeitenden Schadensbereiche. Aus architektonischen, aber auch aus technologischen Gründen erfolgt die Begrenzung in der Regel durch gerade, sich an der Oberflächentextur orientierende Linien, zum Beispiel Schalbrettfugen.
– Einschneiden des Betons entlang der Grenzlinien, üblicher Weise mit einem Trennschleifer bis maximal 5 mm tief
– Ausstemmen des Betons zwischen den Einschnitten und Freilegen der Bewehrung bis in den nicht mehr korrosionsgefährdeten Bereich. Der durch die Einschnitte begrenzte Bereich ist, falls nötig, zu vergrössern.
– Entfernen der zur Lastabtragung nicht mehr erforderlichen Bewehrung. Da meist das Schwinden abgeschlossen ist, wird die hierfür vorgesehene konstruktive Bewehrung nicht mehr gebraucht.
– Säubern und Entrosten der verbleibenden Bewehrung sowie Entfernen von losen und niederfesten Teilen aus der Ausbruchstelle
– Aufbringen eines Korrosionsschutzsystems auf den Bewehrungsstahl, sofern erforderlich
– Vornässen der Betonausbruchstelle und der unmittelbaren Umgebung der Ausbruchstelle
– Auftragen und Einbürsten einer zementgebundenen Haftbrücke auf die Oberflächen der Ausbruchstelle
– Einbringen eines geeigneten Instandsetzungsmörtels beziehungsweise -betons in die Ausbruchstelle ('frisch in frisch' mit der Haftbrücke); falls erforderlich, Modellieren des noch frischen Mörtels, zum Beispiel zur Herstellung einer Schalbrettstruktur
– Nachbehandlung (mehrtägig) der Reprofilierungsstelle
– Nachbearbeitung der Reprofilierungsstelle zur Angleichung der Oberflächentextur an die Umgebung, zum Beispiel durch Scharrieren.

Es wird deutlich, dass die aufgeführten Arbeitsschritte keine nennenswerten Unterschiede, wohl aber einige wichtige Erweiterungen zur üblichen Vorgehensweise bei einer Betoninstandsetzung beinhalten.

12 Speisehaus der Nationen im Olympischen Dorf in Döberitz bei Berlin, 1935/36. Das Olympische Dorf, 40 km vom Berliner Olympiastadion entfernt, wurde 1934–1936 unter der Leitung von Werner March geplant, der auch die Berliner Olympiabauten entwarf. Das Speisehaus der Nationen entwarf sein Bruder Walter March.

13 Fenstersturz am Speisehaus der Nationen. Zustand nach der Instandsetzung (li.). Zustand vor der Instandsetzung (re.)

Hinsichtlich der Wahl und Durchführung von Verstärkungsmassnahmen zur Wiederherstellung der Standsicherheit beziehungsweise Tragfähigkeit wird auf das umfangreiche einschlägige Schrifttum verwiesen.[16]

Abbildung 13 zeigt beispielhaft ein Baudetail vor und nach einer «behutsamen» Instandsetzung, die entsprechend der hier beschriebenen Vorgehensweise am Speisehaus der Nationen im Olympischen Dorf in Döberitz bei Berlin (Abb. 12) durchgeführt wurde.

Qualitätssicherung

Ein Qualitätssicherungsplan (QS-Plan) sollte grundsätzlich Teil des Instandsetzungsplanes sein. Bei der «behutsamen» Betoninstandsetzung ist er eine unabdingbare Voraussetzung für den Erfolg der Massnahme. Der QS-Plan erstreckt sich auf die eingesetzten Materialien und die Ausführung. Dabei muss er auch vorbereitende Probearbeiten und das Anlegen von Instandsetzungsmustern präzise vorschreiben. Da die «behutsame» Instandsetzung einer Betonoberfläche im Prinzip der Ausführung einer besonders schwierigen Art von Sichtbeton ähnlich ist, muss der QS-Plan erfahrungsgemäss einen hohen Detaillierungsgrad aufweisen, um vor unangenehmen Überraschungen möglichst sicher zu sein. Wichtig ist ausserdem, dass alle massgeblich an der Instandsetzung beteiligten Parteien – insbesondere Architekt, Ingenieur, Denkmalpfleger und Ausführender – in enger Abstimmung zusammenarbeiten.

Beispiel aus der Praxis

Es gibt zahlreiche Betonbauwerke, die in der Vergangenheit unter Berücksichtigung denkmalpflegerischer Auflagen instand gesetzt wurden. Nach dem in diesem Beitrag vorgestellten Konzept ist erstmalig – wenn auch mit sehr unterschiedlicher Vorgehensweise – die Liederhalle in Stuttgart (1955/56) im Jahr 1992 instand gesetzt worden. Danach wurde die beschriebene Vorgehensweise viele Male realisiert, unter anderem bei bekannten Bauwerken wie dem Speisehaus der Nationen des Olympischen Dorfes in Döberitz bei Berlin (1935/36), dem Kestner-Museum in Hannover (1958–1961), dem Verkehrszentrum des Deutschen Museum in München (1907/08) oder dem Wasserturm «Kavalier Dallwigk» in Ingolstadt (1916/17).

Analyse und Prognose

Beispiel für eine Dauerhaftigkeitsprognose

In diese Reihe denkmalgeschützter Betonbauwerke gehört auch die Norishalle in Nürnberg (Abb. 14). Die aus mehreren Gebäudeteilen bestehende Mehrzweckhalle wurde in den Jahren 1965 bis 1967 errichtet. Sowohl die Innen- als auch die Aussenflächen sind in Sichtbeton

14 Norishalle in Nürnberg, 1965–1967. Der zweiteilige Gruppenbau mit Atrium, Beton- und Glasgliederung wurde als Museums-, Ausstellungs- und Verwaltungsbau für die Bayerische Landesgewerbeanstalt nach Planung von Heinrich Graber errichtet. Ansicht der Südwestfassade

15 Schadhafte Sichtbetonoberfläche der Norishalle

ausgeführt und weisen zahlreiche karbonatisierungsinduzierte Korrosionsschäden auf (Abb. 15). Im Zuge der «behutsamen» Betoninstandsetzung der Fassade der Norishalle wurden Dauerhaftigkeitsanalysen für den Schädigungsfall der karbonatisierungsinduzierten Bewehrungskorrosion durchgeführt. Auf diese soll im Folgenden am Beispiel der Südwestfassade dieses Bauwerks eingegangen werden.

Quantifizierung und statistische Modellierung der Basisvariablen

Die bei Bauwerksuntersuchungen 35 Jahre nach Errichtung gewonnenen Messwerte der Betondeckung d_D sowie der Karbonatisierungstiefe $d_K(t = 35$ Jahre) können im Grundsatz mit der Normalverteilung N, der Lognormalverteilung LN und der Betaverteilung B beschrieben werden. Im vorliegenden Fall wurde im Rahmen der Zuverlässigkeitsanalyse die Betondeckung d_D mit einer Betaverteilung und die Karbonatisierungstiefe $d_K(t)$ mit den oben genannten drei Verteilungstypen modelliert. Die Auswertung der an der Südwestfassade ermittelten Messwerte der Betondeckung d_D und der Karbonatisierungstiefe $d_K(t)$ erfolgte mit dem Statistikprogramm STATREL.[17] Die Abbildungen 16 und 17 zeigen Dichtefunktionen der verschiedenen Verteilungstypen für den Messwert Betondeckung d_D und den Messwert Karbonatisierungstiefe $d_K(t)$ zum Untersuchungszeitpunkt $t = 35$ Jahre.

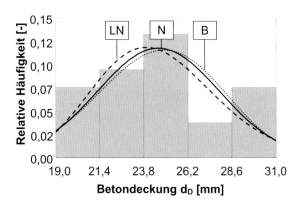

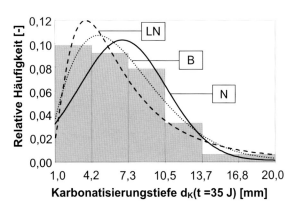

Prognose der Depassivierung

Die Norishalle wurde 1997 in die Denkmalliste der Stadt Nürnberg aufgenommen. Diese Tatsache bildete die Grundlage für die Entscheidung, die Dauerhaftigkeitsprognose für den langen Bezugszeitraum von hundert Jahren durchzuführen. Dabei muss eine sogenannte Zielversagenswahrscheinlichkeit P_{Ziel} definiert werden. Diese wird über den Zuverlässigkeitsindex β festgelegt. Die Zuverlässigkeit ist die Wahrscheinlichkeit, mit der ein definierter Grenzzustand für einen vorgegebenen Bezugszeitraum nicht überschritten wird. Das Mass für die Zuverlässigkeit ist die Überlebenswahrscheinlichkeit $P_{ü} = (1 - P)$, wobei P die Versagenswahrscheinlichkeit für eine bestimmte Versagensart und einen definierten Bezugszeitraum (zum Beispiel die Nutzungsdauer) darstellt.[18] Im vorliegenden Fall wurde als «Versagen» der Zustand definiert, bei dem die Karbonatisierungsfront die Bewehrung erreicht.

Als Zielwert des Zuverlässigkeitsindexes wurde β = 2,0 angenommen. Dies entspricht einer Versagenswahrscheinlichkeit P von ungefähr 2,3 %. Dies bedeutet, dass sich beim Erreichen des Zielwertes von β = 2,0 nach hundert Jahren nicht mehr als circa 2,3 % der Bewehrung im depassivierten Bereich befinden sollte. Die Durchführung der Zuverlässigkeitsanalyse unter Verwendung der Software STRUREL[19] ergab für die Südwestfassade der Norishalle zu einem Zeitpunkt $t = 100$ Jahre im ungünstigsten Fall jedoch eine Versagenswahrscheinlichkeit P von circa 9 % (β = 1,4) (vgl. Kurve B/LN in Abb. 18).

Die Darstellung der Berechnungsergebnisse in Abbildung 18 zeigt, dass die statistische Modellierung der Modellvariablen einen erheblichen Einfluss auf die zu ermittelnde Restlebensdauer der Südwestfassade ausübt. Für die vorliegenden Betrachtungsfälle wird der geforderte Zuverlässigkeitsindex β von 2,0 zum Zeitpunkt $t = 100$ Jahre stets unterschritten. Dies bedeutet, dass vor dem Erreichen der vorgesehenen Nutzungsdauer des Bauteils der Grenzzustand «Karbonatisierungsfront erreicht die Bewehrung» (kurz mit «K» bezeichnet) eintreten wird. Dieser allein führt allerdings noch nicht zu einer Bewehrungskorrosion. Erst wenn innerhalb der depassivierten Bereiche der Stahloberfläche auch ein ausreichend hohes Feuchtigkeits- und Sauerstoffangebot vorliegt, kommt es zur Korrosion des Bewehrungsstahls.

16 Darstellung der an die ermittelten Messwerte der Betondeckung d_D angepassten Verteilungen

17 Darstellung der an die ermittelten Messwerte der Karbonatisierungstiefe $d_K(t = 35$ Jahre) angepassten Verteilungen

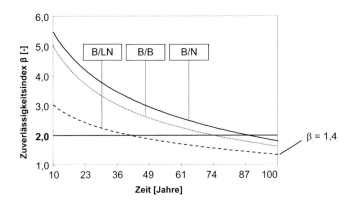

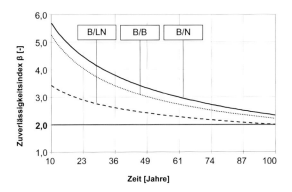

Prognose der Bewehrungskorrosion

Die Bewehrungskorrosion wird mit einer bestimmten Wahrscheinlichkeit eintreten, wenn am Stahl die Karbonatisierungswahrscheinlichkeit und die Wahrscheinlichkeit für einen korrosionsauslösenden Feuchtegehalt gemeinsam vorliegen. Dieser Zustand wird als Versagensfall «K + F» definiert.

Neben den oben getroffenen Annahmen für die Karbonatisierung muss also zusätzlich die Auftretenswahrscheinlichkeit eines für die Korrosion günstigen Feuchtegehaltes von 85 bis 98 % in einer Bauteiltiefe von c = 25 mm (entspricht etwa dem Mittelwert der Betondeckung) ermittelt werden. Diese Wahrscheinlichkeit beträgt im Fall der Südwestfassade der Norishalle $P_{Feuchte}$ = 27 %.

Unter Verwendung der Terminologie der Wahrscheinlichkeitstheorie lässt sich die Gesamtwahrscheinlichkeit für das Auftreten von Bewehrungskorrosion P_{Korr} unter Verwendung der Wahrscheinlichkeiten für die Karbonatisierung P_{Karbo} und der Wahrscheinlichkeit für das Auftreten korrosionsauslösender Feuchtigkeitsgehalte $P_{Feuchte}$ wie folgt ausdrücken: P_{Korr} ($P_{Karbo} \cap P_{Feuchte}$).

Die Berechnung der Korrosionswahrscheinlichkeit P_{Korr} für die Bewehrung innerhalb der Fassade erfolgte mit dem Programm SYSREL.[20] Aus dem in Abbildung 19 dargestellten Berechnungsergebnis geht hervor, dass der geforderte Zuverlässigkeitsindex β = 2,0 zum Zeitpunkt t = 100 Jahre für den Versagensfall «K + F» bei keinem der drei Berechnungsfälle unterschritten wird. Für das Beispiel der Südwestfassade der Norishalle ist demnach zu folgern, dass bis zum Ende der geplanten Nutzungsdauer von hundert Jahren im ungünstigsten Fall mit einer Korrosionswahrscheinlichkeit von circa 2 % zu rechnen ist.

Diese Betrachtungen verdeutlichen, dass ein nur kleiner Anteil der depassivierten Bewehrung während relevanter Zeiträume überhaupt korrodieren kann. Die übliche und pauschalisierende Annahme, wonach depassivierte Bewehrung in bewitterten Betonrandzonen zwangsläufig korrodiert, ist also nicht zutreffend. Vielmehr zeigt sich – unter Einbeziehung aller oben genannten Bedingungen –, dass die überwiegende Mehrzahl aller Bewehrungsstäbe, das heisst der grösste Teil der Bauteiloberflächen während der gesamten Nutzungsdauer des Bauwerks keinem Risiko durch Bewehrungskorrosion unterliegt. Ähnliche Ergebnisse konnten für die übrigen instand zu setzenden Fassadenbereiche der Norishalle ermittelt werden.

Zusammenfassend zeigen die durchgeführten Zuverlässigkeitsanalysen, dass eine Abschätzung der Restnutzungsdauer von Stahlbetonbauteilen beziehungsweise -bereichen für dauerhaftigkeitsrelevante Schädigungsarten durch probabilistische Methoden ermöglicht

18 Zeitabhängiger Verlauf der grenzzustandsbezognene Bauteilzuverlässigkeit für den Versagensfall «K» (LN = Logonormalverteilung, B = Betaverteilung) (o.)

19 Zeitabhängiger Verlauf der grenzzustandsbezognene Bauteilzuverlässigkeit für den Versagensfall «K + F» (LN = Logonormalverteilung, N = Normalverteilung, B = Betaverteilung) (u.)

wird. Dabei gibt es keine Alternative zur probabilistischen Herangehensweise. Die Probabilistik ist in diesem Zusammenhang also ein unabdingbares, gut entwickeltes Werkzeug ähnlich anderen theoretisch-numerischen Werkzeugen, die auf dem Gebiet der Tragwerksanalyse oder der Beschreibung von Stofftransportvorgängen im Ingenieurbau heute selbstverständlich eingesetzt werden. Wie hier gezeigt wurde, sind eingehende Bauwerksuntersuchungen, die Verwendung geeigneter Schädigungs-Zeit-Gesetze und die statistische Quantifizierung und Modellierung der zugehörigen Parameter sowie die Anwendung experimenteller und numerischer Methoden die wesentlichen Elemente einer realistischen und präzisen Lebensdauerprognose.

Schlussbemerkungen

Die Methodik der beschriebenen «behutsamen» Instandsetzung kann nicht nur bei historischen Betonbauwerken, sondern generell bei Bauwerken aus Sichtbeton Anwendung finden. Die gewonnenen Erfahrungen zeigen, dass auf der Grundlage des heutigen Kenntnisstandes denkmalgerechte und dauerhafte Wiederherstellungsmassnahmen realisiert werden können, ohne dass ein für Betoninstandsetzungen üblicher Kostenrahmen gesprengt wird. Meist – und auch langfristig – ist eine «behutsame» Instandsetzung sogar kostengünstiger als eine konventionelle grossflächige Massnahme, da auf den Einsatz ganzflächiger Beschichtungen, die einer regelmässigen Wartung und Erneuerung unterliegen, verzichtet werden kann.

Die Erhaltung von historischen Bauwerken hat aber nicht nur eine denkmalpflegerische Dimension. Vielmehr entsprechen Massnahmen der Erhaltung gerade auch dem Leitbild der Nachhaltigkeit. Dabei zeichnet sich die «behutsame» Instandsetzung gegenüber konventionellen Erhaltungsmassnahmen besonders aus. Durch die Minimierung der Eingriffe und den Verzicht auf ganzflächige polymere Beschichtungen erfüllt die «behutsame» Instandsetzung wesentliche Kriterien der Nachhaltigkeit.

Die «behutsame» Instandsetzung kann jedoch nicht zur Anwendung gelangen, wenn das Ausmass der Schäden und der künftigen Schadensentwicklung so gross ist, dass dieses Konzept aus technischen oder wirtschaftlichen Gründen nicht vertreten werden kann. Weiterhin ist stets die Gewährleistung der Standsicherheit des Bauwerkes das übergeordnete Entscheidungskriterium. Daher sind örtliche Instandsetzungsmassnahmen im Allgemeinen eher ungeeignet, wenn grosse Schäden in statisch hoch beanspruchten Bereichen auftreten. Nach heutigem Kenntnisstand sind örtliche Instandsetzungsmassnahmen ebenfalls äusserst problematisch, jedoch nicht kategorisch ausgeschlossen, wenn in den Beton eingedrungene Chloride zu einer Stahlkorrosion führten, wie dies beispielsweise bei Brückenbauwerken der Fall sein kann.

Grundsätzlich bedarf die Entscheidung über die Art und Weise der Instandsetzung und dabei insbesondere die Frage, ob eine «behutsame» Instandsetzung durchgeführt werden kann, der Beurteilung des Einzelfalls durch einen hierfür qualifizierten und erfahrenen Ingenieur. Von Anfang an ist also die Zusammenarbeit von Ingenieur, Architekt, Denkmalpfleger und Bauherr notwendig und für den Erfolg unverzichtbar.

1 Weitere Angaben zu typischen Schadensbildern an Betonoberflächen und deren Ursachen finden sich z. B. bei Hanspeter Luley u. a., *Instandsetzen von Stahlbetonoberflächen. Ein Leitfaden für den Auftraggeber*, hg. von Bundesverband der Deutschen Zementindustrie e. V. Köln, Düsseldorf (7)1997.

2 *DAfStb-Richtlinie für Schutz und Instandsetzung von Betonbauteilen (Instandsetzungs-Richtlinie)*, 4 Teile, hg. von Deutscher Ausschuss für Stahlbeton und Deutsches Institut für Normung e. V., Berlin/Köln 2001.

3 Bernd Hillemeier u. a., «Instandsetzung und Erhaltung von Betonbauwerken», in: *Beton-Kalender 1999*, Teil 2, Berlin 1999, S. 595–720.

4 Harald S. Müller u. a., «Instandsetzung historisch bedeutender Beton- und Stahlbetonbauwerke», in: *Beton- und Stahlbetonbau 95* (2000), H. 3, S. 143–157 und H. 6, S. 360–364.

5 Rudolf Pörtner, «Statische Bewertung alter Betonbauten», Vortrag auf dem *Forum Denkmalschutz – Kulturdenkmale aus Beton – erkennen und erhalten*, veranstaltet von Südwest-Zement Leonberg, Germersheim, 27./28.10.1999.

6 Müller u. a. 2000 (wie Anm. 4).

7 Müller u. a. 2000 (wie Anm. 4).

8 Kyösti Tuutti, *Corrosion of Steel in Concrete*, Stockholm 1982.

9 *DAfStb-Richtlinie* 2001 (wie Anm. 2).

10 Hinweise zur Begegnung dieser Problematik und weitere Angaben finden sich bei Müller u. a. 2000 (wie Anm. 4).

11 Detaillierte Angaben zur Methodik von Lebensdauerprognosen und weitere Literaturangaben finden sich bei Michael Vogel u. a., «Beurteilung der Dauerhaftigkeit und Restnutzungsdauer von Betonbauteilen mittels probabilistischer Methoden», in: Harald S. Müller u. a. (Hg.), *Innovationen in der Betonbautechnik, 3. Symposium Baustoffe und Bauwerkserhaltung, Universität Karlsruhe (TH), 15. März 2006*, Karlsruhe 2006, S. 65–78.

12 Martin Günter, «Instandsetzungswerkstoffe – Entwicklung, Eigenschaften, Verarbeitung», in: Harald S. Müller und Ulrich Nolting (Hg.), *Instandsetzung bedeutsamer Betonbauten der Moderne in Deutschland, Technisch-wissenschaftliches Symposium, Universität Karlsruhe (TH), 30. März 2004*, Karlsruhe 2004.

13 Peter Haardt, *Zementgebundene und kunststoffvergütete Beschichtungen auf Beton*, Karlsruhe 1991 (= Schriftenreihe des Instituts für Massivbau und Baustofftechnologie, Universität Karlsruhe (TU), Nr. 13).

14 Günter 2004 (wie Anm. 12).

15 Zur Ermittlung der Dosierung verschiedenfarbiger Eisenoxidpigmente bietet sich eine Vorgehensweise an, die bei Müller u. a. 2000 (wie Anm. 4) bzw. bei Günter 2004 (wie Anm. 12) beschrieben ist.

16 *Schützen, Instandsetzen, Verbinden und Verstärken von Betonbauteilen (SIVV-Handbuch)*, hg. von Deutscher Beton- und Bautechnik-Verein e. V., Stuttgart (4)2000.

17 *STRUREL, a Structural Reliability Analysis Program-System, STATREL, Manual*, hg. von RCP GmbH, München 1999.

18 Für weitere Informationen hierzu siehe Vogel u. a. 2006 (wie Anm. 11).

19 *STRUREL* (wie Anm. 17).

20 Ebd.

1 Linachtalsperre bei Vöhrenbach, Südschwarzwald, 1922–1925, während der Instandsetzung 2005–2007. Anschliessend wurde der Stausee wieder aufgestaut und dient wie in den Jahren 1925–1969 zur Stromerzeugung.

Martin Günter

Die «behutsame» Betoninstandsetzung
Durchführung, Kosten und Dauerhaftigkeit

Während im vorausgehenden Beitrag von Harald S. Müller die Absichten und technisch-wissenschaftlichen Grundlagen der «behutsamen» Betoninstandsetzung erläutert und ihre Durchführbarkeit unter Berücksichtigung des Standes der Technik belegt werden,[1] vertieft der vorliegende Text die Besonderheiten der Durchführung dieser Art der Betoninstandsetzung und hier speziell die Technologie der zu verwendenden Instandsetzungsmörtel und -betone[2]. Ferner wird über Erfahrungen mit dieser Art der Betoninstandsetzung berichtet und es werden die Aspekte Dauerhaftigkeit und Kosten beleuchtet.

Erfahrungen, die bei der nunmehr seit über 17 Jahren durchgeführten denkmalgerechten Betoninstandsetzung gewonnen werden konnten, haben gezeigt, dass es in vielen Fällen möglich ist, Sichtbetonbauten auf «behutsame», das heisst auf eine die originalen Oberflächen weitestgehend erhaltende Art und Weise instand zu setzen. Einige wenige negative Anfangserfahrungen haben zwischenzeitlich zu Weiterentwicklungen der Vorgehensweise, zu Modifikationen der Ausschreibung der Instandsetzungsarbeiten und zu einer Präzisierung und Erweiterung der Forderungen an die ausführenden Firmen geführt. Dass bei der entsprechenden Vorgehensweise eine hohe Dauerhaftigkeit der instand gesetzten Flächen erzielt werden kann und dass die Kosten einer «behutsamen» Instandsetzung nicht zwangsläufig höher, sondern langfristig betrachtet eher geringer sind als bei der konventionellen Art der Betoninstandsetzung, beweisen zahlreiche ausgeführte Massnahmen.

Instandsetzungswerkstoffe

Für die Instandsetzung von Beton- und Stahlbetonbauwerken sind eine Vielzahl von Stoffen und Stoffsystemen kommerziell verfügbar. Diese lassen sich in folgende Gruppen einteilen:

- zementgebundene Mörtel für die Reprofilierung von Betonausbruchstellen und/oder für die grossflächige dicke Beschichtung von Bauteiloberflächen inklusive der zugehörigen Systemkomponenten Haftbrücke und Korrosionsschutzbeschichtung des Bewehrungsstahls
- Feinspachtelmassen und polymere oder mineralische Stoffe (Beschichtungen) für den grossflächigen, relativ dünnschichtigen Schutz von Bauwerksoberflächen
- Stoffe für die Füllung von Rissen im Beton.

Die einzelnen Systeme sind in ihren technischen Eigenschaften auf die Instandsetzung moderner Bauwerke und Bauteile aus Beton und Stahlbeton nach der Normenreihe DIN 1045 (DIN 1045 in der Ausgabe 1988 und frühere Ausgaben, DIN 1045-1, EN 206-1, DIN 1045-2, DIN 1045-3 und DIN 1045-4 in der Ausgabe 2001) abgestimmt.[3] Anforderungen an die optischen Eigenschaften bestehen nicht. Da die technischen Anforderungen in relativ universell gültigen Richtlinien, Vorschriften und Lieferbedingungen festgelegt sind[4] und vor der Zulassung in einem umfangreichen Prüfprogramm nachgewiesen werden müssen, besitzen alle kommerziell verfügbaren Produkte in ihrer Gruppe – unabhängig vom Produkthersteller – nahezu einheitliche Materialeigenschaften.

Zur Anwendung der Systeme muss der Betonuntergrund in Hinblick auf die Beschaffenheit der Oberflächen, die mechanischen und chemischen Eigenschaften sowie die Betonfeuchte und -temperatur bestimmte Anforderungen erfüllen. Ist dies nicht der Fall, müssen geeignete Massnahmen ergriffen werden. Dazu gehören neben einer Reinigung ein grossflächiger, mehr oder weniger starker Abtrag der Bauwerksoberflächen.

Bei der «behutsamen» Betoninstandsetzung werden lediglich Schäden beseitigt, ohne grossflächige Schutzmassnahmen vorzunehmen. Dies bedeutet, dass die für die Reparatur der Schadstellen erforderlichen Mörtel später unmittelbar der Witterung und anderen Beanspruchungen ausgesetzt sind (Tabelle 1).[5] Angesichts dieser Beanspruchungen müssen bei lokalen Reparaturen ohne zusätzliche Schutzmassnahmen – noch mehr als bei konventionellen Instandsetzungsmassnahmen – die Eigenschaften des Reparaturmörtels auf die spezifischen Eigenschaften des Bauwerksbetons abgestimmt sein, damit Schäden vermieden werden und sich die Reparaturstellen auch optisch angemessen in den Bauwerksbestand einfügen. Es ist daher in der Regel notwendig, aufbauend auf entsprechenden Voruntersuchungen des Bauwerksbetons, spezifische Reparaturmörtel zu entwickeln.

In den folgenden Abschnitten wird erläutert, wie bei dieser Entwicklung vorzugehen ist, welche Eigenschaften die Instandsetzungsmörtel aufweisen müssen, wie diese beeinflusst respektive gesteuert werden können und unter welchen Randbedingungen die Verarbeitung der Materialien zu erfolgen hat.

Technologische und das Erscheinungsbild prägende Eigenschaften des Bauwerksbetons

Spezifische Voruntersuchungen

Die technologischen und die das Erscheinungsbild der Oberfläche prägenden Eigenschaften des Bauwerksbetons sind abhängig von seiner Zusammensetzung, Verarbeitung und Nachbehandlung sowie vom Alterungszustand der Oberfläche. Aufgrund der Normung sind die technologischen Eigenschaften moderner Bauwerksbetone definiert. Dies ist nicht der Fall bei Betonen, die in den Anfängen des Beton- und Eisenbetonbaus und noch bis in die 1930er Jahre des 20. Jahrhunderts hergestellt wurden. Aber auch die bis in die 1960er Jahre verwendeten Betone weichen in ihren Eigenschaften teilweise noch deutlich von jenen heutiger Betone ab.

Neben der Zusammensetzung werden die Eigenschaften des Bauwerksbetons auch durch die Alterung beeinflusst, so dass grundsätzlich eine Erkundung der Eigenschaften des Bauwerksbetons in allen repräsentativen Bauwerksbereichen erforderlich ist, um eine sachgerechte Abstimmung der Eigenschaften des Instandsetzungsmörtels beziehungsweise eine sachgerechte Entwicklung der Rezeptur des Mörtels vornehmen zu können.

Zu erkundende technologische Eigenschaften des Bauwerksbetons sind:
– die Druck- und Zugfestigkeit
– das Verformungsverhalten respektive der E-Modul
– die Art des Bindemittels und das Mischungsverhältnis.

Zu den erkundungswerten, das Erscheinungsbild der Betonoberfläche prägenden Eigenschaften gehören insbesondere:
– die Oberflächentextur und der Abwitterungszustand
– die Färbung der Mörtelmatrix
– die Art, Farbe und Sieblinie der Gesteinskörnungen.

Die Methoden zur Ermittlung der technologischen Eigenschaften sind allgemein bekannt. Nachfolgend werden daher lediglich jene Voruntersuchungen beschrieben, die zur Festlegung des Eigenschaftsprofils des Instandsetzungsmörtels im Hinblick auf sein Erscheinungsbild von besonderer Bedeutung sind.

Die das Erscheinungsbild der Sichtbetonoberfläche prägenden Eigenschaften, wie die Oberflächentextur (beispielsweise Schalhautabdrücke) oder der Abwitterungszustand, können in Verbindung mit einer messtechnischen Erfassung der Rauheit der Oberfläche, der Abtragtiefen und der Grösse der freigelegten Gesteinskörner beschrieben werden.

Als schwieriger erweist sich die Erfassung der Farbigkeit und Helligkeit der Betonoberfläche. Um hier zu objektiven Bewertungen zu gelangen, wurde eine Methode entwickelt, mit der man –

Art der Beanspruchung	Beispiele	mögliches Schadensbild
mechanisch	Verkehr, Bauteilverformungen	Abrieb, Schürfungen, Risse
physikalisch	Eigen- und Zwangspannungen infolge Schwind-, Quell- und Temperaturgradienten im Bauteilquerschnitt sowie Frost	Rissbildungen, Entfestigungen, Abwitterungen
chemisch	lösender Angriff durch Wasser, Verseifung von Polymerbestandteilen, osmotische Effekte	Entfestigungen, Erweichungen, Materialabtrag
biologisch	Angriff durch Stoffwechselprodukte von Tieren und Pflanzen	Materialabtrag

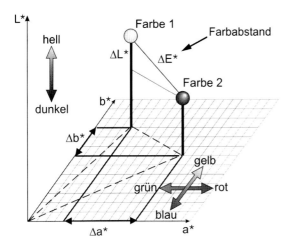

Farbe (L*-Wert) wird in der dritten Dimension dargestellt. Um die Darstellung zu vereinfachen, kann man sich – bei gleichzeitiger Nutzung von Erfahrungswerten – auf ein zweidimensionales Koordinatensystem in der «Farbartebene» beschränken, die aus den Achsen a* und b* gebildet wird. Die Erfassung der Farbigkeit der Gesteinskörner von etwa 2 mm Durchmesser und darüber erfolgt getrennt. Falls zweckmässig, kann auch hierzu die beschriebene Methodik verwendet werden.

unter Verwendung der Regeln und Gesetze der Farbmetrik – zu Masszahlen gelangt, die die Farbigkeit und Helligkeit der Betonoberfläche beschreiben und eine schnelle Reproduktion dieser Kennwerte im Instandsetzungsmörtel erlauben.

Bei dieser Methode wird das Erscheinungsbild repräsentativer Bereiche der Betonoberfläche digital erfasst. Dies kann mit Hilfe eines Flachbettscanners oder einer digitalen Kamera geschehen. Der Einsatz eines Flachbettscanners – der allerdings die Entnahme einer Probe der Randzone des Bauwerksbetons erfordert – hat den Vorteil, dass die Farberfassung unter stets gleichen Lichtverhältnissen erfolgt, was in diesem Zusammenhang von hoher Bedeutung ist. Für orientierende Untersuchungen hat sich aber auch die Verwendung einer digitalen Kamera als ausreichend herausgestellt. Auf dem digitalisierten Bild werden repräsentative Bereiche der Betonmatrix (Betonbestandteile bis circa 2 mm Grösstkorn) ausgewählt und deren durchschnittlicher Farbwert mit einer geeigneten Computer-Software ermittelt und im sogenannten CIELAB-System dargestellt. Die Beschreibung der Farbe erfolgt hierbei über einen Rot-Grün-Wert a*, Gelb-Blau-Wert b* und einen Helligkeitswert L*. Steigende a*-Werte kennzeichnen steigende Rot- und abnehmende Grünanteile der Farbe. Steigende b*-Werte kennzeichnen steigende Gelb- und abnehmende Blauanteile der Farbe. Eine anschauliche Darstellung der Farbwerte respektive des Farbabstandes verschiedener Proben kann anhand eines dreidimensionalen, rechtwinkligen Koordinatensystems erfolgen, das aus einer Rot-Grün-Achse (a*-Achse) und einer Gelb-Blau-Achse (b*-Achse) besteht. Die Helligkeit der

Anforderungen an den Instandsetzungsmörtel

An wichtigen technologischen Anforderungen an den Instandsetzungsmörtel sind zu nennen:
– eine gute Verarbeitbarkeit und Modellierbarkeit im frischen Zustand
– eine an den Bauwerksbeton angepasste Festigkeit, Verformbarkeit und Dauerhaftigkeit
– ein guter und dauerhafter Verbund mit dem vorhandenen Beton
– ein sicherer Schutz der Bewehrung.

Wichtige, das Erscheinungsbild der Reprofilierungsstelle betreffende Faktoren sind:
– die Farbe und Helligkeit des Mörtels
– die mechanische, unter Umständen steinmetztechnische Bearbeitbarkeit der Oberfläche
– das Erscheinungsbild der Reparaturstelle nach der mechanischen Bearbeitung
– die Alterung und Veränderung der Oberfläche durch Bewitterung, die wiederum von der Oberflächentextur sowie von der Porenstruktur und der Dauerhaftigkeit des Mörtels abhängt.

Bemessung des Instandsetzungsmörtels

Die Festlegung eines spezifischen Anforderungsprofils an den Instandsetzungsmörtel («Bemessung» des Mörtels) und die darauf aufbauende Entwicklung eines Mörtels mit auf das Bauwerk abgestimmten, technologischen und das Erscheinungsbild prägenden Eigenschaften erfordert Kenntnisse über:
– die Beanspruchung von Instandsetzungsmörteln
– die massgebenden, materialtechnologischen Zusammenhänge
– die auf Beton übertragbaren Grundlagen der Farbanalyse und Farbreproduktion.

Tabelle 1 Beanspruchung von Instandsetzungsmörteln

2 Darstellung von Farbwerten im CIELAB-Farbraum nach DIN 6174. a* = Rot-Grün-Wert; b* = Gelb-Blau-Wert; L* = Helligkeitswert

Sie entspricht damit vom Grundsatz her einer Bemessungsaufgabe. Exemplarisch soll dies durch die Festlegung der erforderlichen einaxialen Zugfestigkeit des Instandsetzungsmörtels aufgezeigt werden: Ist die zwischen Instandsetzungsmörtel und Beton maximal erreichbare Verbundfestigkeit bekannt – sie entspricht der Oberflächenzugfestigkeit des Betons, die im Zuge der Bauwerksvoruntersuchungen zu ermitteln ist –, so kann angegeben werden, wie hoch die einaxiale Zugfestigkeit des Reparaturmörtels maximal sein darf, damit Hohllagen des Mörtels vermieden werden. Die Zugfestigkeit entspricht der maximal möglichen Zug-Normalspannung im Mörtel, dargestellt in Abbildung 3 links. Bei einer Verbundfestigkeit zwischen Reparaturmörtel und Beton beziehungsweise einer Oberflächenzugfestigkeit des Bauwerksbetons von circa 1,5 N/mm² sollte die einaxiale Zugfestigkeit des Mörtels demnach nicht mehr als etwa 6,1 N/mm² betragen. Die untere Grenze der Zugfestigkeit wird durch die Forderung nach einer an den Bauwerksbeton angepassten Dauerhaftigkeit des Mörtels bestimmt.[6]

Steuerung der Eigenschaften von Instandsetzungsmörteln

Zur Steuerung der technologischen und der das Erscheinungsbild prägenden Eigenschaften des Instandsetzungsmörtels steht eine Reihe von 'Werkzeugen' zur Verfügung, die nachfolgend in ihren Grundzügen aufgezeigt werden.

Steuerparameter		Druckfestigkeit	Zugfestigkeit	E-Modul	Zugbruchdehnung	Thermische Dehnung	Dauerhaftigkeit	Korrosionsschutzwirkung	Textur	Farbe/Helligkeit	Saugfähigkeit	Verschmutzungsneigung
Zementstein	w/z-Wert	x	x	x			x	x		x	x	
	Zementart						x	x		x		
	Zementfarbe									x		
Zusatzmittel		x	x	x	x		x				x	x
Farbpigmente										x		
Zusatzstoffe		x	x	x	x		x	x			x	
Polymergehalt		x	x	x	x	x	x	x			x	x
Zuschlag	Art	x		x		x	x	x	(x)	(x)		
	Form	x	x									
	Farbe									(x)		
Verhältnis Zementstein/Zuschlag		x		x		x	x		(x)	(x)	x	
Luftgehalt	Zusatzmittel	x	x	x	(x)		x				x	
	Mikrohohlkugeln	x	x	x	(x)		x				x	
Nachbehandlung		x	x		x		x	x			x	
Schalung	Saugfähigkeit						x				x	
	Struktur								x			x
Nachbearbeitung	Waschen								x	x		x
	Sandstrahlen								x	x		x
	Schleifen								x	x		x
	Stocken								x	x		x

Tabelle 2 Möglichkeiten zur Steuerung der Eigenschaften von Instandsetzungsmörteln

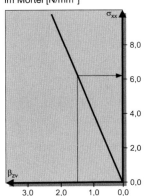
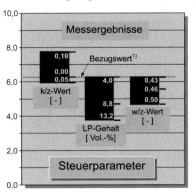

Massnahmen zur Steuerung der technologischen Eigenschaften

Zur Instandsetzung werden ausschliesslich zementgebundene Materialien ohne polymere Zusatzstoffe verwendet. Die Einflussparameter auf die technologischen Eigenschaften von Instandsetzungsmörteln sind in den Grundzügen aus der Betontechnologie bekannt. In Tabelle 2 werden die wichtigsten Zusammenhänge genannt und damit aufgezeigt, dass dem Baustofftechnologen eine grosse Palette von Möglichkeiten zur Steuerung dieser Eigenschaften zur Verfügung steht.

Untersuchungen am Institut für Massivbau und Baustofftechnologie der Universität Karlsruhe (TH) zeigten, dass neben der Zugabe von Polymerdispersionen oder Reaktionskunststoffen (wodurch ein kunststoffmodifizierter Zementmörtel (PCC) entsteht) auch die Zugabe Luftporen bildender Zusatzmittel, die Variation des Wasserzementwertes, die Wahl der Gesteinskörnungen und die Verwendung spezieller anorganischer Zusatzstoffe geeignete betontechnologische Massnahmen sind, um die Eigenschaften von Instandsetzungsmörteln so zu beeinflussen, dass sie für den Einsatz an Beton- und Stahlbetonbauteilen mit den unterschiedlichsten Eigenschaften verwendet werden können. Dies kommt der Forderung entgegen, bei der Instandsetzung alten Sichtbetons auf den Einsatz moderner Werkstoffe wie beispielsweise Kunststoffe zu verzichten. Aber auch in technologischer Hinsicht kann ein Verzicht auf polymermodifizierte Werkstoffe von Vor-

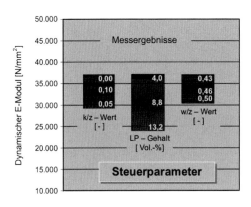

teil sein, wenn man an den Einsatz der Mörtel in häufig oder ständig durchfeuchteten Bauteilbereichen oder zur Wiederherstellung und Erhöhung der Tragfähigkeit und des Brandschutzes denkt.

Abbildung 3 rechts zeigt die einaxiale Zugfestigkeit verschiedener Mörtel. Ausgehend von einem Referenzmörtel mit einem Kunststoff-Zement-Verhältnis von k/z = 0, einem Luftgehalt von LP = 4,0 Vol.-% und einem Wasserzementwert von w/z = 0,43 (punktierte Linie) wurde bei den entsprechenden Untersuchungen jeweils einer dieser Parameter variiert, die dadurch erzielte Biegezugfestigkeit des Mörtels ermittelt und anschliessend in die einaxiale Zugfestigkeit umgerechnet. In entsprechender Weise wurden auch Möglichkeiten entwickelt, den E-Modul (Elastizitätsmodul), die kapillare Wasseraufnahme und den Diffusionswiderstand der Instandsetzungsmörtel gegenüber Wasserdampf und Kohlendioxid gezielt zu beeinflussen. Abbildung 4 stellt exemplarisch den Einfluss der oben genannten Parameter auf den E-Modul von Instandsetzungsmörtel dar.

3 Ansatz zur Bemessung von Instandsetzungsmörteln hinsichtlich der Zugfestigkeit; links: bei gegebener Zugfestigkeit der Verbundzone maximal zulässige Zug-Normalspannung im Reprofilierungsmörtel, um Hohllagen des Mörtels zu vermeiden;[7] rechts: Ergebnisse experimenteller Untersuchungen am Institut für Massivbau und Baustofftechnologie der Universität Karlsruhe (TH) zur Steuerung der Zugfestigkeit von Instandsetzungsmörteln

4 Ergebnisse experimenteller Untersuchungen am Institut für Massivbau und Baustofftechnologie der Universität Karlsruhe (TH) zur Steuerung des Elastizitätsmoduls von Instandsetzungsmörteln

Massnahmen zur Steuerung der das Erscheinungsbild prägenden Eigenschaften

Wenig Beachtung fanden in der Vergangenheit Methoden, mit denen der Reparaturstelle ein auf den umgebenden Bauwerksbeton angepasstes Erscheinungsbild gegeben werden kann. Das ist darin begründet, dass bei der konventionellen, ausschliesslich technologisch ausgerichteten Betoninstandsetzung das Aussehen der Instandsetzungsstellen keine Bedeutung hat, da die Betonoberflächen am Ende der Instandsetzungsmassnahmen ganzflächig überspachtelt und mit einem Anstrich versehen werden. Dies darf bei historisch bedeutsamen Sichtbetonoberflächen selbstverständlich nicht erfolgen.

Entscheidend für das farbliche Erscheinungsbild einer glatten Oberfläche des Reparaturmörtels (Schalfläche oder geglättete Oberseite) ist die Farbigkeit des Zementsteins in Verbindung mit eventuell zugegebenen Zusatzstoffen. Mit zunehmender Intensität der zur Angleichung der Textur der Reparaturstelle an die umgebenden Betonoberflächen durchgeführten steinmetztechnischen Bearbeitung erlangen zusätzlich die Art und Farbe der Gesteinskörnungen des Reparaturmörtels mehr und mehr an Bedeutung. Der Einfluss der freigelegten Gesteinskörner und deren Farbigkeit auf den Gesamteindruck der Reparaturstelle hängen überdies von der Entfernung des Betrachters von der Betonoberfläche ab.

Die Beeinflussung der Oberflächentextur, und damit auch der Helligkeit und Farbigkeit der Oberfläche, erfolgt durch die Herstellung von Schalungsabdrücken im noch frischen Mörtel oder durch eine nachträgliche steinmetztechnische Bearbeitung der Oberfläche. Bei der Reproduktion der Farbigkeit der Betonoberfläche hat es sich als zweckmässig erwiesen, zunächst die Mörtelmatrix des Betons zu betrachten respektive diese beim Instandsetzungsmörtel nachzustellen und erst in einem zweiten Schritt die Farbigkeit auch der grösseren Gesteinskörner des Mörtels auf den Bestand abzustimmen. Die Grösse der im Instandsetzungsmörtel einzusetzenden Gesteinskörnungen hängt von der Dicke der Reprofilierungsschicht ab, wobei allerdings – sofern die Dauerhaftigkeit sichergestellt werden kann – auch grössere Gesteinskörner als etwa 1/2 bis 1/3 der Schichtdicke verwendet werden können.

Die Reproduktion des Farbtons des Betons erfolgt vorzugsweise durch einen farblich passenden Zement und die Wahl von Gesteinskörnungen als Zuschlag, die mineralogisch und farblich dem Bestandsbeton entsprechen. Mittels Zusatzstoffen, insbesondere Eisenoxidpigmenten, kann eine Feinabstimmung der Farbe vorgenommen werden. Die Gesamtpigmentierung liegt bei der Reproduktion nicht künstlich eingefärbter Betone in der Regel deutlich unter 1,0 M.-% des Zementgewichts, so dass bei der Pigmentzugabe eher von einer gezielten «Verunreinigung» des Zements, als von einer Einfärbung des Instandsetzungsmörtels gesprochen werden kann. Selbstverständlich lassen sich durch Erhöhung der Pigmentierung auch «farbige» Betone nachstellen. Die Gesteinskörnungen des Reparaturmörtels stammen bevorzugt aus dem gleichen Vorkommen wie die im Bauwerksbeton vorliegenden Gesteinskörnungen.

Um die Reproduktion der Farbe und Helligkeit eines Instandsetzungsmörtels zu erleichtern, wurden in experimentellen Untersuchungen am Institut für Massivbau und Baustofftechnologie der Universität Karlsruhe (TH) Mörtel hergestellt und farblich auf die oben beschriebene Art und Weise erfasst. Diese Untersuchungen erfolgten unter systematischer Variation des Mischungsverhältnisses dreier Eisenoxidpigmente bei ansonsten gleichbleibender Mischungszusammensetzung.

Bei der Darstellung der Ergebnisse in der Farbartebene, die durch einen konstanten L^*-Wert gekennzeichnet ist, ergibt sich in erster Näherung ein «Farbartdreieck», dessen Eckpunkte den Pigmentmischungsverhältnissen 100/0/0, 0/100/0 respektive 0/0/100 der drei Pigmente entsprechen und dessen Lage und Grösse im Farbraum von weiteren Parametern der Mörtelzusammensetzung (wie beispielsweise dem Wasserzementwert oder dem Gehalt an weiteren Mörtelzusatzstoffen) sowie von der Art und Intensität der Oberflächenbearbeitung abhängt und für jeden dieser Parameter getrennt bestimmt werden muss.

Die in Abbildung 5 eingetragenen Datenpunkte (Kreissymbole), die bestimmten experimentell eingestellten Pigmentmischungsverhältnissen entsprechen, liegen nicht in allen Fällen an den Stellen des Gitternetzes, das sich bei Auf-

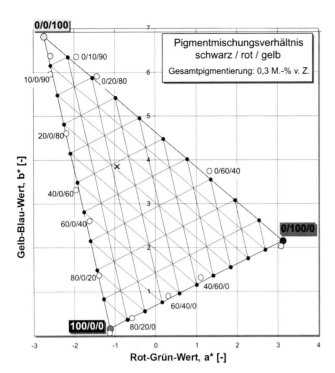

Verarbeitung der Reparaturmörtel

Wie die Festmörteleigenschaften können auch die Frischmörteleigenschaften durch geeignete betontechnologische Massnahmen auf die örtlichen Erfordernisse abgestimmt werden. Der Einbau des Mörtels in die Betonausbruchstelle ist sowohl im Handauftrag als auch mittels Spritztechnik möglich. Die Arbeitstechniken sind die gleichen wie bei kommerziellen Mörteln, so dass hier auf weitere Ausführungen verzichtet werden kann. Zusätzlich können die speziell entwickelten Mörtel aber auch so verflüssigt werden, dass sie ohne oder nur mit geringem Verdichtungsaufwand in vorbereitete Schalungen gegossen werden können. Wie bei allen zementgebundenen Werkstoffen können optimale Werkstoffeigenschaften auch bei den eigens auf das Bauwerk abgestimmten Mörteln nur bei ausreichend langer und richtiger Nachbehandlung erzielt werden. Dabei sind die aus der Betontechnologie bekannten Kriterien zu beachten.

teilung des Farbartdreiecks nach den Schwerpunktregeln für additive Farbmischungen ergibt (durchgezogenen Linien in 10 %-Schritten). Die experimentellen Datenpunkte liegen in der Regel zu nahe am «schwarzen Eckpunkt» des Farbartdreiecks. Die genauen Verhältnisse lassen sich durch eine Erhöhung der Anzahl an Proben mit unterschiedlichen Pigmentmischungen beziehungsweise deren Farbanalyse darstellen.

Sind die Farbwertzahlen des Bauwerksbetons aus entsprechenden Voruntersuchungen bekannt (zum Beispiel der Datenpunkt mit x-Symbol), so kann mit Hilfe des linear aufgeteilten Gitternetzes jenes Pigmentmischungsverhältnis angegeben werden, das mit sehr guter Näherung die gewünschte Mörtelfarbe liefert. Erforderlichenfalls können, ausgehend von diesem Mischungsverhältnis, weitere Feinabstimmungen der Farbe vorgenommen werden.

Die Auswahl der Gesteinskörnungen für den Instandsetzungsmörtel und die Festlegung der Korngrössenverteilung erfolgt auf der Grundlage einer entsprechenden Auswertung der materialtechnologischen Voruntersuchungen am Bauwerksbeton und unter Beachtung der aus technologischen Forderungen resultierenden Randbedingungen.

Weitere Instandsetzungswerkstoffe

Für den auf das Bauwerk abgestimmten Instandsetzungsmörtel ist ergänzend eine zementgebundene Haftbrücke zu entwickeln. Als Korrosionsschutzbeschichtung der Bewehrung können kommerzielle, grundgeprüfte, zementgebundene Systeme verwendet werden. Für die gegebenenfalls notwendige Injektion von Rissen haben sich kommerzielle grundgeprüfte Zementleime oder Zementsuspensionen bewährt.

Grundprüfungen

Sowohl die entwickelten Mörtel als auch die Haftbrücken müssen allen erforderlichen technologischen und optischen Anforderungen genügen. Dies ist vor dem Einsatz am Bauwerk in «Grundprüfungen» nachzuweisen. Diese sind in Anlehnung an die einschlägigen Prüfvorschriften durchzuführen,[8] müssen in ihrem Umfang und den zu erfüllenden Anforderungen aber auf das jeweils vorliegende Bauwerk abgestimmt werden. Kommerzielle Mörtel, die im Sinne der genannten Richtlinien «grundgeprüft» sind, sind für die Instandsetzung von Sichtbetonflächen – speziell jene alter Bauwerke – aufgrund ihrer technologischen und das Erscheinungsbild prägenden Eigenschaften häufig nicht geeignet.

5 Mischungsverhältnisse dreier Eisenoxidpigmente zur Erzielung bestimmter Oberflächenfärbungen bei definierter Zusammensetzung und Oberflächenbearbeitung des Instandsetzungsmörtels. Darstellung der sich ergebenden Farben in der Farbartebene (CIELAB-System)

Erfahrungen bei «behutsamen» Betoninstandsetzungen

Nachfolgend soll auf einige Erfahrungen eingegangen werden, die der Autor, teilweise in Zusammenarbeit mit dem Institut für Massivbau und Baustofftechnologie der Universität Karlsruhe (TH), dem Büro für Baukonstruktionen (BfB) aus Karlsruhe und dem Karlsruher Architekten Hubert Baumstark (im Folgenden einfachheitshalber mit «wir» beziehungsweise «uns» bezeichnet) während der nunmehr etwa 17-jährigen Tätigkeit auf diesem Gebiet gewonnen hat. Die aus den genannten Personen und Institutionen bestehende «Karlsruher Gruppe» hat die Methodik der «behutsamen» Betoninstandsetzungen initiiert und entwickelt sie auf wissenschaftlicher und ingenieurtechnischer Basis ständig weiter.

Rückblick

Die gedankliche Auseinandersetzung mit einer Art der Betoninstandsetzung, die auf den abschliessenden ganzflächigen Überzug der Stahlbetonoberflächen mit Spachtelungen und Beschichtungen verzichtet und so viel wie technisch möglich von der originalen Bauwerksoberfläche erhält, begann im Jahr 1990. Ausgelöst wurde sie durch die bevorstehende Modernisierung des nach dem Entwurf von Rolf Gutbrod und Adolf Abel 1956 fertiggestellten Beethovensaals der Liederhalle in Stuttgart. Vorgesehen war eine traditionelle Instandsetzung der schadhaften Sichtbetonfassaden mit einer anschliessenden Schutzmassnahme in Form einer ganzflächigen Beschichtung. Nach eingehenden Untersuchungen des Bauwerkszustandes und darauf aufbauenden Prognosen der Dauerhaftigkeit der Stahlbetonflächen zeigte sich, dass auf eine Beschichtung verzichtet werden konnte, um die gealterten, originalen Sichtbetonflächen unter Berücksichtigung des Standes der Technik weitestgehend zu erhalten. Seit dieser Zeit wurden mit dieser Konzeption mehrere architektonisch und zum Teil historisch bedeutsame Beton- und Stahlbetonbauwerke instand gesetzt (Tabelle 3).

Festlegung der Instandsetzungsstellen

Instandsetzungsmassnahmen erfolgen lediglich an offensichtlich erkennbaren Schadstellen (Stellen korrodierender Bewehrung, Betonabplatzungen und -hohllagen) und an Stellen, an denen mittelfristig mit Schäden gerechnet werden muss. Die Lage der zu bearbeitenden Stellen ergibt sich, so weit nicht augenscheinlich

Bauwerk	erbaut	instand gesetzt
öffentliche Gebäude		
Beethovensaal der Liederhalle, Stuttgart	1956	1992
Gedenkstätte KZ Osthofen	um 1900	1992
Speisehaus der Nationen, Döberitz	1936	1998
Schulzentrum, Lörrach	1964	1998
Messehalle III der Alten Messe, München	1907/08	2002
Kestner Museum, Hannover	1963	2003
Lindebad, Badenweiler	1955	2003
Wasserturm «Kavalier Dallwigk», Ingolstadt	1917	2006
Brücke, Rottweil	1916	2006
Norishalle, Nürnberg	1966	2009
Gymnasium, Gammertingen	1965	2009
Sakralbauten		
St. Antoniuskirche, Baden-Baden-Ebersteinburg	1969	2002
St. Franziskuskirche, Karlsruhe-Dammerstock	1936	2003/04
Turm des Kath. Gemeindezentrums, Elchesheim-Illingen	1968	2006
Wohngebäude		
Mehrfamilienwohnhaus, München	1968	2003
Seniorenheim, Karlsruhe	1966	2006

Tabelle 3 Beispiele ausgeführter «behutsamer» Betoninstandsetzungen

erkennbar, aus den Ergebnissen der Bauwerksuntersuchungen sowie aus einer darauf aufbauenden Prognose der Schadensentwicklung.[9]

Praktische Umsetzung der Instandsetzung

Gestaltung der Ausbruchsstellen

Die Grenzen der instand zu setzenden Stellen werden zunächst durch wenige Millimeter tief in die Betonrandzone reichende Einschnitte festgelegt. Hierdurch werden beim anschliessenden Ausstemmen des schadhaften Betons unkontrollierte Betonabsprengungen vermieden. Des Weiteren lässt sich die Reparaturstelle auf diese Weise nicht nur optisch besser in den Bestand einpassen, sondern es wird auch ein festerer Anschluss des Reparaturmörtels an den umgebenden Bauwerksbeton und eine bessere Stabilität und Widerstandsfähigkeit des Randes der Reparaturstelle bei der nachfolgenden steinmetztechnischen Bearbeitung respektive der Witterungsbeanspruchung erzielt. Ferner können einspringende Ecken des Bestandes in die Reparaturstelle und dadurch verursachte Spannungskonzentrationen bei der Erhärtung des Reparaturmörtels und bei der Witterungsbeanspruchung mit dieser Vorgehensweise weitgehend vermieden werden.

Mörtelproduktion

Bei den bislang durchgeführten Instandsetzungen wurden die verwendeten Mörtel und Haftbrücken mit gutem Erfolg nach zuvor vom Autor beziehungsweise dessen Ingenieursozietät entwickelter und geprüfter Rezeptur in dafür ausgewählten Firmen hergestellt. Auch der Weg, kommerziell verfügbare Mörtel – hierbei handelte es sich um polymermodifizierte Zementmörtel (PCC) – in ihren optischen Eigenschaften auf den vorhandenen Bauwerksbeton abzustimmen, wurde schon eingeschlagen, sofern die mechanischen Eigenschaften, Wassertransporteigenschaften und so weiter, die aus Grundprüfzeugnissen bekannt waren, einen Einsatz am Bauwerk erlaubten. Die Anpassung der optischen Eigenschaften gestaltete sich bei diesen Mörteln jedoch häufig schwierig und aufwendig, da die Mörtel im Allgemeinen andere Gesteinskörnungen enthielten als der Bestand und die Farbgebung nur durch Zugabe von Pigmenten respektive Farbaufhellern durchgeführt werden konnte. Nicht alle angefragten kommerziellen Mörtelhersteller waren darüber hinaus bereit, ihre Standardrezepturen für relativ kleine Chargen zu modifizieren.

Da für die kommerziellen Mörtel, deren Zusammensetzung lediglich den Herstellern bekannt ist, zudem meistens nur Langzeiterfahrungen für eine Anwendung unter ganzflächigen Oberflächenschutzsystemen (Feinspachtelung und Polymerbeschichtung) vorliegen, verblieb für die ausführende Firma beziehungsweise den Bauherrn zudem ein Risiko in Bezug auf eine unerwünschte Veränderung des optischen Erscheinungsbildes im Zuge der Alterung.

Eine Herstellung der Mörtel durch die die Instandsetzung ausführende Firma, bei der der Planer oder die Fachbauleitung nur geringe Steuer- und Kontrollmöglichkeit hat, führte nicht immer zu den gewünschten Mörteleigenschaften.

Mörteleinbau

Die Erfahrung hat gezeigt, dass bei der Verwendung einer Schalung beim Einbau des Mörtels der Einfluss von Holzinhaltsstoffen auf die Oberflächenfärbung der Reparaturstellen beachtet werden muss. Um einen Versatz der Oberflächen von Reparaturstelle und Umgebung zu vermeiden respektive um dichte Anschlüsse der Schalung an die umgebenden Bereiche herzustellen, war in einigen Fällen ein beachtlicher Aufwand notwendig. Ausserdem erschwerte die Verwendung von Schalungen eine Kontrolle der Fehlstellenfreiheit der Reprofilierung während der Arbeiten. Aus den genannten Gründen bevorzugen wir mittlerweile das händische Einbringen oder das Spritzen des Mörtels. Dabei ist zu beachten, dass die Technik des Einbringens und Verdichtens des Reparaturmörtels und nicht zuletzt auch die Reinhaltung der umgebenden Bestandsflächen entscheidenden Einfluss auf das Erscheinungsbild des Bauwerks nach der Instandsetzung hat.

Nachbearbeitung der Reparaturstelle

Neben der Mörtelrezeptur und dem Mörteleinbau hat die Nachbearbeitung der Reparaturstelle massgebenden Einfluss auf deren Erscheinungsbild.[10] Zum Angleichen des Erscheinungsbildes der Reparaturstellen an die Umgebung haben sich die bekannten Steinmetztechniken bewährt, die auf die ausreichend erhärtete gegebenenfalls bereits im frischen Zustand vormodellierte und/ oder entsprechend überhöht eingebaute Mörteloberfläche angewendet werden. Schleifende Beanspruchungen und in gewissem Umfang auch Sandstrahlen führen allerdings zu einer mehr oder weniger intensiven Weissverfärbung der ausgewählten farbigen Gesteinskörnungen und der Feinmörtelmatrix, da das Licht an den zahlreichen Schleifspuren gebrochen wird. Dies führt zu einer unerwünschten Aufhellung der Reparaturstelle, die erst im Lauf der Jahre wieder zurückgeht. Zur Freilegung von Gesteinskörnern an der Oberfläche der Reparaturstelle – als Massnahme des optischen Angleichs an die Umgebung – hat sich ein behutsames «Waschen» der Mörteloberfläche im frischen Zustand oder das behutsame Stocken der erhärteten Oberfläche bewährt.

Qualitätssicherung

Wie bei jeder Baumassnahme sichert auch bei einer «behutsamen» Betoninstandsetzung nur ein abgestimmter Katalog an Massnahmen und Prüfungen die Qualität und den Erfolg der Arbeiten. Neben Prüfungen der Materialien und der fertigen Leistung gehört zu den Qualitätssicherungsmassnahmen überdies zwingend die Einschaltung einer erfahrenen Fachbauleitung, die die Leistungsbeschreibung erstellt sowie die Arbeiten intensiv betreut und überwacht.

Dauerhaftigkeit

Von einer «behutsamen» Betoninstandsetzung muss eine zumindest gleiche Dauerhaftigkeit erwartet werden können wie von einer konventionellen Massnahme. Die Angabe der von konventionellen Instandsetzungen mit ganzflächigen Beschichtungen zu erwartenden Dauerhaftigkeit ist schwierig, da diese neben der im Einzelfall angewandten Sorgfalt in besonderem Masse von der Beanspruchung des Bauteils abhängt. Bei sorgfältiger Ausführung und fehlenden hohen Beanspruchungen – wie beispielsweise mechanische Einwirkungen, stehendes oder konzentriert ablaufendes Wasser – ist mit Zeiträumen von 10 bis 15 Jahren zu rechnen. Nach dieser Zeit muss die Beschichtung überarbeitet oder erneuert werden. Erfahrungen an konventionell instand gesetzten Bauteilen zeigen allerdings, dass aufgrund von Ausführungsmängeln häufig schon früher eine «Instandsetzung der konventionellen Instandsetzung» erfolgen muss.

Langzeitverhalten der Reparaturstellen

Die älteste von uns technologisch betreute «behutsame» Betoninstandsetzung wurde vor nunmehr 17 Jahren (1992) abgeschlossen und erfolgte an den Aussenfassaden des Beethovensaals der Liederhalle in Stuttgart. Im Zuge der planmässigen Bauunterhaltung wurde 2004 eine vom Bauherrn initiierte detaillierte Nachschau dieser Flächen durchgeführt. Das Ergebnis dieser Nachuntersuchung war überaus positiv, aber auch bei allen anderen bislang instand gesetzten Sichtbetonflächen zeigten die Reparaturstellen keine Schädigungen in Form von Hohllagen, tiefgreifenden Rissbildungen oder dergleichen. In einem Fall waren stellenweise auffällige «Rostfahnen» an den Reparaturstellen durch einzelne eisenlösliche Gesteinskörner ausgelöst worden, nicht jedoch durch Korrosion der Bewehrung. In dem einen Fall, bei dem dieses Phänomen auftrat, war der ausführenden Firma ein zu grosser Spielraum bei der Auswahl der Gesteinskörnungen gewährt worden, was mittlerweile zu Modifikationen der Ausschreibung der Arbeiten geführt hat. In wenigen Fällen zeigten sich an einigen Reparaturstellen nach einer Schlagregenbeanspruchung Rissmuster ab. Untersuchungen ergaben, dass es sich dabei um nur wenig tief in die Reparaturstellen hineinreichende, senkrecht zur Bauteiloberfläche verlaufende Risse mit sehr geringer Rissbreite handelte (deutlich kleiner als 0,1 mm), die sich jedoch bei Trocknung der Flächen nach Schlagregenbeaufschlagung vorübergehend als dunkle breite Streifen abzeichnen. Derartige, auf Eigenspannungen zurückzuführende Risse treten auch an Neubauten aus Beton auf und stellen keine Beeinträchtigung der Dauerhaftigkeit der Reparaturstellen dar. Der Reparaturmörtel zeigt auch an solchen Stellen keine Anzeichen einer Zermürbung oder Ablösung vom Untergrund.

Langzeitverhalten der nicht bearbeiteten Bereiche

An den Bauwerken, die unter unserer Mitwirkung instand gesetzt wurden, waren – abgesehen von bereits bauzeitlichen Kaschierungen von Betonierfehlern und einzelnen späteren Verspachtelungen lokaler Schäden – seit der Herstellung der Sichtbetonflächen keine weiteren Bauunterhaltungsmassnahmen vorgenommen worden. Nach der Beseitigung der vorgefundenen Schadstellen im Rahmen der «behutsamen» Betoninstandsetzung sind in den verbliebenen, nicht bearbeiteten Flächen nur zu einem verschwindend geringen Prozentsatz der Gesamtfläche (deutlich weniger als 0,1 %) weitere Schäden aufgetreten. Es handelt sich dabei um einzelne, punktuelle Betonabplatzungen, die auf dieselben Schadensmechanismen zurückzuführen sind, wie sie bereits in den Voruntersuchungen beschrieben und vorausgesagt wurden.

Am Beethovensaal der Liederhalle wurden diese wenigen Schadstellen zwölf Jahre nach der «behutsamen» Instandsetzung im Zuge der regelmässigen Bauunterhaltung – wie im Instandsetzungskonzept vorgesehen – beseitigt. Die Beschreibung der Arbeitstechniken und die Rezepturen für die Instandsetzungsmörtel waren nach Abschluss der Instandsetzung beim Bauherrn hinterlegt worden, so dass keine erneuten, umfangreichen Planungs- und Versuchsleistungen notwendig wurden. Erfahrungen, die bei jüngeren Instandsetzungen gewonnen wurden, flossen selbstverständlich in die Massnahmen ein. Die Arbeiten konnten mit einem Hubsteiger und kleinen Gerüsten innerhalb weniger Tage und damit äusserst kostengünstig durchgeführt werden.

Ausschreibung

Obwohl die «behutsame» Betoninstandsetzung auf denselben technologischen Grundlagen aufbaut wie die konventionelle, hat sich eine exakte Beschreibung der Konzeption der Instandsetzung in den technischen Vorbemerkungen der Ausschreibung bewährt. Hierdurch werden die an der Ausschreibung beteiligten Firmen für das sehr differenzierte und sorgfältige Vorgehen bei der Instandsetzung sensibilisiert und auf das erforderliche handwerkliche Geschick bei der Ausführung der Arbeiten aufmerksam gemacht. Die Ausschreibung selbst enthält eine genaue Beschreibung der einzelnen Arbeitsschritte der Instandsetzung.

Es wird gefordert, dass der Mörtel unter Laborbedingungen zusammengesetzt, trocken vorgemischt und in abgewogenen Gebinden auf die Baustelle geliefert wird. Dort wird die mitgelieferte Flüssigkomponente zugegeben und intensiv mit der Trockenkomponente vermengt. Von der Herstellfirma des Mörtels werden Prüfungen und Nachweise abverlangt, die die richtige Zusammensetzung des Mörtels und das Erreichen der geforderten Eigenschaften belegen.

Die Herstellung von Mörtelmustern als erste Stufe und das Anlegen von Musterreparaturen am Bauwerk als zweite Stufe der der Instandsetzung vorangestellten Probearbeiten hat sich bewährt. Hierbei können einerseits Feinabstimmungen der optischen Eigenschaften des Instandsetzungsmaterials vorgenommen und andererseits die ausführende Firma im Hinblick auf die Qualität der Ausführung der Arbeiten überprüft oder korrigiert werden.

Die Ausschreibung enthält darüber hinaus Positionen, mit denen die während der Instandsetzungsmassnahme gleichbleibende Qualität der Instandsetzungsmaterialien und der Ausführung durch die ausführende Firma nachzuweisen sind.

Kosten der Instandsetzung

Da bei der «behutsamen» Instandsetzung ohne abschliessende Feinspachtelung und Beschichtung die Gestaltung der Reparaturstellen einen höheren Aufwand erfordert, sind die auf die Fläche der Reparaturstellen bezogenen Kosten bei der «behutsamen» Instandsetzung zumeist höher als bei der konventionellen Instandsetzung. Hingegen entfallen bei «behutsamen» Betoninstandsetzungen die Ausgaben für ganzflächige Schutzmassnahmen in Form von Beschichtungen.

Ein allgemein gültiger Kostenvergleich der beiden Varianten der Instandsetzung ist nicht möglich, da sowohl bei der konventionellen als auch bei der «behutsamen» Instandsetzung die Einheitspreise beziehungsweise Gesamtkosten der Arbeiten im freien Wettbewerb grossen Schwankungen unterworfen sind. In Tabelle 4 sind zur groben Orientierung auf Erfahrungswerten beruhende, mittlere Einheitspreise für die jeweiligen Arbeitsschritte der Instandsetzung und der Bauunterhaltung aufgelistet.

Beispiel Kostenvergleich

Anhand eines Beispiels soll nachfolgend ein Kostenvergleich zwischen einer «behutsamen» und einer konventionellen Betoninstandsetzung vorgenommen werden: Legt man eine Bauwerksfläche von 3000 m² zugrunde und nimmt einen Schadensanteil von 4 % der Bauwerksfläche an, der durch Reprofilierung instand gesetzt werden muss, so ergeben sich unter Berücksichtigung der in Tabelle 4 genannten Massnahmen und Einheitspreise Gesamtkosten von etwa 198 000 Euro für eine ganzflächige Schutz- und Instandsetzungsmassnahme und von ungefähr 160 000 Euro für die «behutsame» Betoninstandsetzung vgl. Tabelle 5, Zeile 1).

Für eine weitergehende Analyse ist es sinnvoll, Kosten als Bezugswerte darzustellen. Dies geschieht für das genannte Beispiel in den weiteren Zeilen von Tabelle 5. Dabei wird deutlich, dass eine «behutsame» Betoninstandsetzung beim angenommenen Schadensanteil kostengünstiger ist als eine konventionelle Instandsetzung (Zeilen 1–3), obwohl die Reprofilierungsarbeiten bei der «behutsamen» Instandsetzung einen höheren Aufwand erfordern als bei der konventionellen Instandsetzung (Zeile 4). Eine nach 10 bis 15 Jahren durchgeführte Bauunterhaltungsmassnahme ist nach einer «behutsamen» Instandsetzung jedoch deutlich kostengünstiger als nach einer konventionellen Instandsetzung, da bei einer «behutsamen» Instandsetzung unter anderem Aufwendungen für ein ganzflächiges Gerüst und die Überarbeitung beziehungsweise das Entfernen und Entsorgen von Altbeschichtungen entfallen. Die Wirtschaftlichkeit beziehungsweise Nachhaltigkeit einer «behutsamen»

Position	mittlere Einheitspreise	
Instandsetzung	Ganzflächige Schutz- und Instandsetzungsmassnahmen	Behutsame Instandsetzung mit lokalen Reparaturen
Gerüst (€/m²)	5,00	5,00
behutsames Reinigen der Gesamtflächen inkl. Wasseraufnahme (€/m²)	nicht erforderlich	15,50
lokalisieren der Reparaturstellen (€/m²)	1,50	1,50
Bauwerksflächen Sandstrahlen oder Hochdruckwasserstrahlen inkl. Auffangen und Entsorgen des Abtrages (€/m²)	15,50	nicht erforderlich
entfernen schadhaften Betons, Bewehrung freilegen (€/m²)	23,00	23,00
Bewehrung entrosten und reinigen (€/lfm)	6,00	6,00
Korrosionsschutzbeschichtung der Bewehrung (€/lfm)	7,00	7,00
Ausbruchstellen reprofilieren (Arbeitsaufwand) (€/m²)	33,00	41,50
Mörtel inkl. Haftbrücke, 5 cm dick (€/m²)	120,00	332,50
steinmetzmässige Nachbearbeitung der Reparaturstellen (€/m²)	nicht erforderlich	33,00
Feinspachtelüberzug (€/m²)	18,50	nicht erforderlich
Schutzanstrich (€/m²)	9,00	nicht erforderlich
Endreinigung (€/m²)	nicht erforderlich	4,50
Bauunterhaltung (Massnahmen nach 10–15 Jahren)		
Gerüst (€/m²)	5,00	nicht erforderlich
Hubsteiger (Pauschale)	nicht erforderlich	1500,00
Entfernen nicht haftenden Altanstrichs inkl. Entsorgung (€/m²)	15,50	nicht erforderlich
Entfernen schadhaften Betons, Bewehrung freilegen (€/m²)	23,00	23,00
Bewehrung entrosten und reinigen (€/lfm)	6,00	6,00
Korrosionsschutzbeschichtung der Bewehrung (€/lfm)	7,00	7,00
Ausbruchstellen reprofilieren (Arbeitsaufwand) (€/m²)	33,00	41,50
Mörtel inkl. Haftbrücke, 5 cm dick (€/m²)	120,00	332,50
steinmetzmässige Nachbearbeitung (€/m²)	nicht erforderlich	33,00
Feinspachtelausbesserung (€/m²)	7,50	nicht erforderlich
Schutzanstrich ganzflächig (€/m²)	9,00	nicht erforderlich

Zeile	Kostenauswertung	ganzflächige Schutz- und Instandsetzungsmassnahme	«behutsame» Instandsetzung mit lokalen Reparaturen
1	Gesamtkosten Instandsetzung (€)	197'700	159'180
2	Gesamtkosten Instandsetzung bezogen auf 1 m² geschädigte Fläche bzw. bearbeitete Schadstelle (Schadstellenanteil: 4 % der Gesamtfläche) (€/m²)	1648	1327
3	Gesamtsumme Instandsetzung bezogen auf 1 m² Gesamtfläche (geschädigt und nicht geschädigt) (€/m²)	66	53
4	Kosten der Reprofilierungsarbeiten (€/m²)	410	664
5	Gesamtkosten erste Bauunterhaltung nach 10 bis 15 Jahren (Annahme Schadstellenanteil: 0,5 % der Gesamtfläche) (€)	117'150	11'460
6	Gesamtkosten Instandsetzung und erste Bauunterhaltung nach 10 bis 15 Jahren (€)	314'850	170'640

Betoninstandsetzung zeigt sich also insbesondere bei Berücksichtigung der Bauunterhaltung.

Anhand der jeweils genannten Massnahmen und Einheitspreise lässt sich ableiten, dass eine «behutsame» Instandsetzung erst dann teurer wird als eine ganzflächige Massnahme, wenn mehr als etwa 10 % der gesamten Sichtbetonflächen geschädigt sind und reprofiliert werden müssen. Berücksichtigt man zusätzlich eine nach dem oben erwähnten Zeitraum durchgeführte Bauunterhaltung, liegt dieser Grenzwert erst bei circa 25 %.

Selbstverständlich sind alle genannten Zahlenwerte stark vom örtlichen Wettbewerb abhängig und dürfen daher nur als grobe Richtwerte verstanden werden. Die Wirtschaftlichkeit und Nachhaltigkeit «behutsamer» Betoninstandsetzungen, soweit diese technisch richtig und begründet sind, wird jedoch deutlich. Bei den «behutsamen» Instandsetzungen, die von uns betreut wurden, lag der Anteil der zu reprofilierenden Fläche generell deutlich unter 10 % der Gesamtfläche.

In diesem Zusammenhang sei abschliessend auf die Erfahrung hingewiesen, dass der Zustand eines Bauwerks aufgrund nur weniger gravierender Schäden auf den ersten Blick oft deutlich schlechter erscheint, als er tatsächlich ist. Nicht zuletzt wegen dieser Erfahrung soll auch an dieser Stelle nochmals auf die Notwendigkeit genauer Schadensaufnahmen während der Voruntersuchungen hingewiesen werden, bevor die Möglichkeit einer «behutsamen» Betoninstandsetzung verworfen wird.

Tabelle 4 Arbeitsschritte und Einheitspreise einer konventionellen und einer «behutsamen» Betoninstandsetzung und Bauunterhaltung im Vergleich (grobe Richtwerte)

Tabelle 5 Kostenvergleich zwischen einer konventionellen und einer «behutsamen» Betoninstandsetzung (Beispiel)

1 «Die 'behutsame' Betoninstandsetzung. Technisch-wissenschaftliche Grundlagen», S. 121–136.

2 Im Weiteren soll der Einfachheit halber nur noch von Instandsetzungsmörteln, Reparaturmörteln oder Mörteln gesprochen werden, obwohl auch weiterhin Instandsetzungsmörtel und -betone gemeint sind.

3 DAfStb-Richtlinie für Schutz und Instandsetzung von Betonbauteilen (Instandsetzungs-Richtlinie), 4 Teile, hg. von Deutscher Ausschuss für Stahlbeton und Deutsches Institut für Normung e. V., Berlin/Köln 2001.

4 Vgl. DAfStb-Richtlinie 2001 (wie Anm. 3); Zusätzliche Technische Vertragsbedingungen und Richtlinien für Ingenieurbauten (ZTV-ING), hg. von Bundesministerium für Verkehr, Bau und Stadtentwicklung, Abteilung Straßenbau, Ausgabe 2003, Teil 3, Abschnitte 4 und 5.

5 Eingehendere Ausführungen zur Beanspruchung des Verbundsystems Instandsetzungsmörtel/Betonuntergrund und zu den in diesem Zusammenhang bedeutenden, physikalischen Beanspruchungsmechanismen finden sich in: Harald S. Müller, «Denkmalgerechte Betoninstandsetzung – Überblick und technisch-wissenschaftliche Grundlagen», in: Harald S. Müller und Ulrich Nolting (Hg.), Instandsetzung bedeutsamer Betonbauten der Moderne in Deutschland, 1. Symposium Baustoffe und Bauwerkserhaltung, Universität Karlsruhe (TH), 30. März 2004, Karlsruhe 2004, S. 33–41.

6 Näheres dazu wird beschrieben in Müller 2004 (wie Anm. 5).

7 Nach Müller 2004 (wie Anm. 5).

8 DAfStb-Richtlinie 2001 (wie Anm. 3 und 4).

9 Siehe dazu den Beitrag von Harald S. Müller (wie Anm. 1).

10 Vgl. hierzu auch Hubert Baumstark, «Umsetzung gestalterischer Aspekte bei der Instandsetzung», in: Müller/Nolting 2004 (wie Anm. 5), S. 71–74.

1 Rossgrabenbrücke bei Hinterfultigen, Kanton Bern, 1932. Entwurf und Ausführung von Robert Maillart. Ansicht nach der Instandsetzung

Eugen Brühwiler

Sanfte Instandsetzung von Sichtbeton mit Korrosionsinhibitoren und Tiefenimprägnierungen

Dieser Beitrag hat zum Ziel, die grundlegenden Merkmale der Instandsetzungsmethoden mit Korrosionsinhibitoren und Tiefenimprägnierungen aufzuzeigen und anhand je eines Beispiels zu illustrieren. Diese Instandsetzungsmethoden führen zu einem kaum sichtbaren Eingriff, sind vergleichsweise kostengünstig und damit gerade auch interessant für Anwendungen im Bereich der Denkmalpflege. Sie dürfen deshalb als sanfte Instandsetzungsmethoden bezeichnet werden.

In den letzten zwanzig Jahren mussten viele Betonbauten wegen Korrosionsschäden an der Bewehrung instand gesetzt werden. Dabei wurde in vielen Fällen ein ganzflächiger Ersatz des oberflächennahen Betons vorgenommen, obwohl das Schadensbild nicht fortgeschritten war. Diese aufwendige Instandsetzungsmethode hatte auch eine neue Textur und Farbe des Sichtbetons zur Folge, was oftmals eine unerwünschte Änderung des Charakters und eine Verminderung des kulturellen Werts des Betonbaus mit sich brachte. Es stellt sich somit die Frage nach Methoden der Instandsetzung von Sichtbeton, die den Aufwand des Eingriffs beschränken.

Die Instandsetzung von Sichtbeton bietet ein äusserst attraktives Spannungsfeld zwischen Technik, Kosten und Ästhetik:
– Auf dem Gebiet der Technik erfolgt eine Entwicklung hin zu Methoden der Instandsetzung mit substanzschonenden Verfahren und verbesserten Baustoffen. Die heutigen Kenntnisse erlauben, übertriebene und entsprechend teure Eingriffe zu vermeiden.
– Wegen der grossen volkswirtschaftlichen Bedeutung der anstehenden Renovationen vieler Betonbauten aus den 1960er und 1970er Jahren müssen die Kosten heute stärker thematisiert werden, denn die knappen Geldmittel sollten für 'noblere' Bauaufgaben als für Instandsetzungen verwendet werden können.
– Die Instandsetzung von Sichtbetonflächen wirft immer anspruchsvolle Fragen in Bezug auf die Ästhetik auf. Sollen der ursprüngliche Charakter des Sichtbetons und damit auch seine Altersspuren erhalten bleiben? Oder soll mit einer Instandsetzung das Erscheinungsbild etwa durch eine neue Textur und Farbe bewusst verändert werden? Ästhetische Anforderungen können die Anzahl möglicher Instandsetzungsverfahren stark beeinflussen.

Korrosion von Bewehrungsstahl in karbonatisiertem Beton

Die beim Sichtbeton am häufigsten festgestellte Schadensart ist die Korrosion von Bewehrungsstahl, der in karbonatisiertem Beton eingebettet ist.[1] Das Schadensbild zeigt Abplatzungen des Überdeckungsbetons als Folge der Volumenausdehnung der Korrosionsprodukte auf dem Bewehrungsstahl.

Durch den Kontakt mit dem Kohlendioxid aus der Luft und die Einwirkung von Feuchtigkeit karbonatisiert der oberflächennahe Beton, das heisst, das Calciumhydroxid im Porenwasser des Betons wird chemisch in Kalkstein umgewandelt. Dieser «natürliche» Vorgang härtet den Beton. Erreicht jedoch die Karbonatisierungsfront den Bewehrungsstahl, so verliert dieser seine Schutzschicht, welche im basischen Milieu des Porenwassers eines nicht karbonatisierten Betons stabil ist und den Bewehrungsstahl vor Korrosion schützt.

Die Fortschrittsgeschwindigkeit der Karbonatisierungsfront ist umso schneller, je durchlässiger der oberflächennahe Beton und je intensiver die Einwirkung von Feuchtigkeit ist (das heisst vor allem bei wechselnd nassen und trockenen Zyklen). Beton mit einer hohen Durchlässigkeit ist oft das Ergebnis eines hohen Wasserzementwertes von mehr als 0,45, was bei den meisten Betonen der Fall ist, die vor mehr als zwanzig Jahren hergestellt wurden.

Die Situation, dass sich der Bewehrungsstahl in karbonatisiertem Beton befindet, ist allein keine hinreichende Bedingung, damit der Stahl zu korrodieren beginnt. Es muss Sauerstoff vorhanden sein, was praktisch immer der Fall ist, und es muss auch eine gewisse Feuchtigkeit im Beton vorherrschen. Bei einer relativen Betonfeuchtigkeit zwischen 85 und 95 % läuft die Bewehrungskorrosion um Grössenordnungen schneller ab als bei einer relativen Betonfeuchtigkeit von 60 bis 80 %. Bei weniger als 60 % findet praktisch keine Bewehrungskorrosion mehr statt. Die Feuchtigkeit im Beton ist somit der wesentliche Parameter, der je nach Exposition des Bauteils variabel ist. Diese Erkenntnis ist nun bei der Beurteilung des Korrosionsrisikos und der Wahl der Instandsetzungsmethode miteinzubeziehen.

Die Feuchtigkeit im Beton ist das Ergebnis des Ausgleichs der von aussen einwirkenden Luftfeuchtigkeit und der direkten Beaufschlagung der Betonoberfläche durch Regen- oder Kondenswasser. Falls das Bauteil keinem direkten Wasserkontakt ausgesetzt ist, entspricht die relative Betonfeuchtigkeit ungefähr derjenigen der umgebenden Luft. Bei einem Aussenklima mit einer mittleren jährlichen relativen Luftfeuchtigkeit von 70 bis 75 %, wie sie im europäischen Kontinentalklima üblich ist, ergeben sich somit Bedingungen, die eine nur langsam ablaufende Korrosion bewirken. Diese ist in der Praxis über grosse Zeithorizonte (das heisst zwischen sechzig und hundert Jahren) akzeptierbar. Im Gebäudeinnern beträgt die relative Luftfeuchtigkeit des Innenraumklimas oft deutlich weniger als 70 %, womit eine Bewehrungskorrosion vernachlässigbar gering ist. Eine relative Betonfeuchtigkeit von mehr als 80 % kann folglich – und dies ist im Hinblick auf die Wahl der Instandsetzungsmethode eine entscheidende Erkenntnis – nur bei Betonflächen auftreten, die einem direkten Wasserkontakt ausgesetzt sind. Dies ist oftmals und typischerweise bei exponierten Sichtbetonflächen der Fall. Somit lässt sich auch fragen, ob exponierter Sichtbeton aus der Perspektive der Dauerhaftigkeit überhaupt «materialgerecht» ist.

Anforderungen an die Instandsetzung von Sichtbeton

Bei der Instandsetzung von Sichtbeton von kulturell bedeutsamen Betonbauten werden oft folgende Anforderungen gestellt:
- Die Ästhetik der Sichtbetonflächen (Textur und Farbe) darf durch die Instandsetzung nicht beeinträchtigt werden.
- Die originale Bausubstanz soll geschont werden.
- Die Bauarbeiten (Dauer, Emissionen) dürfen die Nutzung des Bauwerks nur geringfügig beeinträchtigen.
- Die Wirksamkeit der Instandsetzung muss über eine lange Restnutzungsdauer (mehr als fünfzig Jahre) gewährleistet sein.
- Die Kosten der Instandsetzung müssen möglichst gering gehalten werden.

Diese Anforderungen können von den beiden nachfolgend beschriebenen sanften Methoden erfüllt werden. Dabei muss allerdings ein Schadensbild vorausgesetzt werden, das noch nicht sehr weit fortgeschritten ist, das heisst, weniger als 20 bis 40 % der gesamten Sichtbetonoberfläche zeigen Abplatzungen.

Instandsetzung mit Inhibitoren

Die sanfte Methode der Instandsetzung mit Inhibitoren besteht aus zwei Verfahren. Zunächst werden diejenigen Stellen mit einem lokalen Betonersatz instand gesetzt, welche Abplatzungen des oberflächennahen Betons zeigen. Danach wird auf der gesamten Oberfläche, die direkten Wasserkontakt hat, ein Korrosionsinhibitor appliziert. Als präventive Massnahme ist es empfehlenswert, den Korrosionsinhibitor auch auf den vor direkter Beaufschlagung geschützten Oberflächen aufzutragen.

Lokaler Betonersatz

Stellen mit Betonabplatzungen werden nach dem «üblichen» Verfahren des Betonersatzes instand gesetzt, indem mit einem Hochdruckwasserstrahl die Bewehrungsstäbe der beschädigten Stellen freigelegt und danach mit einem Mörtelauftrag bis auf die ursprüngliche Stärke der Betonüberdeckung des Bewehrungsstahls

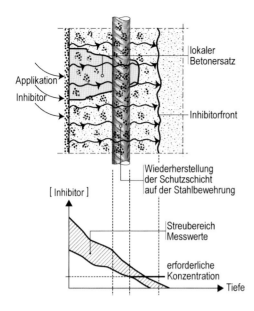

Korrosionsinhibitoren

Im Stahlbeton werden Korrosionsinhibitoren entweder als präventive oder kurative Massnahme eingesetzt, um einerseits den Beginn der Bewehrungskorrosion zu verhindern beziehungsweise wesentlich hinauszuzögern oder anderseits bereits ablaufende Korrosionsvorgänge – bei wenig fortgeschrittener Schädigung – zu unterbinden beziehungsweise stark zu verlangsamen.

Korrosionsinhibitoren werden in flüssiger Form oder als Gel an der Betonoberfläche appliziert und gelangen vor allem durch kapillares Saugen in den Beton. Dies setzt voraus, dass der oberflächennahe Beton nicht allzu dicht ist. Inhibitoren reichern sich an der Phasengrenze von Bewehrungsstahl und Beton an und bauen durch eine Filmbildung eine Schutzschicht auf der Oberfläche des Bewehrungsstahls auf. Dadurch wird die Korrosion deutlich vermindert oder gar gestoppt. Allerdings sind die Wirkungsmechanismen von Inhibitoren noch nicht bis ins Detail bekannt; sie unterscheiden sich auch je nach Inhibitorprodukt.

Korrosionsinhibitoren sind vor allem bei Bewehrungskorrosion in karbonatisiertem Beton wirksam. Hingegen ist die Wirkung bei chloridinduzierter Bewehrungskorrosion von Bauteilen mit starker Spritz- und Standwasserexposition in der Regel ungenügend. Damit Korrosionsinhibitoren wirksam sind, muss der Wirkstoff im Bereich des Bewehrungsstahls in genügender Konzentration vorhanden sein. Diese Bedingung gehört zu den Abnahmekriterien der Ausführung. Während die Eindringtiefe und die Inhibitorkonzentration objektiv und mit Laboranalysen zuverlässig bestimmt werden können, sind die Kenntnisse über die für die korrosionsinhibierende Wirkung notwendige Inhibitorkonzentration je nach Produkt sehr unterschiedlich. Die Angaben zu einem bestimmten Inhibitor sind entsprechend kritisch zu beurteilen.

Oft zeigen Messwerte eine recht grosse Bandbreite der Inhibitorprofile und auch der Karbonatisierungstiefe, was auf die unterschiedliche Betonqualität mit einer stark variierenden Durchlässigkeit zurückzuführen ist. Tendenziell enthalten Stellen mit grosser Karbonatisierungstiefe auch eine höhere Konzentration an Inhibitoren. Kleine Inhibitor-Konzentrationen treten hingegen bei vergleichsweise dichtem Beton mit wenig

versehen werden. Bei einzelnen Bereichen einer Sichtbetonfläche mit ausgeprägtem Schadensbild kann es dabei sinnvoll sein, die ganze Fläche mit neuem Mörtel zu ergänzen. Bei hohen Anforderungen an das Erscheinungsbild des Sichtbetons – genauer an Textur und Farbe – empfiehlt es sich, die Grenzen des mit einem Mörtelauftrag instand gesetzten Bereichs mit einem etwa 15 mm tiefen Sägeschnitt auszuschneiden, womit klar und sauber abgegrenzte Eingriffsstellen erzielt werden.

Textur und Farbe des Ergänzungsmörtels sollten sich möglichst dem Erscheinungsbild des vorhandenen Sichtbetons anpassen. Da selbst der bestehende Farbton je nach Bewitterung und wegen herstellungsbedingten Streuungen der Ausgangsbaustoffe nicht über die ganze Fläche einheitlich ist, ist es unmöglich, mit dem Mörtelauftrag den Farbton des ursprünglichen Sichtbetons zu erreichen. Immerhin kann anhand von Vorversuchen derjenige Mörtel gefunden werden, der sich möglichst gut an den gegebenen Sichtbeton anpasst. Trotzdem wird das Erscheinungsbild durch die einzelnen Stellen des Betonersatzes geprägt sein, die sich – wie Narben – leicht vom ursprünglichen Sichtbeton unterscheiden. Es kann jedoch erwartet werden, dass sich die Stellen mit Mörtelauftrag mit den Jahren dem bestehenden Beton angleichen. Dieses Erscheinungsbild ist mit der in der Denkmalpflege oft gestellten Anforderung kompatibel, wonach der ursprüngliche Charakter des Sichtbetons und damit auch seine Altersspuren erhalten bleiben sollen.

2 Prinzipskizze «Lokaler Betonersatz und Applikation von Korrosionsinhibitoren»

fortgeschrittener Karbonatisierung auf. Eine sehr interessante Eigenheit des Verfahrens besteht folglich darin, dass Inhibitoren vor allem dort hingelangen, wo sie am notwendigsten sind.

Die Sichtbetonfassade eines Schulhauses als Beispiel

Die Gebäude der Ingenieurschule in Yverdon-les-Bains gingen aus einem 1965 prämierten Wettbewerb hervor, den die Architekten Claude Paillard und Peter Leemann aus Zürich gewannen. Das Erscheinungsbild des im Jahr 1975 fertiggestellten Bauwerks wird durch den glattgeschalten Beton verstärkt. Die Sichtbetonfassaden prägen den gestalterischen Ausdruck der Gebäude, die 1981 mit dem «betonpreis» ausgezeichnet wurden und heute einen hohen kulturellen Wert aufweisen.

Im Jahr 1988 wurden an den Fassaden erste sichtbare Schäden infolge Bewehrungskorrosion festgestellt. Danach beschleunigte sich das Schadensbild, weshalb sich der Bauherr 1995 für eine Instandsetzung entscheiden musste, die in den Jahren 1997/98 nach dem Verfahren «lokaler Betonersatz und Applikation von Inhibitoren» ausgeführt wurde.[2]

Zustandsbeurteilung und Projektierung der Instandsetzung

Die Sichtbetonfassaden bestehen aus vorfabrizierten Elementen mit einer Netzbewehrung. Die Betonüberdeckung beträgt plangemäss 10 mm, an vereinzelten Orten jedoch nur etwa 5 mm. Die Karbonatisierungstiefe variierte stark, erreichte aber in der Regel Werte von etwa 15 mm. Einzelne Betonabplatzungen deuteten auf eine fortgeschrittene Bewehrungskorrosion an besonders exponierten Zonen sowie auf eine örtlich mangelhafte Betonqualität hin.

Die Projektierung der Instandsetzung erfolgte in drei Phasen. Ausgehend von den Informationen über den Zustand des Sichtbetons und der mutmasslichen Zustandsentwicklung wurden die weiter oben beschriebenen Anforderungen an die Instandsetzung zusammen mit dem Eigentümer formuliert. Danach wurden Varianten von Instandsetzungsmethoden erarbeitet und untereinander verglichen. Schliesslich wurden die Anforderungen an die Verfahren und Baustoffe der Bestvariante «lokaler Betonersatz und Applikation von Inhibitoren» für die Ausführung festgelegt. In dieser Phase wurden anhand von Vorversuchen verschiedene Mörtel zwecks farblicher Abstimmung mit dem bestehenden Beton und der Haftzugfestigkeit auf dem Untergrund untersucht und verglichen.

Ausführung

Die Bauarbeiten konnten plangemäss und im erwarteten Kostenrahmen ohne nennenswerte Probleme ausgeführt werden. Die Fassadenflächen der Gebäude wurden mit MFP(Monofluorophosphat)-Inhibitoren behandelt, die im günstigsten Angebot enthalten waren. Für die Qualitätsprüfungen wurden mit chemischen Analysen die Inhibitorkonzentrationen in Bohrkernen bestimmt. Dabei konnte festgestellt werden, dass die Wirkstoffe bis in Tiefen von mehr als 40 mm und damit weit über die Bewehrungslage hinaus eindringen. Auch die vom Lieferanten angegebene, für die Wirkung von MFP-Inhibitoren notwendige Konzentration wurde im massgebenden Bereich der Bewehrungsstäbe immer erreicht und sogar oft deutlich übertroffen. Die Qualitätsprüfungen ergaben somit positive Ergebnisse, wodurch erwartet werden konnte, dass die Bewehrungskorrosion durch die Inhibitoren gestoppt oder wenigstens stark verlangsamt wird.

Qualitätsüberwachung

Da bei der Ausführung der Instandsetzung vor rund zehn Jahren noch keine eindeutigen und wirklich schlüssigen Nachweise über die Wirkungsweise von Inhibitoren an Bauwerken vorlagen, wurde zur Beobachtung der Wirkung

3 Schulhaus der Ingenieurschule in Yverdon-les-Bains, 1975. Architekten: Claude Paillard und Peter Leemann. Ansicht nach der Instandsetzung

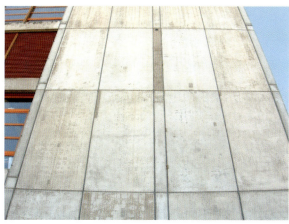

der Korrosionsinhibitoren ein Messsystem installiert.[3] Dieses Monitoring zeigte eine deutliche Reduktion der Korrosionsströme auf Werte, die man als «sehr geringe Korrosion» bezeichnen kann.

Sieben Jahre nach der Applikation der Inhibitoren wurde anhand von Untersuchungen an Bohrkernen festgestellt, dass die Inhibitorkonzentration im Beton gleich war wie unmittelbar nach der Applikation. Das aktuelle optische Erscheinungsbild des Sichtbetons bestätigt die stark reduzierte Bewehrungskorrosion.

Instandsetzung mit Tiefenimprägnierungen

Die sanfte Methode der Instandsetzung mit Tiefenimprägnierungen besteht ebenfalls aus zwei Verfahren. Zunächst werden wiederum diejenigen Stellen instand gesetzt, welche Abplatzungen des oberflächennahen Betons zeigen. Dazu gelten die oben ausgeführten Angaben zum lokalen Betonersatz. Danach wird eine hydrophobierende Tiefenimprägnierung auf diejenigen Oberflächen appliziert, die direkten Kontakt mit Wasser ausgesetzt sind.

Tiefenimprägnierung

Eine hydrophobe Imprägnierung ist eine Behandlung zum Schutz eines porösen Untergrunds durch das Absorbieren eines wasserabstossenden Wirkstoffs. Diese Behandlung hat eine abdichtende Wirkung, indem eine Benetzung der Oberfläche verhindert oder wenigstens stark erschwert und somit der Wassereintrag in den Beton stark reduziert wird.[4]

Die hydrophobierenden Wirkstoffe, die für den Beton geeignet sind, setzen sich in der Regel aus Substanzen auf der Basis von Silanen und Siloxanen zusammen. Die Imprägnierstoffe werden in flüssiger Form auf der Betonoberfläche aufgetragen und dringen durch Kapillartransport ins Betoninnere ein. Die Wirkstoffe bedecken die Porenwände, ohne die Poren zu verstopfen oder zu füllen. Die hydrophobierenden Imprägnierungen bilden keinen durchgehenden Film und behindern somit die Wasserdampfdiffusion nicht. Die Imprägniermittel sind farblos, und die Oberflächenerscheinung wird demzufolge nicht verändert. Die Wirksamkeit einer hydrophobierenden Imprägnierung wird messtechnisch anhand von Aufsaugversuchen und Bohrkernen bestimmt.[5]

Die Dauerhaftigkeit der hydrophobierenden Wirkung wird durch das Sonnenlicht beeinträchtigt, da die UV-Strahlen die Wirkstoffe zersetzen. Deshalb ist es von entscheidender Bedeutung, dass die Wirkstoffe so tief wie möglich in den oberflächennahen Beton eindringen. Ab einer Tiefe von etwa 1 mm sind die Wirkstoffe vor UV-Strahlen geschützt. Die Dauer der Wirksamkeit einer Imprägnierung hängt von der Eindringtiefe und -menge in der oberflächennahen Schicht ab. Es ist deshalb wichtig, eine «Tiefenimprägnierung» zu fordern und auszuführen.

Die Eindringtiefe ist folglich eine massgebende Kenngrösse einer Imprägnierung. Mit heutigen Produkten mit sehr kleinen Molekülgrössen im Nano-Bereich können ohne weiteres

4 Fassade Schulhaus, Yverdon-les-Bains. Instand gesetzte Sichtbetonfläche mit sichtbaren Eingriffstellen (im Sonnenlicht)

5 Fassade Schulhaus. Instand gesetzte Sichtbetonfläche mit sichtbaren Eingriffstellen (im Schatten)

Eindringtiefen von 4 bis 6 mm erreicht und damit auch in der Ausschreibung gefordert werden. In diesem Fall kann von einer hydrophobierenden Wirkungsdauer von wahrscheinlich deutlich mehr als 25 Jahren ausgegangen werden. Es ist möglich, die Imprägnierung ein weiteres Mal zu applizieren, falls die Schutzwirkung nicht mehr genügen sollte.

Die Betonbrücken von Robert Maillart als Beispiel

Bei Hinterfultigen im Kanton Bern wurden 1933 zwei benachbarte Strasssenbrücken aus Beton gebaut, die Rossgrabenbrücke (Abb. 1) und die Schwandbachbrücke. Sie gehören mit zu den wichtigsten Bauwerken des Schweizer Ingenieurs Robert Maillart (1872–1940), der als einer der herausragenden Persönlichkeiten auf dem Gebiet der Ingenieurbaukunst gilt. Maillart ist vor allem als Brückenbauer bekannt. Er leistete aber ferner als innovativer Hochbauer und Autor wissenschaftlicher Aufsätze wesentliche Beiträge zur Entwicklung der Betonbauweise und des Ingenieurbaus. Sein Gesamtwerk ist von einzigartiger Qualität und grosser Bedeutung für die Entwicklung und Kultur des Ingenieur-Betonbaus und hat deshalb eine weltweite Ausstrahlung erreicht.

Sowohl die Rossgraben- als auch die Schwandbachbrücke wurde im Jahr 2005 nach der oben beschriebenen Instandsetzungsmethode «lokaler Betonersatz und Applikation einer Tiefenimprägnierung» instand gesetzt. Beide Brücken befinden sich auf Nebenstrassen von untergeordneter Bedeutung, die nur dem einheimischen Landwirtschaftsverkehr dienen. Trotz des vergleichsweise geringen Verkehrsaufkommens werden sie gelegentlich von schweren Fahrzeugen für den Transport von Holz, Kies oder Beton beansprucht. Entsprechend wurde ihre Tragfähigkeit untersucht, die als deutlich genügend eingestuft werden konnte.

Zustandsbeurteilung und Projektierung der Instandsetzung

Bei der Zustandserfassung der rund siebzig Jahre alten Betonkonstruktionen konnte festgestellt werden, dass trotz der teilweise bis hinter die Bewehrung fortgeschrittenen Karbonatisierung die Armierungseisen nur geringe Korrosionsschäden zeigten. Das ist unter anderem auf den Witterungsschutz der unter der Fahrbahn liegenden Bauwerksteile zurückzuführen, die bei Regenfall nur geringfügig oder gar nicht benetzt werden.

An einzelnen Stellen wies die oberflächennaheste Bewehrungslage eine leichte bis mittlere Korrosion auf. Vereinzelt waren freiliegende Armierungseisen sichtbar, wobei nicht auszuschliessen ist, dass diese beim Bau der Brücken bereits nach dem Ausschalen an der Oberfläche lagen. Wegen der mangelhaften Entwässerung waren zudem verschiedene Oberflächen einem direkten Kontakt mit dem Wasser ausgesetzt.

Bei der Projektierung der Instandsetzung waren, entsprechend der Anforderung nach einem minimalen und sanften Eingriff, folgende Kriterien zu berücksichtigen:
– Erhaltung der ursprünglichen Form, der Konstruktionsdetails und der Betonoberfläche (Textur und Farbe des ursprünglichen Sichtbetons)
– Verbesserung der Entwässerung der Konstruktionen. Sicherstellung eines kontrollierten Wasserabflusses
– Lokale Instandsetzungen der wenigen Stellen mit abgeplatztem Überdeckungsbeton und sichtbarem Betonstahl. Diese sind unter farblicher Anpassung des einzusetzenden Mörtels an den ursprünglichen Sichtbeton auszuführen.
– Dauerhafter Schutz gegen Feuchtigkeitseintrag bei den dem Wasser direkt ausgesetzten Betonoberflächen durch eine wirksame Tiefenimprägnierung
– Schutz der Betonoberflächen im Fahrbahnbereich mit einer (mineralischen) Beschichtung gegen starke Chlorideinwirkungen.

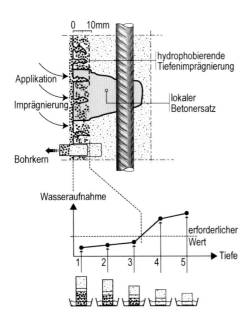

6 Prinzipskizze «lokaler Betonersatz und Tiefenimprägnierung»

Ausführung

Die Bauarbeiten wurden plangemäss und im erwarteten Kostenrahmen ohne wesentliche Probleme ausgeführt. Für die Tiefenimprägnierung wurde ein Wasseraufnahmekoeffizient von maximal 0,05 kg/m² h$^{0.5}$ bis in eine Eindringtiefe von 5 mm gefordert. Diese Anforderung wurde in Vorversuchen und bei der Ausführung nach mehrmaliger Applikation erreicht.

Folgerung

Bei einem nicht bereits stark fortgeschrittenen Schadensbild können mit sanften Instandsetzungsmethoden unter Einsatz von Korrosionsinhibitoren oder einer Tiefenimprägnierung Lösungen gefunden werden, die technisch solide, finanziell tragbar und aus der Sicht der Denkmalpflege gut vertretbar sind. Diese Lösungen sind vor allem für Bauwerke mit einem hohen kulturellen Wert interessant.

Die vorgestellten Beispiele zeigen zudem, dass die Instandsetzung von Betonbauten äusserst anspruchsvolle und reizvolle Aufgaben für eine Zusammenarbeit zwischen Eigentümer, Denkmalpflege, Architekt, Ingenieur, Fachspezialist und der ausführenden Baufirma bietet. Eine fachgerechte und erfolgreiche Betoninstandsetzung setzt Berufsleute voraus, die den Wert einer konstruktiven Zusammenarbeit und einer gegenseitiger Anerkennung von Fachkompetenz erkennen können und auch zu schätzen wissen.

1 Böhni, Hans (Hg.), *Corrosion in reinforced concrete structures*, Cambridge 2005, S. 248.

2 Eugen Brühwiler und Pierre Plancherel, «Instandsetzung von Sichtbetonfassaden mit Inhibitoren», in: *Schweizer Ingenieur und Architekt* 117 (1999), H. 26, S. 583–586.

3 Aldo Rota und Dieter Flückiger, «Monitoring nach der Sichtbetoninstandsetzung mit Inhibitoren», in: ebd., S. 586–590.

4 Stefan J. Meier und Folker H. Wittmann, «Hydrophobieren von Betonoberflächen. Empfehlungen für Planung und Applikation» (Bericht Nr. 591), in: *Neues aus der Brückenforschung. Referate der 4. Studientagung vom 20. November 2007 in Bern*, hg. von Schweizerischer Ingenieur- und Architekten-Verein SIA, Zürich 2007 (= SIA Dokumentation), S. 35–41.

5 Ebd.

7 Schwandbachbrücke bei Hinterfultigen, Kanton Bern, 1933. Entwurf und Ausführung von Robert Maillart. Ansicht nach der Instandsetzung

Ausgewählte Literatur

Die thematisch gegliederten Literaturangaben geben einen Überblick über die wichtigste Literatur zur Geschichte des Betonbaus, zur Beton- und Stahlbetonbautechnologie und zur Instandsetzung von Sichtbetonoberflächen.

Geschichte des Bauens mit Beton

Zu den wichtigsten Werken – darunter anschliessend auch Periodika –, die eine gute Übersicht bieten, gehören:

9.502 PtVerlag Wilhelm Ernst & Sohn, herausgeben von Fritz von Emperger)

Zement und Beton, Berlin: Verlag der Thonindustrie-Zeitung 1901– (erschien zweimal monatlich; erscheint heute fünfmal jährlich in Wien, herausgegeben vom VÖZ Vereinigung der österreichischen Zementindustrie)

Zeitschrift für Beton- und Eisenbetonbau. Mitteilungen über Zement, Beton- und Eisenbetonbau sowie die gesamte Ton-, Ziegelei- und Kunststeinindustrie, Bern: Wagner'sche Verlagsanstalt 1903–1914 (herausgegeben von E. Probst und M. Foerster)

Weitere Werke:

Adam, Thomas, *Die Anfänge des industriellen Bauens in Sachsen*, Leipzig 1998

Albert, Franz, *Die Eisenkonstruktionen und die Eisenbetonbauweise im Hochbau. Lehrbuch für Baugewerkschulen*, Leipzig 1908 (= Die Schule des Bautechnikers 15)

Aschenbeck, Nils, *Häuser, Türme und Schiffe gebaut aus Beton. Paul Kossel, Pionier des Betonbaus 1874–1950*, hg. von Bauindustrieverband Bremen-Nordniedersachsen e. V., Delmenhorst/Berlin 2003

Ast, Feodor, *Der Beton und seine Anwendung*, Berlin 1907

Bächer, Max und Erwin Heinle, *Bauen in Sichtbeton*, Stuttgart 1966

Banham, Reyner, *Die Revolution der Architektur. Theorie und Gestaltung im ersten Maschinenzeitalter*, Reinbeck bei Hamburg 1964, Braunschweig (2)1990 (= Bauwelt-Fundamente 89) (engl. Erstausgabe: *Theory and design in the fist machine age*, London 1960)

Banham, Reyner, *Das gebaute Atlantis. Amerikanische Industriebauten und die Frühe Moderne in Europa*, Basel u. a. 1990 (engl. Erstausgabe: *A Concrete Atlantis. U. S. industrial building an European modern architecture*, Camebridge Mass. 1986)

Banham, Reyner, *Brutalismus in der Architektur. Ethik oder Ästhetik?*, Stuttgart/Bern 1966 (= Dokumente der Modernen Architektur 5) (engl. Erstausgabe: *The new brutalism. Ethic or aesthetic?*, London 1966)

Bauten in Stampfbeton, Monierbeton und Moniermauerung. Fabrikation von Monier- und Betonröhren. Fabriken in Neckarau bei Annheim und Neustadt a. d. Haardt, hg. von Wayss & Freytag, Neustadt a. d. Haardt und München, Berlin 1895 (mit Verzeichnis von Fabrikaten und Arbeiten in Stampfbeton, Monierbau und Moniermauerung 1895)

Bay, Hermann, «Emil Mörsch. Erinnerungen an einen großen Lehrmeister des Stahlbetonbaus», in: *Wegbereiter der Bautechnik. Herausragende Bauingenieure und technische Pionierleistungen ihrer Zeit*, hg. von VDI-Gesellschaft Bautechnik im Verein Deutscher Ingenieure, Düsseldorf 1990, S. 47–66

Becker, Fritz, *Die Industrialisierung im Eisenbetonbau*, Diss. TH Karlsruhe 1930

Becker, W. A., *Erfahrungen über den Portland-Cement*, Berlin 1853

Becker, W. A., *Practische Anleitung zur Anwendung der Cemente*, Berlin (2)1869

Behne, Adolf, *Der moderne Zweckbau*, München/Wien 1926

Bennet, T. P., *Bauformen in Eisenbeton. Eine Sammlung vorbildlicher Lösungen nach photographischen Aufnahmen. Die Aufnahmen zusammengestellt von Francis Rowland Yerbury*, Berlin 1927

Berndt, Kurt, *Die Montagebauarten des Wohnungsbaues in Beton*, Wiesbaden/Berlin 1969

Billington, David P., *Robert Maillart und die Kunst des Stahlbetonbaus*, Zürich/München 1990, (2)1993

Bosc, Jean-Louis u. a., *Joseph Monier et la naissance du ciment armé*, Paris 2001

Breitenfeldt, Jörg und Wolfgang Henze, «'Cement' am Neuen Museum 1841–1855. Die Erforschung und Anwendung damals sogenannter 'Cemente' beim Bau des neuen Museums zu Berlin», in: *Denk-Mal an Beton! Material, Technologie, Denkmalpflege, Restaurierung*, Petersberg 2008 (= Berichte zu Forschung und Praxis der Denkmalpflege in Deutschland 16), S. 69–81

Brühwiler, Eugen und Pierre Frey, *Alexandre Sarrasin. Structures en béton armé. Audaces et invention*, Lausanne 2002

Bucci, Federico und Albert Kahn, *Architect of Ford*, Princeton 1959

Bühler, Dirk, «Die Illerbrücken in Kempten: Beton in der Bautechnik um 1903», in: *Circa 1903. Artefakte in der Gründungsgeschichte des Deutschen Museums*, hg. von Deutsches Museum München, München 2003, S. 475–498

Büsing, Friedrich W., *Der Portland-Cement und seine Anwendung im Bauwesen*, Berlin 1898, (2) bearb. und erw. von C. Schumann 1899, (3)1905, (4)1912

Burchard, Helmut, *Betonfertigteile im Wohnbau*, Berlin 1941

Christiansen, Jörn, *Aus einem Guss. Kaffeefabrik in Eisenbeton*, Bremen 1991

Christophe, Paul, *Der Eisen-Beton und seine Anwendung im Bauwesen*, Berlin 1905 (frz. Erstausgabe: *Le béton armé et ses applications*, Paris 1899)

Cointereaux, François, *Die Pisé-Baukunst, in ihrem ganzen Umfang, oder vollständige und fassliche Beschreibung des Verfahrens, aus bloßer gestampfter Erde, ohne weitere Zuthat, Gebäude und Mauerwerk von aller Art wohlfeil, dauerhaft, feuerfest, und sicher gegen Einbruch auszuführen. Aus den französischen Original des Herrn Cointereaux, bearbeitet und mit Zusätzen versehen von Christian Ludwig Seebaß*, Leipzig 1803, Nachdr. 1989

Collins, Peter, *Concrete. The Vision of a New Architecture. A Study of Auguste Perret and his Precursors*, London 1959

Danzl, Thomas, «Beton-Polychromie? Von Mausgrau bis Kunterbunt! Zu Material- und Farbenfarbigkeit von Beton», in: *Denk-Mal an Beton! Material, Technologie, Denkmalpflege, Restaurierung*, Petersberg 2008 (= Berichte zu Forschung und Praxis der Denkmalpflege in Deutschland 16), S. 104–113

Dechau, Wilfried (Hg.), *Kühne Solitäre. Ulrich Müther, Schalenbaumeister der DDR*, Stuttgart 2000

Delhumeau, Gwenaël, *L'invention du Béton armé. Hennebique 1890–1914*, Paris 1999

Delhumeau, Gwenaël u. a. (Hg.), *Le Béton en représentation. La mémoire photographique de l'entreprise Hennebique 1890–1930*, Paris 1993

Deutsche Portland-Cement- und Beton-Industrie auf der Düsseldorfer Ausstellung 1902, hg. von Verein Deutscher Portland-Cement-Fabrikanten, Berlin 1902, Nachdr. Düsseldorf 1982

Dittrich, Elke, *Die Entwicklung des Stahlbetonhochbaus im Hochbau bis zum Ersten Weltkrieg. Unter besonderer Berücksichtigung der Berliner Situation*, Diss. TU Berlin 1990

Donath, Dietrich, «100 Jahre Biegemessung im Stahlbetonbau – Zur Geschichte des Stahlbetons in Deutschland», in: *Beton- und Stahlbetonbau* 81 (1986), H. 11, S. 281f.

Emperger, Fritz von, «Zur Geschichte des Verbundes von Beton und Eisen», in: *Beton und Eisen* 2 (1903), H. 1, S. 12–15

Faber, Colin, *Candela und seine Schalen*, München 1965

Festschrift aus Anlaß des fünfzigjährigen Bestehens der Wayss & Freytag A. G. 1875–1925, hg. von Wayss & Freytag A. G., Stuttgart 1925

Festschrift 75 Jahre Deutscher Ausschuss für Stahlbeton 1907–1982, hg. von Deutscher Ausschuss für Stahlbeton, Berlin 1982

Foerster, Max u. a., *Die Grundzüge der geschichtlichen Entwicklung des Eisenbetonbaus. Versuche und Theorie*, Berlin (2)1912 (= Handbuch für Eisenbetonbau 1), S. 1–61

Frampton, Kenneth, *Grundlagen der Architektur – Studien zur Kultur des Tektonischen*, München/Stuttgart 1993

Friesen, Hellmuth, *Betonwerkstein als Werkstoff und Bauelement im neuzeitlichen Bauschaffen*, Mainz 1956

Fröhlich, Martin, «Gotische Werkstücke aus Beton. Der Bauplatz der roten Kirche in Neuenburg: ein Fotoalbum», in: *archithese* 12 (1983), H. 4, S. 25–31

75 Jahre Züblin-Bau 1898–1973, hg. von Züblin AG, Stuttgart 1973

Gebaute Visionen. 100 Jahre Deutscher Ausschuss für Stahlbeton 1907–2007, hg. von Deutscher Ausschuss für Stahlbeton, Berlin u. a. 2007

Giedion, Sigfried, *Bauen in Frankreich. Bauen in Eisen. Bauen in Eisenbeton*, Leipzig/Berlin 1928, Nachdr. Berlin 2000

Gropius, Walter, «Die Entwicklung moderner Industriebaukunst», in: *Die Kunst in Industrie und Handel*, Jena 1913 (= Jahrbuch des Deutschen Werkbundes), S. 17–22

Grote, Jupp und Bernard Marrey, *Freyssinet, der Spannbeton und Europa 1930–1945*, Paris 2000

Günschel, Günter, *Große Konstrukteure 1, Freyssinet, Maillart, Dischinger, Finsterwalder*, Berlin u. a. 1966 (= Ullstein Bauwelt Fundamente 17)

Habel, Heinrich, *Das bayerische Armeemuseum in München*, München 1982 (= Arbeitshefte des Bayerischen Landesamtes für Denkmalpflege 10)

Haberstroh, Hermann, *Der Eisenbeton im Hochbau*, Leipzig 1908 (= Das Handbuch des Bautechnikers 14)

Hackelsberger, Christoph, *Beton – Stein der Weisen? Nachdenken über einen Baustoff*, Braunschweig/Wiesbaden 1988 (= Bauwelt Fundamente 79)

Hahn, Volker, «Eduard Züblin – Leben und Wirken eines Ingenieurs in der Entwicklungszeit des Stahlbetons», in: *Wegbereiter der Bautechnik. Herausragende Bauingenieure und technische Pionierleistungen ihrer Zeit*, hg. von VDI-Gesellschaft Bautechnik im Verein Deutscher Ingenieure, Düsseldorf 1990, S. 25–46

Hannemann, Christine, *Die Platte. Industrialisierter Wohnungsbau in der DDR*, Berlin 2000

Hassler, Uta und Hartwig Schmidt, *Häuser aus Beton. Vom Stampfbeton zum Großtafelbau*, Tübingen/Berlin 2004

Heinle, Erwin und Jörg Schlaich, *Kuppeln aller Zeiten – aller Kulturen*, Stuttgart 1996

Huber, Franz, *Geschichte des Portlandzements – Zement als Baustoff. 100 Jahre Vereinigung der Österreichischen Zementindustrie 1894–1994*, Wien 1994

125 Jahre Forschung für Qualität und Fortschritt, hg. von Verein Deutscher Zementwerke e. V., Düsseldorf 2002

Ilkosz, Jerzy, *Die Jahrhunderthalle und das Ausstellungsgelände in Breslau – das Werk Max Bergs*, München 2006 (= Schriften des Bundesinstituts für Kultur und Geschichte der Deutschen im östlichen Europa 28)

Les frères Perret. L'œuvre complète, hg. von Institut Français d'Architecture, Paris 2000

Iori, Tullia, *Il cemento armato in Italia dalle origini alla seconda guerra mondiale*, Rom 2001

Joedicke, Jürgen (Hg.), *Pier Luigi Nervi – Bauten und Projekte*, Stuttgart 1957

Joedicke, Jürgen, *Schalenbau. Konstruktion und Gestaltung*, Stuttgart 1962 (= Dokumente der Modernen Architektur 2)

Junghanns, Kurt, *Das Haus für alle. Zur Geschichte der Vorfertigung in Deutschland*, Berlin 1994

Jürges, Thomas, *Die Entwicklung der Biege-, Schub- und Verformungsbemessung im Stahlbetonbau und ihre Anwendung in der Tragwerkslehre*, Diss. RWTH Aachen 2000

Kierdorf, Alexander, «'100 Jahre Handbuch für Eisenbetonbau'. Vom publizistischen Kraftakt zum literarischen Monument einer neuen Bauweise», in: *Beton- und Stahlbetonbau* 102 (2007), H. 10, S. 725–732

Kind-Barkauskas, Friedbert (Hg.), *Beton und Farbe. Farbsysteme, Ausführung, Instandsetzung*, Stuttgart/München 2003

Klass, Gert von, *Weit spannt sich der Bogen. 1865–1965. Die Geschichte der Bauunternehmung Dyckerhoff & Widmann*, Wiesbaden/Berlin 1965 (Auszug aus den Sitzungsberichten des Deutschen Beton-Vereins)

Kleinlogel, Adolf, *Fertigkonstruktionen im Beton- und Stahlbetonbau*, Berlin/München 1929, (2)1947, (3)1949

Kohler, Niklaus, «Geschichtliche Aspekte der Bauindustrialisierung», in: *Schweizer Baublatt* 67 (1972), S. 23–35

Kraus, Karin u. a., «Über das Löschen von Kalk vor der Mitte des 18. Jahrhunderts – Literaturauswertung und Laborversuche», in: *Arbeitsblätter für Restauratoren*, 1989, H. 1, Gruppe 6: Stein, S. 206–221

Kuipers, Marieke, *Bouwen in beton. Experimenten in de volkshuisvesting voor 1940*, Diss. RU Groningen 1987 (mit engl. Zusammenfassung)

Kupfer, Herbert, «100 Jahre konstruktiver Ingenieurbau. Ein geschichtlicher Essay über Ingenieure und Bauwerke unter besonderer

Berücksichtigung der Entwicklung in Deutschland», in: Dieter Blum (Hg.), Hundert Jahre Bauen 1880–1980. Ein Buch zum Jubiläum der Bildinger + Berger Bauaktiongesellschaft, Mannheim 1980

Kurrer, Karl-Eugen, *Geschichte der Baustatik*, Berlin 2002

Kurrer, Karl-Eugen, «100 Jahre Normen im Stahlbetonbau», in: *Beton- und Stahlbetonbau* 98 (2003), H. 12, S. 794–808

Kurrer, Karl-Eugen, «100 Jahre Zeitschrift 'Beton- und Stahlbetonbau'», in: *Beton- und Stahlbetonbau* 96 (2001), H. 4, S. 212–222

Kurrer, Karl-Eugen, «Zur Frühgeschichte des Stahlbetonbaus in Deutschland – 100 Jahre Monier-Broschüre», in: *Beton- und Stahlbetonbau* 88 (1988), H. 1, S. 6–12

Kurze, Bertram, *Industriearchitektur eines Weltunternehmens. Carl Zeiss 1880–1945*, Erfurt 2007 (= Arbeitsheft des Thüringischen Landesamtes für Denkmalpflege und Archäologie N. F. 24)

Lamprecht, Heinz-Otto, *Opus Caementitium. Bautechnik der Römer*, Düsseldorf 1984, (5)1995, Nachdr. 2001

Magny, A.-V., *La construction en beton armé : Theorie et pratique*, Paris/Liège 1914

Marti, Peter u. a., *Ingenieur-Betonbau*, Zürich 2005 (= Gesellschaft für Ingenieurbaukunst 7)

Mecenseffy, Emil von, *Die künstlerische Gestaltung der Eisenbetonbaute*, Berlin (2)1911 (= Handbuch für Eisenbetonbau Ergänzungsband 1)

Meyer-Bohe, Walter, *Beton-Fertigteilbau*, Stuttgart 1972, (2)1975 (= Elemente des Bauens 1)

Michaëlis, Wilhelm, *Die hydraulischen Mörtel, insbesondere der Portland-Cement, in chemisch-technischer Beziehung für Fabrikanten, Bautechniker, Ingenieure und Chemiker*, Leipzig 1869

Michaëlis, Wilhelm, «Wer war der Erfinder des Portlandzements?», in: *Tonindustrie-Zeitung* 28 (1904) Nr. 7, S. 59f.

Müller-Haeseler, Wolfgang, *Die Dyckerhoffs. Eine Familie und ihr Werk*, Mainz 1989

Morris, Anthony E. J., *Precast concrete in architecture*, London 1978

Naske, Carl, *Die Portland-Zement-Fabrikation*, Leipzig 1903, (2)1908, (3)1914

Neues Bauen in Eisenbeton, hg. von Deutscher Beton-Verein, Berlin 1937, (2)1938

Newby, Frank (Hg.), *Early Reinforced Concrete*, Aldershot 2001 (= Studies in the History of Civil Engineering 11)

Onderdonk, Francis S., *The Ferro-Concrete Style*, New York 1928

Pauser, Alfred, *Eisenbeton 1850–1950. Idee, Versuch, Bemessung, Realisierung. Unter besonderer Berücksichtigung des Hochbaus in Österreich*, Wien 1994

Peters, Tom Frank, *Building the Nineteenth Century*, Cambridge 1996

Peters, Tom Frank, *Time is Money. Die Entwicklung des modernen Bauwesens*, Stuttgart 1981

Petry, Wilhelm, *Der Beton- und Eisenbetonbau 1898–1923. Ein Bild technischer Entwicklung*, hg. von Deutscher Beton-Verein, Obercassel 1923

Petry, Wilhelm, *Betonwerkstein und künstlerische Behandlung des Betons. Entwicklung von den ersten Anfängen der deutschen Kunststein-Industrie bis zur werksteinmäßigen Bearbeitung des Betons*, München 1913

Pickel, Ulrich, «Architekturbeton: 60 Jahre Dyckerhoff Weiss – Porträt einer Marke», in: *Betonwerk und Fertigteil-Technik*, 1991, H. 11, S. 63–75

Pfammatter, Ferdinand, *Betonkirchen*, Einsiedeln u. a. 1948

Picon, Antoine (Hg.), *L'Art de l'ingenieur – constructeur, entrepreneur, inventeur*, Paris 1997

Pohl, Manfred, *Philipp Holzmann. Geschichte eines Bauunternehmens 1849–1999*, München 1999

Quietmeyer, Friedrich, *Zur Geschichte der Erfindung des Portlandzementes*, Diss. TU Berlin 1911

Racine, Michel, *Jardins «au naturel». Rocailles, grotesques et art rustique*, Paris 2000

Ragon, Michel, *Ästhetik der zeitgenössischen Architektur*, Neuchâtel 1968

Ramm, Ekkehard und Eberhard Schunck, *Heinz Isler, Schalen*, Stuttgart 1996

Rappold, Otto, *Der Bau der Wolkenkratzer. Kurze Darstellung auf Grund einer Studienreise für Ingenieure und Architekten*, München/Berlin 1913

Rausch, Heinz, «Ulrich Finsterwalder – Mensch – Werk – Impulse», in: *Wegbereiter der Bautechnik*, Düsseldorf 1990, S. 83–102

Renz, Kerstin, *Industriearchitektur im frühen 20. Jahrhundert. Das Büro von Philipp Jakob Manz*, München 2005

Riepert, Hans Peter, *Die Architektur im Eisenbetonbau. Der Einfluß der Konstruktion auf die künstlerische Raumgestaltung*, Berlin 1914

Riepert, Hans Peter (Hg.), *Die deutsche Zementindustrie*, Berlin 1927

Riepert, Hans Peter, *Der Kleinwohnungsbau und die Betonbauweise*, Berlin 1924

Robert Maillart. Betonvirtuose, hg. von Gesellschaft für Ingenieurbaukunst, Zürich 1996, (3)2007

Rüegg, Arthur u. a., *Die Unschuld des Betons. Wege zu einer materialspezifischen Architektur*, Zürich 2004

Rußwurm, Dieter und Joachim Schäder, «Entwicklung der Betonstähle. Ein bewährter Verbund», in: *beton* 51 (2001), H. 4, S. 192–196

Schädlich, Christian, «Die 'Monier-Broschüre' und der Beginn des Stahlbetonbaus in Deutschland», in: *Wissenschaftliche Zeitschrift der Hochschule für Architektur und Bauwesen Weimar* 10 (1963), H. 2, S. 131–136

Schild, Erich, *Zwischen Glaspalast und Palais des Illusions. Form und Konstruktion im 19. Jahrhundert*, Braunschweig 1967, (2)1983 (= Bauwelt Fundamente 20), S. 173–191

Schmidt, Hartwig (Hg.), *Zur Geschichte des Stahlbetonbaus – Die Anfänge in Deutschland 1850 bis 1910*, Berlin 1999 (= Beton- und Stahlbetonbau Spezial)

Schmitt, Heinz (Hg.), *Denkmäler, Brunnen und Freiplastiken in Karlsruhe 1715–1945*, Karlsruhe 1987

Schmidt, Hartwig, «Von der Steinkuppel zur Zeiss-Dywidag-Schalenbauweise», in: *Beton- und Stahlbetonbau* 100 (2005), H. 1, S. 79–92

Schöne, Lutz, «Kuppelschale und Rippenkuppel – Zur Entwicklung von zwei frühen Eisenbeton-Konstruktionsarten», in: Schmidt, Hartwig (Hg.), *Zur Geschichte des Stahlbetonbaus – Die Anfänge in Deutschland 1850 bis 1910*, Berlin 1999 (= Beton- und Stahlbetonbau Spezial), S. 66–74

Schyia, Lothar. *«Gut Brand!» Der Siegeszug des Ringofens. Friedrich Eduard Hoffmann 1818–1900 – Nestor der Ziegelindustrie*, Suderburg-Hösseringen 2000

Siegfried, «Der Neubau der Kgl. Anatomie in München», in: *Beton und Eisen*, 1908, H. 5, S. 116–119 und H. 6, S.146ff.

Simonnet, Cyrille, *Le Béton. Histoire d'un matériau*, Paris 2005

Slaton, Amy E., *Reinforced Concrete and the Modernization of American Building 1900–1930*, Baltimore 2001

Smeaton, John, *A narrative of the building and a description of the construction of the Edystone Lighthouse with stone: to which is subjoined an appendix, giving some accaount of the lighthouse on the Spurn Point, build upon a sand*, London 1791, (2)1793, (3)1811

Spitzer, Josef Ant., «Entwicklung des Betoneisenbaues vom Beginn bis zur Gegenwart», in: *Zeitschrift des Österreichischen Ingenieur- und Architekten-Vereines* 54 (1902), H. 5

Stark, Jochen und Bernd Wicht, *Geschichte der Baustoffe*, Wiesbaden/Berlin 1998

Stark, Jochen und Bernd Wicht, «Geschichtliche Entwicklung der Zusatzmittel und ihr Beitrag zur Entwicklung der Betonbauweise», in: *ÖIAZ Österreichische Ingenieur- und Architekten-Zeitschrift* 142 (1997), H. 9, S. 670–681

Stiglat, Klaus, *Bauingenieure und ihr Werk*, Berlin 2004

Straub, Hans, *Die Geschichte der Bauingenieurkunst. Ein Überblick von der Antike bis in die Neuzeit*, Basel u. a. 1959, (4)1992

Teichert, Pietro, «Die Geschichte des Spritzbetons», in: *Schweizer Ingenieur und Architekt* 47 (1979), S. 949–960

Torroja, Eduardo, *Logik der Form*, München 1961

Vischer, Julius und Ludwig Hilberseimer, *Beton als Gestalter*, Stuttgart 1928

Vom Wagnis zum Wahrzeichen. 50 Jahre Fernsehturm Stuttgart 1956–2006, hg. von Fernsehturm-Betriebs-GmbH, Red.: Ruth Faller-Broda, Stuttgart 2006

Voormann, Friedmar, «Von der unbewehrten Hohlsteindecke zur Spannbetondecke. Massivdecken zu Beginn des 20. Jahrhunderts», in: *Beton- und Stahlbetonbau* 100 (2005), H. 9, S. 836–846

Wayss, Gustav Adolf (Hg.), *Das System Monier (Eisengerippe mit Cementumhüllung) in seiner Anwendung auf das gesammte Bauwesen. Unter Mitwirkung namhafter Architekten und Ingenieure*, Berlin 1887

Wolfram, Armin, «Vom Handbetrieb zur Hochtechnologie im Betonbau – 100 Jahre Entwicklung in der Baumaschinentechnik», in: *Beton- und Stahlbetonbau* 94 (1999), H. 1, S. 41–53

Beton- und Stahlbetonbautechnologie (auch historische Werke)

Zu den wichtigsten Werken der neueren Zeit, die eine gute Übersicht bieten, gehören:

Hilsdorf, Hubert K. und Hans-Wolf Reinhardt, «Beton», in: *Beton-Kalender 2000*, Teil 1, Berlin 2000, S.1–117

Kind-Barkauskas, Friedbert u. a., *Beton Atlas. Entwerfen mit Stahlbeton im Hochbau*, Basel u. a. 2002

Rothe, Thorben von, *Das Schrifttum über den Baustoff Beton, seine Herstellung und Verarbeitung*, Berlin 1941 (Bibliographie zum Schrifttum der Jahre 1915–1940)

Walther, René, *Bauen mit Beton. Einführung für Architekten und Bauingenieure*, Berlin 1996

Weitere Werke:

Abrams, Duff Andrew, «Design of Concrete Mixtures», in: *Bulletin I*, hg. von Structural Material Research Laboratory, Lewis Institut (IIT), Chicago 1919

Becker, W. A., *Erfahrungen über den Portland-Cement*, Berlin 1853

Bonzel, Justus und Eberhard Siebel, «Betontechnologie im Spiegel der letzten 50 Jahre», in: *beton*, 1998, H. 5, S. 274–281

Ernst, Eugen, *Oberflächenbehandlung unverkleideter Beton- und Eisenbetonbauten*, Berlin 1938

Franz, Gotthard, *Konstruktionslehre des Stahlbetons*, 2 Bde., Berlin u. a. 1964

Glatz, Reinhold, *Einführung in den Stahlbetonbau. Ein Lehrbuch zum Gebrauch an Höheren Technischen Lehranstalten und für die Praxis*, Karlsruhe 1949

Göldel, Paul, *Die Praxis und Theorie des Eisenbetons*, Berlin 1908

Graf, Otto, *Die Eigenschaften des Betons. Versuchsergebnisse und Erfahrungen zur Herstellung und Beurteilung des Betons*, Berlin u. a. 1960

Grübl, Peter u. a., *Beton: Arten, Herstellung und Eigenschaften*, Berlin (2)2001

Grün, Richard, *So macht man guten Beton!*, Berlin (3)1941

Hilsdorf, Hubert K., «*100 Jahre Forschung in der Betontechnologie – Von der Empirie zur Werkstoffwissenschaft*», in: *Beton- und Stahlbetonbau* 93 (1998), H. 12, S. 358–366

Hummel, Alfred, *Das Beton-ABC. Schwerbeton und Leichtbeton. Ein Leitfaden für die zielsichere Herstellung und die wirksame Überwachung von Beton*, Berlin 1935, (12)1958

Kersten, Carl, *Der Eisenbetonbau. Ein Leitfaden für Schule und Praxis*, 3 Bde., Berlin (14)1933

Kiehne, Siegfried und Peter Bonatz, *Bauten aus Beton- und Stahlbeton-Fertigteilen. Ein Lehrbuch*, Berlin u. a. 1951

Koncz, Tihamér, *Handbuch der Fertigteil-Bauweise mit großformatigen Stahl- und Stahlbetonelementen*, Wiesbaden/Berlin 1962

Kupfer, Carl, *Der Betonbauer*, 4 Bde., Berlin 1939

Leonhardt, Fritz, *Spannbeton für die Praxis*, Berlin 1955

Maidl, Bernhard, *Stahlfaserbeton*, Berlin 1991

Michaëlis, Wilhelm, *Die hydraulischen Mörtel, insbesondere der Portland-Cement, in chemisch-technischer Beziehung für Fabrikanten, Bautechniker, Ingenieure und Chemiker*, Leipzig 1869

Möll, Hans, *Spannbeton. Spannbeton. Entwicklung, Konstruktionen, Herstellungsverfahren und Anwendungsgebiete*, Stuttgart 1954

Mörsch, Emil, *Der Eisenbetonbau. Seine Theorie und Anwendung*, Stuttgart (2)1906, (3)1908, (4)1912, (5)1920, (6)1929 (Die 3. Auflage erschienen unter dem Titel *Der Betoneisenbau, seine Anwendung und Theorie. Theoretischer Teil bearbeitet von Regierungsbaumeister E. Mörsch*, hg. von Wayss & Freytag A. G., Neustadt a. d. Haardt 1902.)

Mörsch, Emil, *Der Spannbetonträger*, Stuttgart 1943

Mörsch, Emil, *Theorie der Betoneisenkonstruktionen*, München 1901

Mokk, László, *Bauen mit Stahlbetonfertigteilen*, Berlin 1960

Mokk, László, *Montagebau in Stahlbeton*, 2 Bde., Berlin 1968

Müller, Harald S. u. a. (Hg.), *Sichtbeton – Planen, Herstellen, Beurteilen. 2. Symposium Baustoffe und Bauwerkserhaltung. Universität Karlsruhe (TH), 17. März 2005*, Karlsruhe 2005

Pickel, Ulrich, «*Architekturbeton: 60 Jahre Dyckerhoff Weiß – Porträt einer Marke*», in: *Betonwerk und Fertigteil-Technik*, 1991, H. 11, S. 63–75

Rapp, Günter, *Technik des Sichtbetons. Ausschreibung und Herstellung in Normal- und Leichtbeton*, Düsseldorf 1969

Riepert, Hans Peter, *Elementare Einführung in den Eisenbetonbau*, Berlin 1924

Riepert, Hans Peter, *Die Verarbeitung der Baustoffe im Beton- und Eisenbetonbau*, Berlin 1924

Röbert, Siegfried, «*Grundlagen der wissenschaftlichen Betonsynthese von Féret aus dem Jahr 1891*», in: *3. ibausil Tagungsbericht*, Sektion 3, Weimar 1968, S. 27ff.

Roessler, Ludwig von, «*Maschinen für Mörtel- und Betonbereitung*», in: Hermann Weihe (Hg.), *Handbuch der Ingenieurwissenschaften*, Leipzig (2)1911, Teil 4: Die Baumaschinen, Bd. 4, Kap. XVI, S. 159–194

Roloff, Paul, *Die Eisenbetonbaustelle*, 3 Bde., Berlin 1940

Roth, H., *Die Entwicklung des Betons im Hoch- und Tiefbau*, Linz 1986

Rühle, Hermann u. a., *Räumliche Dachwerke. Konstruktion und Ausführung*, 2 Bde., Berlin 1969

Rußwurm, Dieter und Horst Martin, *Betonstähle für den Stahlbetonbau, Eigenschaften und Verwendung*, Wiesbaden/Berlin 1993

Sachnowski, Konstantin W., *Stahlbeton-Konstruktionen*, Berlin 1956

Salinger, Rudolf, *Der Eisenbeton in Theorie und Konstruktion*, Stuttgart 1906, Leipzig (2)1908

Salinger, Rudolf, *Der Stahlbetonbau. Werkstoff, Berechnung und Gestaltung*, Wien (7)1949, (8)1956

Salinger, Rudolf, *Der Eisenbeton in Theorie und Konstruktion. Ein Leitfaden durch die neueren Bauweisen in Stein und Metall*, Leipzig (2)1908

Schäffler, H., «*Der Beitrag von Otto Graf zu den Betonbestimmungen in heutiger Sicht*», in: *3. ibausil Tagungsbericht*, Sektion 3, Weimar 1968

Stark, Jochen und Bernd Wicht, *Dauerhaftigkeit von Beton. Der Baustoff als Werkstoff*, Basel u. a. 2001

Stark, Jochen und Bernd Wicht, «*Geschichtliche Entwicklung der Zusatzmittel und ihr Beitrag zur Entwicklung der Betonbauweise*», in: *ÖIAZ Österreichische Ingenieur- und Architekten-Zeitschrift* 142 (1997), H. 9, S. 670–681

Stark, Jochen und Bernd Wicht, *Zement und Kalk. Der Baustoff als Werkstoff*, Basel 2000

Vicat, Louis-Joseph, *Recherches expérimentales sur les chaux de construction, les bétons et les mortiers ordinaires*, Paris 1818

Walz, Kurt und Fritz Weise, *Einflüsse auf Beton. Die chemischen, mechanischen und sonstigen Einwirkungen auf Beton, sowie die Beeinflussung der zugehörigen Eigenschaften*, Berlin (4)1941

Wayss, Gustav Adolf (Hg.), *Der Betoneisenbau, seine Anwendung und Theorie. Theoretischer Teil bearbeitet von Regierungsbaumeister E. Mörsch*, Neustadt a. d. Haardt 1902

Wesche, Karlhans, «*Alfred Hummels Beitrag zur Betontechnologie der letzten 50 Jahre*», in: *3. ibausil Tagungsbericht*, Sektion 3, Weimar 1968

Wolfram, Armin, «*Vom Handbetrieb zur Hochtechnologie im Betonbau – 100 Jahre Entwicklung in der Baumaschinentechnik*», in: *Beton- und Stahlbetonbau* 94 (1999), H. 1, S. 41–53

Instandsetzung von Schäden an Oberflächen von Beton- und Stahlbetonbauten

Zu den wichtigsten Werken, die eine gute Übersicht bieten, gehören:

Hillemeier, Bernd u. a., «Instandsetzung und Erhaltung von Betonbauwerken», in: *Beton-Kalender 1999*, Teil 2, Berlin 1999, S. 595–720 (mit umfangreicher Literaturliste)

Schröder, Manfred (Hg.), *Schutz und Instandsetzung von Stahlbeton. Anleitung zur sachkundigen Planung und Ausführung*, Renningen (3)2006

Stark, Jochen und Bernd Wicht, *Dauerhaftigkeit von Beton. Der Baustoff als Werkstoff*, Basel u. a. 2001

Richtliniengemässe Instandsetzungsmassnahmen

Die Literatur zu diesem Thema ist umfangreich. Eine Zusammenstellung findet sich in:

Beton-Kalender 1999, Teil 2, Berlin 1999, S. 705–720

Die folgende Auswahl beschränkt sich auf die Literatur seit 1985:

Kind-Barkauskas, Friedbert, «Instandsetzung von Betonoberflächen. Grundlagen, Verfahren, Ausführung, Ausschreibung», in: ders., *Beton und Farbe. Farbsysteme, Ausführungen, Instandsetzungen*, Stuttgart/München 2003, S. 105–141

Klopfer, Heinz, *Schäden an Sichtbetonflächen*, Stuttgart 1993

Luley, Hanspeter u. a., *Instandsetzen von Stahlbetonoberflächen. Ein Leitfaden für den Auftraggeber*, hg. vom Bundesverband der Deutschen Zementindustrie e. V. Köln, Düsseldorf (7)1997

Motzke, Gerd, «Regelwerke und ihre juristische Bedeutung: RiLi-SIB, ZTV-ING, VOB – Rechtliche Grundlagen, Folgen für die Vertragspartner», in: Manfred Schröder (Hg.), *Schutz und Instandsetzung von Stahlbeton. Anleitung zur sachkundigen Planung und Ausführung*, Renningen (3)2006, S. 1–61

Nürnberger, Ulf, *Korrosion und Korrosionsschutz im Bauwesen*, 2 Bde., Wiesbaden/Berlin 1995

Ruffert, Günter, *Betoninstandhaltung. Schutz, Instandsetzung und Verstärkung von Betonbauteilen*, Wiesbaden/Berlin 1989

Ruffert, Günter, *Lexikon der Betoninstandsetzung*, Stuttgart 1999

Stöckl, Franz, *Schutz und Instandsetzung von Betonbauteilen, Parkhaus- und Bodenbeschichtungen*, Renningen 2005

Kirchenbauten der Nachkriegszeit im Rheinland

Bollenbeck, Karl Josef, *Neue Kirchen im Erzbistum Köln 1955–1995*, Bd. 1: Pfarreien A–K, Bd. 2: Pfarreien Köln–Z, Köln 1995

Bollenbeck, Karl Josef, «Sichtbetonsanierung an Kirchen des Erzbistums Köln», in: *Denkmalpflege im Rheinland* 14 (1997), H. 2, S. 80–90

Bollenbeck, Karl Josef, «Sichtbeton im Kirchenbau – Anmerkungen zum Erzbistum Köln», in: Uta Hassler und Hartwig Schmidt (Hg.), *Häuser aus Beton. Vom Stampfbeton zum Grosstafelbau*, Tübingen/Berlin 2004, S. 191–199

Darius, Veronika, *Der Architekt Gottfried Böhm. Bauten der sechziger Jahre*, Düsseldorf 1988

Kahle, Barbara, *Rheinische Kirchen des 20. Jahrhunderts. Ein Beitrag zum Kirchenbauschaffen zwischen Tradition und Moderne*, Köln 1985 (= Landeskonservator Rheinland 39)

Michnia, Rochus, «Restaurierung von Sichtbetonobjekten», in: *Beton in der Denkmalpflege*, hg. von Institut für Steinkonservierung e. V., Mainz (2)2004 (= Bericht / Institut für Steinkonservierung e. V. 17), S. 65–69

Pehnt, Wolfgang und Hilde Strohl, *Rudolf Schwarz. Architekt einer anderen Moderne*, Ausstellungskatalog, Köln 1997

Pfammatter, Ferdinand, *Betonkirchen. Voraussetzung, Entwicklung, Gestaltung*, Einsiedeln u. a. 1948

Struck, Martin, «Erhalt und Denkmalschutz Neuer Kirchen im Erzbistum Köln», in: *Dem Erbe verpflichtet. 100 Jahre Kulturlandschaftspflege im Rheinland. Festschrift zum 100-jährigen Bestehen des Rheinischen Vereins*, hg. von Rheinischer Verein für Denkmalpflege und Landschaftsschutz e. V., Köln 2006, S. 185–198

Weyres, Willy, «Der Kirchenbau im Erzbistum Köln 1920–1931», in: *Kunstgabe des Vereins für Christliche Kunst im Erzbistum Köln und Bistum Aachen*, Mönchengladbach 1932

Weyres, Willy, *Neue Kirchen im Erzbistum Köln, 1945–1956*, hg. von Verein für Christliche Kunst im Erzbistum Köln und Bistum Aachen, Düsseldorf (2)1957

Grossflächige Betoninstandsetzung

Gessler Judith und Anja Meyer, «Eine neue Betonhaut. Karl Moser: Kirche St. Antonius, Basel 1926», in: Rüegg, Arthur u. a., *Die Unschuld des Betons. Wege zu einer materialspezifischen Architektur*, Zürich 2004, S. 86f.

Huber, Dorothee, *Die Antoniuskirche in Basel. Ein Hauptwerk von Karl Moser*, Basel u. a. 1991

Kägi, Jürg und Hans Gubler, «Erneuerung einer Betonfassade. Das Schwesternwohnhaus der Universität Zürich als Beispiel», in: *Schweizer Ingenieur und Architekt* 26 (1995), S. 1008–1011

Oellers, Adam C., «Farbe und Stuck für einen bröckelnden Tempel. Über die Schwierigkeit der Erben mit der Pflege der anthroposophischen Baukunst Rudolf Steiners», in: *Kunstchronik*, 1999, H. 9/10, S. 468–470

Ristic, Vojislav, «Das Goetheanum in Dornach, Schweiz. Zur Sanierung der Nordfassade», in: *Bausanierung*, 1994, H. 11/12, S. 36–39

Teichert, Pietro, «Instandsetzung der Fassaden eines Hochhauses mit Spritzbeton», in: Walter Lukas (Hg.), *Betoninstandsetzung '94. Berichtsband der 3. Internationalen Fachtagung, Innsbruck-Igls, 27./28. Januar 1994 und Berlin, 27./28 Mai 1994*, Innsbruck 1994

Wanner, Urs und Vojislav Ristic, «Stahlbetonsanierung durch Vorbetonieren am Beispiel St. Antoniuskirche und Goetheanum», in: *Nachhaltige Instandsetzung*, hg. von Wissenschaftlich-Technische Arbeitsgemeinschaft für Bauwerkserhaltung und Denkmalpflege e. V., Freiburg 1999 (= WTA Schriftenreihe 20), S. 51–68

Wyss, Alfred, «...auf eine Kopie der Kiesnester wurde verzichtet. Zu den Problemen bei der Restaurierung von Betonbauten am Fall der St. Antoniuskirche in Basel», in: archithese, 1986, H. 2, S. 15–19

«Behutsame» Betoninstandsetzung

Günter, Martin, «Durchführung, Kosten und Dauerhaftigkeit behutsamer Betoninstandsetzungen», in: Beton in der Denkmalpflege, hg. von Institut für Steinkonservierung e. V., Mainz (2)2004 (= Bericht / Institut für Steinkonservierung e. V. 17), S. 51–63

Günter, Martin, «Instandsetzungswerkstoffe – Entwicklung, Eigenschaften, Verarbeitung», in: Harald S. Müller und Ulrich Nolting (Hg.), Instandsetzung bedeutsamer Betonbauten der Moderne in Deutschland, 1. Symposium Baustoffe und Bauwerkserhaltung, Universität Karlsruhe (TH), 30. März 2004, Karlsruhe 2004

Günter, Martin, «Sichtbeton – Möglichkeiten der Mängelbeseitigung und Instandsetzung», in: Sichtbeton – Planen, Herstellen, Beurteilen. 2. Symposium Baustoffe und Bauwerkserhaltung, Universität Karlsruhe (TH), 17. März 2005, Karlsruhe 2005, S. 71–80

Günter, Martin und Hubert K. Hilsdorf, «Grundsätze bei der Instandsetzung historischer Stahlbetonkonstruktionen», in: Betonsanierung. Korrosionsmechanismen und Sanierungstechniken an Stahlbetonkonstruktionen, Karlsruhe 1989 (= Sonderheft Arbeitshefte des Sonderforschungsbereiches 315 «Erhalten historisch bedeutsamer Bauwerke. Baugefüge, Konstruktionen, Werkstoffe», Universität Karlsruhe (TH)), S. 67f.

Günter, Martin und Hubert. K. Hilsdorf, «Technologie der Instandsetzung der Betonfassaden des Beethovensaals der Liederhalle Stuttgart», in: Jahrbuch 1994 des Sonderforschungsbereichs 315 «Erhalten historisch bedeutsamer Bauwerke», Universität Karlsruhe (TH), Berlin 1996, S. 237–249

Hilsdorf, Hubert K. und Martin Günter, «Beton und Stahlbetonkonstruktionen. Möglichkeiten und Grenzen der Instandsetzung», in: Konservierung der Moderne? Über den Umgang mit den Zeugnissen der Architekturgeschichte des 20. Jahrhunderts. Tagung des Deutschen Nationalkomitees von ICOMOS in Zusammenarbeit mit der «denkmal '96», Leipzig 31.10.–2.11.1996, hg. von ICOMOS Nationalkomitee der Bundesrepublik Deutschland, München 1998 (= ICOMOS, Hefte des Deutschen Nationalkomitees 24), S. 108–112

Beton in der Denkmalpflege, hg. von Institut für Steinkonservierung e. V., Mainz 2003, (2)2004 (= Bericht / Institut für Steinkonservierung e. V. 17)

Müller, Harald S., «Denkmalgerechte Betoninstandsetzung – Überblick und technisch-wissenschaftliche Grundlagen», in: Beton in der Denkmalpflege, hg. von Institut für Steinkonservierung e. V., Mainz (2)2004 (= Bericht / Institut für Steinkonservierung e. V. 17), S. 33–41

Müller, Harald S. und Ulrich Nolting (Hg.), Instandsetzung bedeutsamer Betonbauten der Moderne in Deutschland, 1. Symposium Baustoffe und Bauwerkserhaltung, Universität Karlsruhe (TH), 30. März 2004, Karlsruhe 2004

Müller, Harald S. u. a., «Erfahrungen mit Instandsetzungsmaßnahmen bei historischen Stahlbetonbauwerken», in: Walter Lukas und Wolfgang Kusterle (Hg.), Betoninstandsetzung '97. Berichtsband der 4. Internationalen Fachtagung, Innsbruck-Igls, 30./31. Januar 1997 und Berlin, 19./20. Juni 1997, Innsbruck 1997, S. 81–90

Müller, Harald S. u. a., «Instandsetzung historisch bedeutender Beton- und Stahlbetonbauwerke», in: Beton- und Stahlbetonbau 95 (2000), H. 6, S. 360–364

Pörtner, Rudolf, «Behutsame Betonsanierung von Baudenkmälern», in: Wolfgang Kusterle (Hg.), Betoninstandsetzung 2000, Berichtsband der 5. Internationalen Fachtagung, Innsbruck-Igls, 27./28. Januar 2000 und Berlin, 6./7. Juli 2000, Innsbruck 2000, S. 53–59

Pörtner, Rudolf, «Instandsetzung der Betonfassaden des Beethovensaales der Liederhalle Stuttgart», in: Jahrbuch 1994 des Sonderforschungsbereichs 315 «Erhalten historisch bedeutsamer Bauwerke. Baugefüge, Konstruktionen, Werkstoffe», Universität Karlsruhe (TH), Berlin 1996, S. 221–236

Pörtner, Rudolf, «Liederhalle Stuttgart. Instandsetzung der Betonfassaden des Beethovensaales», in: Konservatorenauftrag und heutige Denkmalherausforderung, Heidelberger Tagung 1993, Stuttgart 1995 (= Arbeitshefte Landesdenkmalamt Baden-Württemberg 4)

Pörtner, Rudolf, «Vorüberlegungen zur Betonsanierung der Liederhalle in Stuttgart», in: Betonsanierung. Korrosionsmechanismen und Sanierungstechniken an Stahlbetonkonstruktionen, Karlsruhe 1989 (= Sonderheft Arbeitshefte des Sonderforschungsbereiches 315 «Erhalten historisch bedeutsamer Bauwerke. Baugefüge, Konstruktionen, Werkstoffe», Universität Karlsruhe (TH), S. 69–73

Pörtner, Rudolf und Thomas Halden, «Instandsetzung der Fassaden aus Betonwabensteinen am Kestner-Museum in Hannover», in: Berichte zur Denkmalpflege in Niedersachsen, 2006, H. 1, S. 17–20

Elektrochemische Instandsetzungsverfahren

Badzong, Hans-Joachim, «Instandsetzen mit elektro-chemischer Realkalisierung. Swisscom-Betriebsgebäude, Zürich», in: Schweizer Ingenieur und Architekt 26 (1999), S. 595–598

Böhni, Hans u. a., Elektrochemische Chloridentfernung an Stahlbetonbauwerken / Extraction électrochimique des chlorures dans les structures en béton armé, Bern 1992 (= Eidgenössisches Verkehrs- und Energiewirtschaftsdepartement, Bundesamt für Strassenbau 507) (Forschungsauftrag Bundesamt für Strassenbau ASTRA 97/92)

Breitenbücher, Rolf und Cornelia Solacolu, «Untersuchungen zur Dauerhaftigkeit der Realkalisierung von carbonatisiertem Beton», in: Beton- und Stahlbetonbau 90 (1995), H. 5, S. 116–119

Brühwiler, Eugen und Pierre Plancherel, «Instandsetzung von Sichtbetonfassaden mit Inhibitoren. Ingenieurschule Yverdon», in: Schweizer Ingenieur und Architekt 26 (1999), S. 583–586

Cobo, A. u. a., «Elektrochemische Chloridentfernung an Stahlbetonbauwerken und Möglichkeiten der Repassivierung vorgerosteter Stahloberflächen», in: Werkstoffe und Korrosion 52 (2001), S. 581–589

Dreyer, Jürgen (Hg.), Nachhaltige Instandsetzung, Freiburg 1999 (= WTA-Schriftenreihe 20)

Gerdes, Andreas, «Korrosionsinhibitoren und elektrochemische Realkalisierung – neue Methoden zur Instandsetzung denkmalgeschützter Betonbauwerke?», in: Beton in der Denkmalpflege, hg. von Institut für Steinkonservierung e. V., Mainz (2)2004 (= Bericht / Institut für Steinkonservierung e. V. 17), S. 43–50

Gerdes, Andreas und Folker H. Wittmann, Realkalisierung von Beton, Freiburg 1998 (= Building Materials Report 9)

Gonzáles, J. A.,«Zur Wirksamkeit der Realkalisierung als Instandsetzungsmaßmethode für korrodierte Stahlbetonbauwerke», in: Werkstoffe und Korrosion 51 (2000), S. 97–103

Korrosion und Korrosionsschutz: Elektrochemische Schutzverfahren für Stahlbetonbauwerke. Kathodischer Korrosionsschutz, Dekontamination und Realkalisierung, Teil 5, hg. von Schweizerischer Ingenieur- und Architekten-Verein SIA, Zürich 1990 (= SIA-Dokumentation)

Martinola, Giovanni u. a., Schutzmassnahmen für Stahlbeton, in: Schweizer Ingenieur und Architekt 118 (2000), H. 24, S. 4–8

Mietz, Jürgen, «Elektrochemische Realkalisierung zur Instandsetzung von Stahlbetonbauten», in: Werkstoffe und Korrosion 46 (1995), S. 527–533

Mietz, Jürgen u. a., Elektrochemische Realkalisierung zur Instandsetzung korrosionsgefährdeter Stahlbetonbauteile. Abschlußbericht zum BMFT Forschungsvorhaben 03F615A9, Stuttgart 1994

Mietz, Jürgen u. a., «Langzeiterfahrungen mit einem kathodischen Korrosionsschutzsystem für Stahl in Beton», in: Materials and Corrosion 52 (2001), H. 12, S. 920–930

Raupach, Michael, «Kathodischer Korrosionsschutz im Stahlbetonbau», in: Beton 42 (1992), H. 12, S. 674ff.

Raupach, Michael und Michael Bruns, Elektrochemische Realkalisierung von karbonatisiertem Beton. Zwischenbericht Nr. F 888, Aachen 2006 (veröffentlicht am Institut für Bauforschung der RWTH)

Raupach, Michael und Christoph Ortmanns, «Alte Fassaden schützen: Konservieren von Sichtbeton unter denkmalpflegerischem Aspekt. Steinschutzstoffe wirken auch auf Beton», in: Bundesbaublatt, 2001, H. 4, S. 32ff.

Rieche, Günter, «Korrosionsschutz der Bewehrung», in: Manfred Schröder, Schutz und Instandsetzung von Stahlbeton, Renningen (3)2006, S. 228–247

Schwarz, Wolfgang, «Kathodischer Korrosionsschutz von Stahlbeton-Bauwerken mit elektrisch leitenden Verbundanstrichen» in: Nachhaltige Betoninstandsetzung, Freiburg 1999 (= WTA-Schriftenreihe 20), S. 79–94

Wittmann, Folker H., «Nachweis der Wirksamkeit einer realkalisierenden Maßnahme», in: Bauinstandsetzung 8 (2002), H. 1, S.115–121

Wojtas, Henryk und Felix Wenz, «Elektrochemische Instandsetzungsverfahren bei Stahlbetonbauten», in: Schweizer Ingenieur und Architekt 9 (1996), S. 136–139

Oberflächenschutz

Martinola, Giovanni, «Zementgebundene Beschichtungen zum Schutz und zur Instandsetzung von Stahlbetonbauwerken», in: Internationale Zeitschrift für Bauinstandsetzen 6 (2000), H. 4, S. 243–272

Meier, Stefan J., Grundlagen und Möglichkeiten einer Hydrophobierung von Betonbauteilen, Diss. ETH Zürich 2002 (erschienen auch 2003 als Building Materials Report 21)

Meier, Stefan J. und Folker H. Wittmann, «Hydrophobieren, eine Möglichkeit, die Restnutzungsdauer eines Stahlbetonbauwerks mit korrodierender Bewehrung zu verlängern», in: Internationale Zeitschrift für Bauinstandsetzen, 2003, H. 9, S. 107–116

Berichte und Beiträge über denkmalgerechte Instandsetzungen von Bauten aus Beton und Stahlbeton

Adam, Hubertus, «Restaurierung einer historischen Fabrik (Superphosphatfabrik in Luban. Arch.: Hans Poelzig, 1912)», in: Baumeister-Themenmagazin, 1996, H. 4, S. 32–35

Berndt, Eberhardt, «Zur Sicherung historischer Stahlbetonkonstruktionen am Beispiel der Synagoge in Görlitz», in: Jahrbuch 1993 des Sonderforschungsbereichs 315 «Erhalten historisch bedeutsamer Bauwerke. Baugefüge, Konstruktionen, Werkstoffe», Universität Karlsruhe (TH), Berlin 1996, S. 147–160

«Berufsakademie Lörrach: Behutsame Instandsetzung. Sichtbeton. Lokal begrenzte Maßnahmen ermöglichen nun kontinuierliche Bauwerkserhaltung», in: Beton 49 (1999), H. 12, S. 698–700

Burman, Peter u. a. (Hg.), The Conservation of Twentieth Century Historic Buildings, York 1993

Dahn, Michael, «Instandsetzungsmaßnahmen am Berliner Corbusier-Haus», in: Bautenschutz+ Bausanierung 14 (1991), H. 6, S. 36ff.

Delhumeau, Gwenaël, «Die Restaurierung der Kirche St. Theresia in Elisabethville, Frankreich», in: Das Münster 42 (1989), H. 2, S.123–126

Jonge, Wessel de und Arjan Doolaar, Fair Face of Concrete. Conservation and Repair of Exposed Concrete, proceedings international DOCOMOMO seminar, April 8, 1997, Eindhoven University of Technology, the Netherlands, hg. von DOCOMOMO, Eindhoven 1997 (= Preservation Technology 2)

Fischer, Christoph und Volker Welter (Hg.), Frühlicht in Beton. Das Erbbegräbnis Wissinger von Max Taut und Otto Freundlich in Stahnsdorf. Geschichte und Hintergründe der Entstehung, Dokumentation und Restaurierung 1987/88, Berlin 1989

Hoh-Slodczyk, Christine, «Die Instandsetzung des Einsteinturms – behutsamer und ökonomischer Umgang mit historischer Bausubstanz», in: Detail, 1999, H.7, S.1257–1260

Klopfer, Heinz, «Sanierung der Sichtbetonflächen mit Absprengungen und Rissen nach denkmalpflegerischen Anforderungen (St.-Nicolai-Kirche in Dortmund)», in: Deutsches Architektenblatt 16 (1984), H.10, S.1319f.

Langlie, Carsten, «Sanierung der Turmruine der Kaiser-Wilhelm-Gedächtniskirche in Berlin», in: Bautechnik, 1987, H. 9, S. 307–312

Michnia, Rochus, «Restauratorische Betoninstandsetzug – eine Alternative zur klassischen Betoninstandsetzung» in: Denk-Mal an Beton! Material, Technologie, Denkmalpflege, Restaurierung, Petersberg 2008 (= Berichte zu Forschung und Praxis der Denkmalpflege in Deutschland 16), S.197–212

Naujokat, Anke, «Politikum Betonsanierung. Das Beispiel der Münsterschule in Neuss», in: Bauwelt, 2006, H. 3, S.18–21

«Neue Erkenntnisse für die Sanierung von Betonbauten. Am Fallbeispiel der Maison Radieuse von Le Corbusier», in: Österreichische Bauzeitung, 1998, H. 42, S. 2–7

Oemig, Hans-Werner, «'Eisenbeton'-Dachkonstruktion der Pfarrkirche St. Heinrich in Kiel – Bericht über die Sanierung des bemerkenswerten Tragwerks aus den Anfängen der Stahlbetonbauart», in: *DenkMal! Zeitschrift für Denkmalpflege in Schleswig-Holstein* 9 (2002), H.1, S. 66–73

Olbricht, Heinz, «Erhaltende Sanierung. Ein Bericht über die Sanierung des Instituts für Biophysik und Strahlenbiologie der Universität Freiburg», in: *Denkmalpflege in Baden-Württemberg*, 1998, H.1, S. 45ff.

Pfautsch, Norbert, «Corbusier-Haus in Berlin – Instandsetzung der Westfassade», in: *Bauwelt* 78 (1987), H. 38/39, S. 1476–1479

Richter, Thomas, «Hauptsächlich historischer Beton. Sanierung des Völkerschlachtdenkmals in Leipzig», in: *Bautenschutz & Bausanierung*, 2000, H. 3, S.12ff.

Travnicek, Roland, «Zur Instandsetzung von denkmalgeschützten Bauwerken aus Stahlbeton», in: Jürgen Dreyer (Hg.), *Nachhaltige Instandsetzung*, Freiburg 1999 (= WTA-Schriftenreihe 20), S. 69–78

Denk-Mal an Beton! Material, Technologie, Denkmalpflege, Restaurierung, hg. von Vereinigung der Landesdenkmalpfleger in der Bundesrepublik Deutschland, Red.: Michael Doose, Petersberg 2008 (= Berichte zu Forschung und Praxis der Denkmalpflege in Deutschland 16)

Walter, Uli, «Bild oder Abbild? Die Wiederherstellung von Betonoberflächen nach Sanierungsmaßnahmen», in: *Denk-Mal an Beton! Material, Technologie, Denkmalpflege, Restaurierung*, Petersberg 2008 (= Berichte zu Forschung und Praxis der Denkmalpflege in Deutschland 16), S. 69–81

Wapenhans, Wilfried und Christine Richter, «Das Stadthaus in Dresden. Rettung einer historischen Eisenbetonkonstruktion», in: *Beton- und Stahlbetonbau* 100 (2005), H.7, S. 620–632

Richtlinien und Technische Regelwerke für die Betoninstandsetzung

DAfStb-Richtlinie für Schutz und Instandsetzung von Betonbauteilen (Instandsetzungs-Richtlinie), 4 Teile, Teil 1: *Allgemeine Regelungen und Planungsgrundsätze (RiLi-SIB)*, Teil 2: *Bauplanung und Ausführung (RiLi-SIB)*, Teil 3: *Qualitätssicherung der Bauausführung (RiLi-SIB)*, Teil 4: *Qualitätssicherung der Bauprodukte (RiLi-SIB)*, hg. von Deutscher Ausschuss für Stahlbeton und Deutsches Institut für Normung e. V., Berlin/Köln 2001 (Standardvorschriften für alle Schutz- und Instandsetzungsmassnahmen an Betonbauwerken)

DIN 18 349: VOB Vergabe- und Vertragsordnung für Bauleistungen, Teil C: *Allgemeine Technische Vertragsbedingungen für Bauleistungen (ATV) – Betonerhaltungsarbeiten*, Ausgabe 2006-10

DIN 1076-11: Ingenieurbauwerke im Zuge von Straßen und Wegen, Überwachung und Prüfung (Regelung der regelmäßigen Überwachung von Betonbauwerken), Ausgabe 1999-11

DIN EN 1504: Produkte und Systeme für den Schutz und die Instandsetzung von Betontragwerken, Ausgabe 2001-9

DIN EN ISO 12944: Beschichtungsstoffe – Korrosionsschutz von Stahlbauten durch Beschichtungssysteme, Teil 4: *Oberflächen und Oberflächenvorbereitung*, Ausgabe 1998-4

SIA 269/2: Erhaltung von Tragwerken – Betonbau, hg. von Schweizerischer Ingenieur- und Architektenverein, Zürich 2009

WTA-Merkblatt 5-5-90: Qualitätssicherung bei Instandsetzungsmaßnahmen an Betonbauwerken, 1990

WTA-Merkblatt 5-6-90: Schadensdiagnose an Betonbauwerken, 1990

WTA-Merkblatt 5-15-00: Schutz und Instandsetzung von Betonbauwerken – Leistungsbeschreibung, 2000

Motzke, Gerd, «Regelwerke und ihre juristische Bedeutung: RiLi-SIB, ZTV-ING, VOB – Rechtliche Grundlagen, Folgen für die Vertragspartner», in: Manfred Schröder (Hg.), *Schutz und Instandsetzung von Stahlbeton. Anleitung zur sachkundigen Planung und Ausführung*, Renningen (3)2006, S.1–61

Abbildungsnachweis

Autoren, Herausgeber und Verlag haben sich bemüht, alle Inhaber von Urheberrechten ausfindig zu machen. Sollten dabei Fehler unterlaufen sein, werden diese entsprechend der Benachrichtigung in den nachfolgenden Auflagen berichtigt und die Rechtsansprüche im üblichen Rahmen abgegolten.

1. UG CNAM / DAF / Cité de l'architecture et du patrimoine / Archives d'architecture du XXe siècle
Seite 6/7 Frank Guyon, Président de l'Association Eugène Freyssinet
Seite 168 Foto: Hartwig Schmidt, 2008

Zur Geschichte des Bauens mit Beton (Alexander Kierdorf, Hubert K. Hilsdorf)

1 CNAM / DAF / Cité de l'architecture et du patrimoine / Archives d'architecture du XXe siècle
2 Postkarte, Staatliche Kunsthalle Karlsruhe
3 Werner Helmberger und Valentin Kockel, *Rom über die Alpen tragen. Fürsten sammeln antike Architektur: Die Aschaffenburger Korkmodelle*, Landshut/Ergolding 1993, S. 333
4 Haegermann 1964, Bd. 1, Teil A, S. 39
5 Dyckerhoff & Söhne (Hg.), *Aus alten Schriften der Portland-Cement-Fabrik Dyckerhoff & Söhne*, Mainz 1939, S. 105
6 Haegermann 1964, Bd. 1, Teil A, S. 65
7 Jean-Pierre Adam, *La construction romaine: matériaux et techniques*, Paris 1989, S. 90
8 John Wilton-Ely, *Giovanni Battista Piranesi. Vision und Werk*, München 1978, Tafel 74
9 Ast 1907, S. 107
10 Ast 1907, S. 117
11 Bernhard Dartsch, *Jahrhundertbaustoff Stahlbeton. Kritisches Protokoll einer Entwicklung*, Düsseldorf 1984, S. 49
12 CNAM / DAF / Cité de l'architecture et du patrimoine / Archives d'architecture du XXe siècle
13 Mörsch 1912, S. 649
14 Josef Durm u.a. (Hg.), *Handbuch der Architektur*, Dritter Teil, Bd. 2, H. 1, Stuttgart (2)1900, S. 117
15 *Architectonisches Skizzenbuch*, hg. vom Verlag Ernst & Sohn, Berlin 1870, H. 1, Blatt 6
16 *Festschrift aus Anlaß des fünfzigjährigen Bestehens der Wayss & Freytag A.G.*, 1925, Anlage 5
17 Emperger 1911, Bd. 1, S. 154
18 Emperger 1911, Bd. 1, S. 19
19 Emperger 1911, Bd. 1, S. 29
20 Delhumeau 1999, S. 90
21 CNAM / DAF / Cité de l'architecture et du patrimoine / Archives d'architecture du XXe siècle
22 CNAM / DAF / Cité de l'architecture et du patrimoine / Archives d'architecture du XXe siècle
23 Züblin 1973, S. 22
24 *Festschrift aus Anlaß des fünfzigjährigen Bestehens der Wayss & Freytag A.G.*, 1925, Abb. 16, S. 20
25 *Festschrift aus Anlaß des fünfzigjährigen Bestehens der Wayss & Freytag A.G.*, 1925, Abb. 18, S. 21
26 *Festschrift aus Anlaß des fünfzigjährigen Bestehens der Wayss & Freytag A.G.*, 1925, S. 25
27 Haegermann 1964, Bd. 1, Teil C, S. 3
28 Günschel 1966, S. 67
29 Picon 1997, S. 196
30 Leonhardt 1955, Abb. 16.52–16.56, S. 413f.
31 Joedicke 1962, Abb. 582, S. 207
32 Joedicke 1962, Abb. 585, S. 207
33 Heinle/Schlaich 1996, S. 179
34 *Festschrift aus Anlaß des fünfzigjährigen Bestehens der Wayss & Freytag A.G.*, 1925, Anhang
35 Gagfah (Hg.), *16.000 Wohnungen für Angestellte*, Berlin 1928, S. 128
36 Ilkosz 2006, S. 141
37 *Festschrift aus Anlaß des fünfzigjährigen Bestehens der Wayss & Freytag A.G.*, 1925, Anhang
38 *Festschrift aus Anlaß des fünfzigjährigen Bestehens der Wayss & Freytag A.G.*, 1925, Anhang
39 Emperger 1908, Abb. 11, S. 117
40 Emperger 1908, Abb. 1, S. 116
41 Picon 1997, S. 231
42 Picon 1997, S. 231
43 Deutscher Beton-Verein 1938, Bild 12, S. 45
44 Deutscher Beton-Verein 1938, Bild 15, S. 46
45 Torroja 1961, Schutzumschlag
46 Foto: Hartwig Schmidt, 2005
47 Ragon 1968, Abb. 83
48 Ragon 1968, Abb. 81
49 Ragon 1968, Abb. 82
50 Ragon 1968, Abb. 80

Die Werkstoffe des modernen Stahlbetonbaus (Hubert K. Hilsdorf)

1 Foto: Dirk Altenkirch, 1998
2 Foto: Hartwig Schmidt, 1992
3 Foto: Hartwig Schmidt, 2001
4 Foto: Hartwig Schmidt, 2004
5 Foto: Hartwig Schmidt, 2005
6 Foto: Hartwig Schmidt, 1998
7 Foto: Hartwig Schmidt, 1997
8 Foto: Hartwig Schmidt, 2004
9 Foto: Hartwig Schmidt, 2002

Schäden an Beton und Bewehrung (Hubert K. Hilsdorf)

1 Foto: Hartwig Schmidt, 2003
2 Foto: Hartwig Schmidt, 2003
3 Foto: Hartwig Schmidt, 2003
4 Foto: Hartwig Schmidt, 2003
5 Foto: Hartwig Schmidt, 1990

Betonwerkstein (Hartwig Schmidt)

1 Klass 1965, S. 23
2 Helmuth Albrecht, *Kalk und Zement in Württemberg. Industriegeschichte am Südrand der Schwäbischen Alb*, Ubstadt-Weiher 1991, S. 184
3 Petry 1913, Bucheinband Vorderseite
4 Petry 1913, S. 14
5 Petry 1913, S. 35
6 Petry 1913, S. 17
7 Petry 1913, S. 123
8 Stadt Karlsruhe 1987, S. 41
9 Foto: Knut Stegmann, 2007
10 Erich Probst, *Handbuch der Zementwaren- und Kunststeinindustrie*, Halle 1919, S. 156
11 Ast 1907, S. 203
12 Ast 1907, S. 201
13 Petry 1913, S. 159
14 Petry 1913, S. 162
15 Petry 1913, S. 163
16 Petry 1913, S. 164

Die Illusion des Natürlichen (Hartwig Schmidt)

1 Foto: Hartwig Schmidt, 2005
2 Foto: Hartwig Schmidt, 2005
3 Haegermann 1964, Bd. 1, Teil B, S. 33
4 Jean-Charles Alphand, *Les Promenades de Paris*, Paris 1867–1873, Nachdr. Princeton 1984, S. 46
5 Haegermann 1964, Bd. 1, Teil B, S. 66
6 Foto: Hartwig Schmidt, 1998
7 Foto: Hartwig Schmidt, 1998
8 Foto: Hartwig Schmidt, 2004
9 Foto: Hartwig Schmidt, 2006
10 Emperger 1912, Bd. 1, S. 15
11 Foto: Hartwig Schmidt, 2005
12 Foto: Hartwig Schmidt, 2005
13 Foto: Hartwig Schmidt, 2006
14 Foto: Hartwig Schmidt, 2006
15 *Festschrift aus Anlaß des fünfzigjährigen Bestehens der Wayss & Freytag A.G.*, 1925, Anhang, S. 10
16 Foto: Hartwig Schmidt, 2003
17 Haegermann 1964, Bd. 1, Teil B, S. 66
18 Foto: Hartwig Schmidt, 2005

Zwei Jahrzehnte denkmalgerechte Betoninstandsetzung (Hartwig Schmidt)

1 Foto: Holger Bölke, 2007
2 Foto: Hartwig Schmidt, 2005
3 Foto: Hartwig Schmidt, 2005
4 Bundesverband Deutsche Zementindustrie 1985, S. 25
5 Foto: Holger Bölke, 2007
6 Foto: Holger Bölke, 2007
7 Foto: Hartwig Schmidt, 2007
8 Foto: Hartwig Schmidt, 2007
9 Foto: Hartwig Schmidt, 2007
10 Foto: Hartwig Schmidt, 2007
11 Pfammatter 1948, S. 83
12 Pfammatter 1948, S. 86
13 Doppler + Stöcklin Architekten, Basel
14 Foto: Christian Bauer, 1983 Denkmalamt Basel
15 Rüegg 2004, S. 87
16 Foto: Hartwig Schmidt, 2008
17 Foto: Hartwig Schmidt, 2008
18 Foto: Hartwig Schmidt, 2007
19 Foto: Hartwig Schmidt, 2007
20 Foto: Hartwig Schmidt, 2007
21 Foto: Hartwig Schmidt, 2007
22 Pörtner 1995, S. 225
23 Pörtner 1995, S. 226
24 Foto: Hartwig Schmidt, 2008
25 Foto: Hartwig Schmidt, 2008
26 *Beton-Kalender* 1999/II, S. 635
27 *Beton-Kalender* 1999/II, S. 637
28 *Beton-Kalender* 1999/II, S. 636
29 Raupach/Bruns 2006, S. 6
30 Foto: Holger Bölke, 2007
31 Klopfer 1984, S. 1319f.
32 Klopfer 1984, S. 1319f.

Die «behutsame» Betoninstandsetzung – Technisch-wissenschaftliche Grundlagen (Harald S. Müller)

1 Foto: Harald S. Müller, 2005
2 Foto: Hartwig Schmidt, 2001
3 Foto: Harald S. Müller, 2005
4 Foto: Hartwig Schmidt, 2001
5 Harald S. Müller
6 Harald S. Müller
7 Harald S. Müller
8 Harald S. Müller
9 Harald S. Müller
10 Harald S. Müller
11 Harald S. Müller
12 Foto: Rudolf Pörtner, 2000
13 Foto: Rudolf Pörtner, 2000
14 Foto: Harald S. Müller, 1999
15 Foto: Harald S. Müller, 1999
16 Harald S. Müller
17 Harald S. Müller
18 Harald S. Müller
19 Harald S. Müller

Die «behutsame» Betoninstandsetzung – Durchführung, Kosten und Dauerhaftigkeit (Martin Günter)

1 Foto: Martin Günter, 2006
2 Martin Günter
3 Martin Günter
4 Martin Günter
5 Martin Günter
T1 Martin Günter
T2 Martin Günter
T3 Martin Günter
T4 Martin Günter
T5 Martin Günter

Sanfte Instandsetzung von Sichtbeton mit Korrosionsinhibitoren und Tiefenimprägnierungen (Eugen Brühwiler)

1 Foto: Eugen Brühwiler, 2005
2 Eugen Brühwiler
3 Foto: Eugen Brühwiler, 2009
4 Foto: Eugen Brühwiler, 2009
5 Foto: Eugen Brühwiler, 2009
6 Eugen Brühwiler
7 Foto: Eugen Brühwiler, 2005